河北省重点学科会计学学科建设基金资助
河北经贸大学学术著作出版基金资助

独立董事制度保障性问题研究

申富平 著

中国社会科学出版社

图书在版编目(CIP)数据

独立董事制度保障性问题研究/申富平著.—北京:中国社会科
学出版社,2011.6
ISBN 978-7-5004-9879-7

Ⅰ.①独… Ⅱ.①申… Ⅲ.①股份有限公司—企业管理—研
究—中国 Ⅳ.①F 279.246

中国版本图书馆 CIP 数据核字(2011)第 112350 号

责任编辑　冯　斌
特约编辑　丁玉灵
责任校对　王应来
封面设计　郭蕾蕾
技术编辑　戴　宽

出版发行	中国社会科学出版社
社　　址	北京鼓楼西大街甲 158 号　　邮　编　100720
电　　话	010—84029450(邮购)
网　　址	http://www.csspw.cn
经　　销	新华书店
印　　刷	北京新魏印刷厂　　装　订　广增装订厂
版　　次	2011 年 6 月第 1 版　　印　次　2011 年 6 月第 1 次印刷
开　　本	880×1230　1/32
印　　张	10.5
字　　数	273 千字
定　　价	38.00 元

序

独立董事制度是随着企业"内部人控制"问题的出现而产生的一种企业管理制度，其主要目的是提高企业监督效率。独立董事制度起源于美国，经过几十年的发展，最终成为引领世界企业发展的潮流。在我国，2001年开始在上市公司治理中引入独立董事制度，到目前，所有上市公司都配备了独立董事。实践证明，独立董事制度的实施，在提高企业会计信息质量、及时辨别公司收益状况以及保护小股东权益等方面，起到了非常重要的作用。

然而，21世纪初发生在美国的安然、世通等公司的舞弊丑闻，以及2001年以来发生在我国的银广夏、红光实业、猴王股份等上市公司丑闻事件，严重打击了投资者对资本市场的信心，越来越多的有识之士开始对上市公司董事会制度产生质疑，尤其是对独立董事在董事会中的作用和独立性问题产生怀疑。在这种背景下，"保障独立董事制度的有效性"已成为独立董事制度存在及发展所面临的重大问题。本书紧紧围绕"独立董事制度有效性保障问题"，从经济学角度对独立董事制度的几个主要问题进行理论和现实的分析与解释，实现了如下方面的突破：

第一，通过建立股东和独立董事的博弈分析模型，提出独立董事的最优激励契约设计依赖于信息的对称程度与委托人和代理人的风险态度。当独立董事与其委托人之间的契约为多期时，声誉机制将起作用，即当股东与独立董事之间的委托代理关系是单期时，独立董事的效用只包括本期的报酬（物质）激励部分，在采取行动时，他们不会考虑本期行动对未来声誉的影响，进而不考虑声誉对其未来报酬的影响。如果委托—代理关系是多期的，出于对未来声誉的考虑，独立董事与股东之间的代理问题不像单期时那样严重。因为"时间"本身可能会缓解代理问题。在解决代理问题过程中，声誉效应作为一种隐性激励机制具有与显性激励机制相同的效果。

第二，通过建立委托人与独立董事的博弈分析模型，提出在有控股股东的公司中，除非加大惩罚力度，一般不可能防止控股股东对独立董事的贿赂及收受贿赂行为。这一结论对我国目前独立董事制度的现实操作意义重大。

第三，股权分散的公司中，由于公司的权力旁落于经营者，公司的主要代理问题是全体股东与经营者之间的代理问题；当股权较为集中时，公司出现了兼任或控制经营者的大股东，这时的代理问题主要表现为大股东与小股东之间的利益冲突。该著作通过对我国上市公司的股权分析，得出在我国的上市公司中，股权高度集中和大股东控制成为公司股权结构的主要特征，大股东侵占小股东的利益成为公司的主要代理问题。因此，我国的独立董事制度解决的主要代理问题是大股东对小股东利益的侵占。

第四，以我国上市公司为例，在对独立董事制度有效性实证检验的基础上，提出在我国上市公司中，审计委员会与监事会之间的权责存在着冲突，但是，其功能是互补的，二者也是可以调和的。在现有的公司治理框架中，要处理好两者之间的关系，对两者之间的权责需进行重新配置，理顺审计委员会与监事会的关系。首先，审计委员会隶属于董事会，其中独立董事占多数，其所提交的议案先通过董事会的讨论；监事会则是与董事会保持平行地位的机构，由股东代表和职工代表组成。其次，审计委员会参与决策过程，其主要监督对象是管理层，侧重于事前监督；监事会主要检查公司财务，监督和检查董事、经理及其他高级管理人员的行为，向全体股东负责，不参与决策过程，侧重于事后监督。最后，充分发挥审计委员会和监事会的双重监督作用，审计委员会配合监事会的监事审计活动，在监督公司管理当局的问题上相互合作；审计委员会作为董事会的下设委员会，接受监事会的监督。

　　《独立董事制度保障性问题研究》一书是在作者的博士论文基础上修改而成的。科学的本质是创新，实践是实现创新的源泉。尤其是像中国这样的发展中大国，经济发展过程中必然会出现各式各样的问题，更需要从实际出发，多方面、深层次分析其问题本质，为我国经济实现又好又快发展献计献策。作者在这方面已经做出了可喜的成绩，我作为他的博士生导师，为他的著作出版而高兴。科学无止境，本书的完成只是一个阶段性成果，其中有待进一步研究的问题还很多，希望作者能够在此领域继续深入研究下去，不断创造出令人惊喜的新成果。

2010 年 10 月

目　录

第 一 章

绪　论

　　近 30 年来，对企业的研究越来越成为国际学术界最活跃的领域之一。对企业问题的研究大致可分为两大领域：以研究企业的市场行为规律为主要内容的"产业组织理论"和以研究企业本身性质和内部制度安排规律为主要内容的"企业理论"①。特别是公司治理研究已成为经济学、财务学、管理学和法学共同关注的热点问题。

　　对公司治理问题的政策关注，主要源于许多国家的一系列公司丑闻和倒闭事件。尽管倒闭在某种程度上是一种周期现象，尤其是在资产价格泡沫之后，但体制缺陷也很明显。虽然表象上体现在财务披露和审计诚信方面，但也在更深层次上提出了董事会在监督管理层（控股股东）时，能否行使独立判断这个严肃问题。本书的中心议题，就是从经济学角度对作为企业监督制衡过程中的重要制度——独立董事制度的几个主要问题进行理论和现实的分析与解释，并最终提出改善独立董事制度的政策性建议。

---

　　① 泽维尔·维夫斯（Xavier Vives）：《公司治理：理论与经验研究》，郑江淮、李鹏飞等译，中国人民大学出版社 2006 年版，第 1 页。

一 研究背景

（一）现实背景：独立董事制度的发展与现实困惑

独立董事最早发端于美国，特别是从 20 世纪 80 年代，为了解决"内部人控制"问题，越来越多的公司在其董事会的组织结构中引入了独立董事制度，并最终成为一种世界潮流[①]。据经济合作与发展组织（OECD）"1999 年世界主要企业统计指标的国际比较"资料显示，在美国、英国和法国的企业中，独立董事占董事会成员的比例分别为 62%、34% 和 29%。另据康—法瑞国际公司 2000 年 5 月 22 日发表的报告表明，《财富》美国公司 1000 强中，董事会平均规模 11 人，其中，独立董事平均 9人，占 81.8% 的比例，这表明在大公司的董事会组织治理结构中，独立董事正在变成一支不容忽视的力量[②]。

在我国，中国证券监督管理委员会（以下简称中国证监会）于 2001 年 8 月 16 日发布了《关于在上市公司建立独立董事法律制度的指导意见》，要求在上市公司的治理结构中引入独立董事制度，并要求在 2003 年 6 月底前配齐。据中国证监会统计，截至 2003 年 6 月底，在沪深证交所 1250 家上市公司中，有 1244家上市公司配齐了独立董事，独立董事总人数达到 3839 名，平均每家公司达到 3 名以上。其中，独立董事占董事会成员 1/3 以上的有 800 家，占总数的 65%；独立董事占董事会成员 1/4 以

[①] 周永亮：《中国企业前沿问题报告》，中国社会科学出版社 2001 年版，第 17 页。

[②] 卫志民：《西方的独立董事制度》，《经济管理》2002 年第 8 期。

上的有 1023 家，占总数的 82%①。到 2005 年底，国内 1377 家
上市公司已全部配备了独立董事，平均每家公司有 3 名。独立董
事总人数达到了 4640 人次，93.3% 的上市公司独立董事数量达
到或超过董事会成员总数的 1/3②。

　　2005 年 10 月 27 日修订通过的《中华人民共和国公司法》
成为我国独立董事制度的法律基础，其中第四章第五节第 123 条
规定，"上市公司设立独立董事，具体办法由国务院规定"，至
此，独立董事制度成为我国公司法中的正式法律制度。目前
《上市公司独立董事条例》已由中国证监会起草完成，国务院法
制办公室正在对其进行审查和大范围征求意见。

　　特别是 21 世纪初期曝光的公司丑闻③暴露了管理层问责性
方面的缺陷，虽然美国通过了 2002 年《萨班斯—奥克斯利法
案》（Sarbanes-Oxley Act），以完善公司治理模式。但令人遗憾
的是在 2008 年美国公司经历了自大萧条以来的严重的金融动
荡④。正如 OECD 2009 年发布的一份报告认为，"金融危机在很

---

　　①　谢朝斌：《解构与嵌合：社会学语境下独立董事法律制度变迁与创新分析》，
法律出版社 2006 年版，第 76 页。

　　②　资料来源：《上市公司独立董事不再"沉默"》，《国际金融报》2006 年 12
月 13 日。

　　③　20 世纪末 21 世纪初全球发生了一系列公司丑闻：公司治理"首善之地"的
美国相继发生了"安然（Enron）"、"世通（WorldCom）"等大公司的丑闻，欧洲的
意大利也发生了"帕玛拉特事件（Parmalat）"，在中国也发生了银广夏、红光实业、
猴王股份等上市公司丑闻。

　　④　布莱恩·谢芬斯：《2008 年股市崩溃期间公司治理失败了吗?》，《比较》
2009 年第 6 期，第 101 页；2008 年美国股价年度跌幅创下 1930 年以来的最高纪录。
蓝筹股华尔街投行被低价出售（如贝尔斯登）、破产（如雷曼兄弟）或被迫转型为
商业银行（高盛、JP 摩根）。商业银行被迫接受政府援助计划，但行业翘楚，如华盛
顿互助银行和美联银行已不复存在。

大程度上可以归因于公司治理结构的失灵和缺陷"[①]，面对实践中的问题与理论上的冲突，学术界开始怀疑美国的经济制约体制，进而对公司的董事会制度产生怀疑，对独立董事在董事会的作用也产生了困惑，特别是独立董事独立性的问题成为关注的焦点。

（二）理论背景：独立董事制度是一种解决公司代理冲突的机制

1. 委托—代理冲突：现代公司治理面临的核心问题

现代企业的出现导致了企业所有权与控制权的分离，产生了代理问题。亚当·斯密（Adam Smith，1776）[②] 提出，所有者和专业管理者的分离不可避免地将导致公司内部人舞弊的可能性。1932 年，伯利和米恩斯（Berle & Means）《现代公司与私人财产》[③] 发表以来，有关公司治理的研究一直集中在传统的代理问题上[④]，即由于股权高度分散而导致的管理者与外部股东之间的代理问题。由于代理人和委托人的利益不相一致或不完全一致，发生了代理成本[⑤]。所以如何降低代理成本是公司治理要解决的中心问题和目标所在。

近几年的研究发现，除美国和英国等少数几个国家外，世界

---

① Grant Kilpatrick, The Corporate Governance Lessons from the Financial Crisis, (2009) FIN. MKT. TRENDS, issue 1, 1, 2.

② 亚当·斯密：《国民财富的性质和原因的研究》，郭大力、王亚南译，商务印书馆 1974 年版，第 45 页。

③ Adolph Berle, Gardiner Means. The Modern Corporation and private property. New York: Harcourt, Brace&World, Inc., 1932: pp. 355 – 356.

④ 通常是指监督成本以及由于监督不力或有效监督不可能时，经营者的机会主义行为而导致的成本之和。

⑤ 也叫代理型公司治理。

上大部分国家的股权不是分散而是相当集中的。施莱弗和维什尼（Shleifer & Vishny，1997）[1] 认为，股权集中在少数大股东手中，导致另一类代理问题的产生，即控股股东掠夺小股东。因为控股股东一旦控制了企业，他们常常会利用企业的资源谋取私利，损害其他股东的利益[2]。正如拉波尔塔等人（La Porta, Lopez-de-Silanes & Shleifer，1999）[3] 所言，世界上大多数国家的公司主要的代理问题是控股股东掠夺小股东[4]，而不是传统的职业经理侵害外部股东利益。克莱森、简可夫、范和郎咸平（Claessens, Djankov, Fan & Lang，2000）[5] 和法西欧和郎咸平（Faccio & Lang，2002）[6] 也认为，在大多数国家，控股股东掠夺小股东是非常重要的委托—代理问题，在新兴市场国家，这类代理问题尤其严重。

2. 独立董事制度：解决代理冲突的一种机制

经济学的研究提出了许多对管理层的攫取行为构成有效约束，克服代理问题的方法，如对管理者的激励机制、董事会制度、公司接管、来自机构投资者的压力、产品市场的竞争、劳动力市场的竞争、所有权配置、企业的资本结构、社会舆论的监督

---

[1] Shleifer, Vishny. A Survey of Corporate Governance. Journal of Finance, 1997, (52): pp. 737 – 783.

[2] Johnson, La Porta, Lopez-de Silanes 和 Shleifer（2000）使用"隧道行为"（Tunneling）一词来描述控股股东转移企业资源的行为。

[3] La porta, Lopez-de-Silanes, Andrei Shleifer. Corporate ownership around the world. Journal of Finance, 1999, 54 (2): pp. 471 – 517.

[4] 也叫剥夺型公司治理问题。

[5] Claessens, S., Djankov S. and Lang, L. H. P., The Separation of Ownership and Control in East Asian Corporations. *Journal of Financial Economics*, 2000, (58): pp. 81 – 112、128 – 178.

[6] Mara Faccio, Larry H. P. Lang. The ultimate ownership of Western European corporations. *Journal of Financial Economics*, 2002, (65): pp. 365 – 395.

和监管机构的规制等等。

在股权分散的情况下，由于股东"搭便车"，公司管理层往往占据了企业的实际控制权，形成"内部人控制"。因为董事会（代理人）与股东（委托人）之间的利益在已有的制度安排下已经出现了不一致，许多公司出现了公司丑闻。20世纪70年代美国法院判决要求公司进行公司治理改革，其核心是改变董事会结构。许多国家为了提高董事会的独立性和公正性，在董事会架构中引入了"独立的"外部董事。法玛和詹森（Fama & Jensen，1983）[1] 认为独立董事的介入可以降低董事会和管理层合谋的可能性，特别是有助于解决 CEO 和董事会主席集于一身的代理监督问题。对付剥夺型代理问题的措施有：建立更加独立的董事会制度、加大信息披露的透明度、增强对小股东的法律保护和建立社会信用评价体系等。皮斯内尔（Peasnel，2000）[2] 发现英国上市公司董事会中独立董事的比例越高，公司利润操纵的可能性越小。贝科斯、波普和扬（Beekers，Pope & Yong，2002）[3] 的研究表明，外部董事比例高的董事会更有可能及时辨认出公司在收益方面的坏消息，独立董事比例更高的董事会的上市公司的会计信息质量也更高。所以，实证研究表明独立董事制度具有一定的监督效率。为此，从理论上对独立董事制度进行解释显得十分紧迫。

---

① Fama . E and Jensen . M. Separation of Ownership and Control. *Journal of Law and Economics*, 1983, (26): pp. 301 – 325.

② K. V. Peasnell . Asset Revaluation and Current Cost: UK Corporate Disclosure Decisions in 1983. *British Accounting Review*, 2000, 32 (2): pp. 161 – 187.

③ Beekers, W. , P. Pope and S. Young. The link Between Earnings Conservatism and Board Composition: Evidence from UK. *Corporate Governance*, 2004, 12 (1): pp. 47 – 59.

二　研究内容、思路与框架

(一) 研究内容

本书从理论和现实两个方面对我国上市公司的独立董事制度进行了分析与阐释。对这一问题研究的选择来自于作者长期的实践、观察与思考。如上所述，独立董事制度是为了解决公司"内部人控制"而引入董事会组织结构的，并最终成为一种世界潮流，成为公司治理中一支不可忽视的力量。然而，20 世纪末 21 世纪初全球发生了一系列公司丑闻，使学术界和实务界开始重新审视独立董事制度。几乎所有的关于独立董事的问题最终都归结到对独立董事制度有效性的关注。作者认为独立董事的有效性必须通过一系列的机制保障，如果没有一个系统有力的保障机制，独立董事最终会成为"渎董"或公司治理的"花瓶"。所以，本书研究的对象是独立董事有效性的保障机制。包括：独立董事的选聘机制与独立性保障、独立董事的激励机制以及审计委员会与监事会职权的调和。全书围绕着这三个主题，依次展开所研究的相关内容。

1. 独立董事制度变迁的国际考察

独立董事制度是公司治理的主要内容之一。在一定程度上，公司治理的效率取决于独立董事制度的有效性，这也是学者和实务界关注独立董事有效性的原因所在。保障独立董事有效性的根本途径是将其有效性的保障机制嵌入公司治理结构之中。本书通过对英、美等主要国家独立董事制度的变迁分析，寻找独立董事的本源问题，更深入地了解独立董事在公司治理结构中的逻辑定位，以便为我们确立独立董事制度有效性保障机制寻找突破口。

从制度变迁的逻辑上看，独立董事制度是董事会治理的衍生制度，而董事会又是公司治理结构中的最高执行机构，对股东大会直接负责。所以，分析独立董事制度的变迁，首先从董事会的制度变迁研究开始。董事会是所有权与经营权相分离的产物，产生于提高公司效率，增加股东价值的需要。公司权力中心经历了从"股东会中心主义"到"董事会中心主义"再到"经理中心主义"的变迁，但与此同时，在公司中也产生了"内部人控制"问题，降低了公司治理的效率。为了解决"内部人控制"问题，在公司治理结构中引入了独立董事制度，并内嵌于董事会之中，使独立董事成为董事会中各个专业委员会的核心成员之一。在此基础上，我们从经济学视角和公司法学视角对独立董事制度进行了分析，为研究独立董事制度有效性的保障机制寻求理论的支持。结果发现，无论是在英、美"单层制"的公司治理结构中，还是在德、日"双层制"的公司治理结构中，从经济学上来看，独立董事制度也是为了解决委托人与代理人之间代理问题的制度，其目的是为了更多地增加委托人的财富，是满足"经济人"的经济需要。从公司法的角度来看，独立董事制度是为了解决委托人与代理人之间"道德"问题，满足分配财富过程中对"公正、公平"的追求。它们从不同的层面规范着代理人的行为。当独立董事制度被内嵌于公司董事会之中后，其本身也成为公司多层委托—代理关系链中的一环，所以，为保障独立董事有效地履行职责，应从经济学"经济人"的经济性出发，辅以"法学"的"法律"性，设计独立董事制度有效性的保障机制。

2. 大股东与小股东利益冲突分析

这一部分主要分析我国独立董事制度产生的现实背景。"经济人"的行为发生在特定的环境中，每一种理论也都只有在具体的背景下才具有适应性。我国独立董事制度的产生必然与我国上市公司的现实背景相联系，而股权结构的特征决定了公司中权利的配置，由此导致的公司中利益冲突性质不同，最终导致公司中的治理结构不同，当然也会使作为公司治理结构中主要构成部分的独立董事制度的设计不同。

在我国，股权高度集中和大股东控制是上市公司股权结构的主要特征，而这种股权结构特征又决定了公司中的主要代理问题。当股权分散时，公司的主要代理问题是全体股东与经营者之间的代理问题，经营者为实际控制人，他们利用其控制权侵占全体股东的利益；当股权集中时，大股东与小股东之间形成现实的委托—代理关系，大股东成为公司的实际控制人，经常利用控制权侵占小股东利益，公司的主要代理问题也由全体股东与经营者之间的利益冲突演化为大股东与小股东利益冲突。这种利益冲突的动因在于大股东获取控制权，致使私人收益与其承担成本的非对称性和大股东监督成本与其补偿的非对称性。利益冲突的制度性根源是"多数表决权"制度。我国上市公司引入独立董事制度主要是为了解决大股东侵占小股东利益的问题。

3. 独立董事的独立性及其运行机制

为了解决公司中主要代理问题，独立董事制度作为改革和复兴公司董事会的一项重要制度嵌入董事会内部组织机构，在全球范围内得到了各国政府和有关组织的支持，但是其有效性并不容乐观，究其原因是独立董事在行权过程中不能保持其应有的独立性。独立性是独立董事的灵魂，是独立董事制度赖以建立和存在的基础，是独立董事制度的根本属性，如果没有独立性，独立董事制度这一"摩天大厦"将彻底坍塌。因此，何谓独立性与如何保证独立性？在实践中一直是各国在探讨和研究的问题。本书把探讨独立董事的独立性作为切入点，从独立董事的选聘机制、激励机制和退出机制三个方面，结合我国现行法律法规的要求，研究了独立董事独立性的制度保障。

4. 独立董事制度运行现状分析及其有效性的实证检验

这一部分是在前面理论分析的基础之上，对我国独立董事有效性保障制度的运行情况进行了现实性分析，并对我国上市公司独立董事制度运行机制的有效性进行实证检验。

5. 独立董事激励契约与防范合谋契约的设计

保障独立董事的有效性，设计一个合理的独立董事报酬契约与防范合谋契约是至关重要的。独立董事与股东之间存在着典型的委托—代理关系，其中独立董事为代理人，股东为委托人。由于两者之间的利益不一致性，可能存在着代理问题。股东作为委托人要解决的问题是，如何设计一个报酬支付契约以激励独立董事按照股东的利益目标选择行动，以最大化股东的利益。由于独立董事选择的行为具有不可观察性，股东在设计激励契约时只能运用一些可观察的替代变量间接地考核独立董事，这样就导致了股东由这些替代变量推断出的独立董事的行为成为一种不完全信息。此时，股东的基本问题又演变为如何根据这些可观察的替代变量所产生的不完全信息来设计支付契约，以激励独立董事，使其选择有利于股东利益最大化的行为。股东对独立董事的激励来自两个方面：一个是报酬（物质）激励，如支付给独立董事的货币报酬；另一个是无形激励，如独立董事声誉。在激励与被激励的过程中，股东和独立董事都必须权衡的另外一个因素是他们各自应承担的风险。本部分主要研究股东如何设计独立董事的物质激励和声誉激励契约。其内容结构是：首先，给出了分析问题的两个基本模型；其次，讨论了风险在股东与独立董事之间的分担，以及风险在激励契约中的作用；再次，讨论了报酬激励契约设计；最后，讨论了在激励过程中声誉机制的作用。

众所周知，公司的控制者掌握着公司的控制权，他完全有可能滥用这种控制权追逐私利而不是为委托人利益服务。为了限制控制权的滥用，公司通常要求董事会保持一定的独立性来限制公司的控制者。独立董事制度就是因此而建立起来的。但是，独立董事是否真的能限制控制者的机会主义行为呢？大量的实证研究表明事实并不乐观，独立董事与控制者合谋的例子俯首可拾，国内尤其为甚。从契约理论的角度来看，为了强化独立董事尽其监督职责，将独立董事与控制权人合谋的有关事项纳入契约可能是一个不错的方式。所以，本书从博弈论的角度研究委托人如何设计契约，以防合谋。

6. 审计委员会与监事会权责的调和

在谈到独立董事的监督时，不能回避的另一个问题是我国上市公司中的"双层制"监督体制的治理结构。审计委员会是董事会下设的一个专门委员会，其基本职能之一是对公司经营进行监督，这一职能由其成员具体执行，而独立董事是审计委员会的核心成员，在很大程度上，可以说独立董事是在依托审计委员会这一组织机构履行监督职能。在"双层制"的监督体制下，监事会是一个与董事会相平等的，对股东大会负责的专门监督机构。当我们将审计委员会与监事会的职能进行对比时，不难发现两者在很多方面是重复的，这种职权上的重复设置会导致具体实施监督职能时，两部门发生冲突，从而降低监督效率。所以，此时在提高公司治理效率时，面临的一个不能回避和必须处理好的问题是如何协调审计委员会中独立董事与监事会的权责，以提高监督效率。本书从审计委员会和监事会的运行机理着手，设计并重新配置两者的权责，从而使两者协调运行，提高监督效率，为增加公司价值做出贡献。

在研究以上六个部分主要内容之后，对研究的结果进行了总结，并根据分析结果提出相应的建议。同时，也提出了本书研究的局限性，并对未来需要进一步研究的问题进行了展望。

(二) 研究思路与框架

任何问题的研究都是在特定的背景下进行的，本书也不例外。首先，从现实和理论两个方面考察了问题研究的背景，从而认识到研究的普遍意义和研究的方向——独立董事制度。在确定了研究方向之后，查阅了大量的相关文献并研究了独立董事的制度变迁，进一步确定了具体研究的问题，即本书的题目。对于这一问题，是从理论分析和现实解释两个递进的方面进行研究的。首先，分析了我国上市公司的主要代理问题——大股东与小股东之间的利益冲突，这为研究我国上市公司独立董事制度提供了一个公司治理背景，也提出了本书中独立董事制度所要解决的问题，从而为问题的研究奠定了基调，即提出了在我国独立董事制度主要是解决大股东与小股东之间的代理问题。然后，对我国上市公司独立董事制度的运行现状进行了调查分析，并对其有效性进行了实证检验。为了保障独立董事制度的有效性，我们对独立董事的选聘机制与独立性保障、激励与防合谋契约以及审计委员会与监事会权责的调和三个方面的问题进行了理论分析。最后，在上述研究的基础上，提出了一些政策性建议。

根据以上的研究思路和主要内容，本书的研究框架如下：

第一章是绪论。主要对论文研究的背景、研究内容、思路、框架、研究方法和基本概念等问题作以说明。

第二章是文献综述。主要从独立董事制度理论基础、选聘机制、激励约束机制、审计委员会和投资者利益保护五个方面综述了国内外的研究状况，并做了简单的述评。

第三章是独立董事制度变迁的国际考察。通过对各国独立董事制度变迁的研究，厘清独立董事的本源性问题，阐明其在公司治理中的作用。

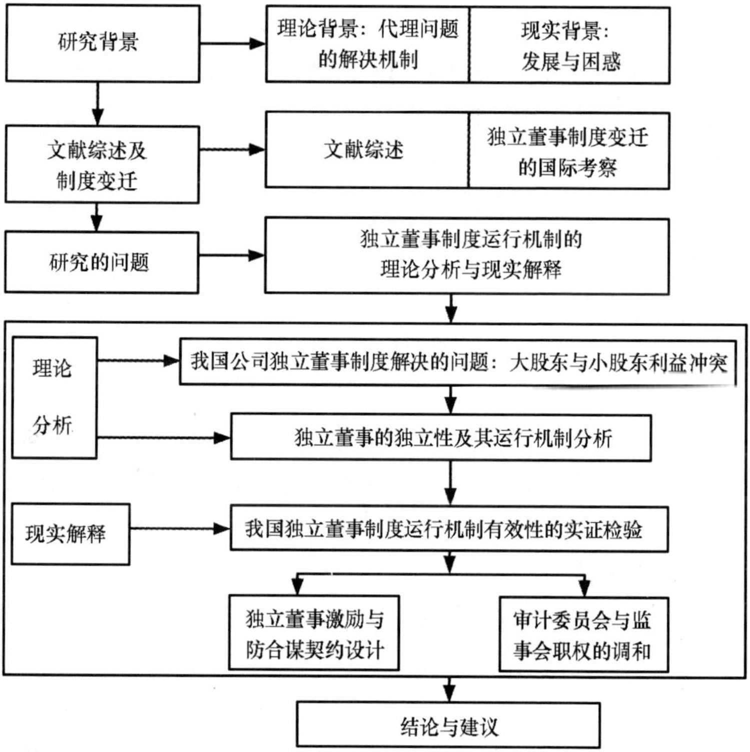

图 1-1 本书研究框架

第四章是大股东侵占小股东利益——我国独立董事制度要解决的基本问题。具体研究大股东与小股东代理关系的形成、代理问题的产生，以及独立董事最终作为解决大股东侵占小股东利益的机制被引入到我国上市公司治理结构等问题。

第五章是独立董事的独立性及其运行机制分析。主要从理论上探讨了独立董事的"灵魂"——独立性及其运行的几个机制。

第六章是对独立董事制度运行机制有效性的实证检验。本章首先对我国上市公司独立董事制度的运行现状进行了分析，对我国上市公司独立董事制度的运行现状作一个总体判断。其次，对我国上市公司独立董事制度运行机制的有效性进行实证检验。

第七章是独立董事激励契约与防合谋契约的设计。通过对我国上市公司独立董事制度运行机制的有效性检验发现，独立董事的薪酬并不能有效地保护中小股东利益，而其提名机制又不能对上市公司价值的提升发挥重要作用，所以，本章主要运用经济学分析方法和博弈论讨论了委托人如何设计激励契约，以使独立董事发挥更为有效的作用；同时，说明了独立董事本身也是代理人，委托人也必须设计一个有效的防合谋契约，以防独立董事与其监督对象合谋，削弱独立董事的效率。

第八章是审计委员会与监事会权责的调和。主要分析了我国上市公司中，在审计委员会与监事会并存的情况下，两者存在的冲突，以及对这种冲突的调和。

第九章是研究结论、政策性建议以及本书研究的局限性和以后待进一步研究的问题。

三 研究方法和创新之处

（一）研究方法

本书主要采用了规范分析的方法，同时在对我国独立董事制度现状的分析中采用了实证分析的方法，力求做到规范研究与实证分析相结合。

首先，对独立董事有效性保障制度的理论分析采用规范性研究方法。所谓规范性的研究方法主要是演绎推理方法，即由普遍性原则推导出个别结论的一种方法，它不受现实事物的影响，强调"应该是什么"。本书从公司治理入手，通过分析董事会的演进，发现独立董事制度是董事会治理的衍生制度，应该为解决公司治理问题而设计。于是，具体分析我国上市公司的主要代理问题就成为必然逻辑。在分析公司的主要代理问题时，围绕着控制权展开，沿着如下线索进行研究：股权结构决定权利配置—决定公司的主要代理问题—我国上市公司的主要代理问题—产生这种问题的主要动因—制度性根源—解决方法是引入独立董事。作为解决代理问题的一种流行全球的独立董事制度，被引入董事会治理之后，关键的问题是其有效性的保障，所以，本书紧接着又研究了独立董事有效性的三个保障机制：独立董事选聘机制及其独立性保障、激励与防合谋契约和审计委员会与监事会权责的调和。

其次，在理论分析部分，本书还使用了经济模型分析方法，即在理性经济人的假设下，通过模型化的手段推测经济个体行为在特定经济背景下的经济后果。在研究大股东侵占小股东利益部分，借鉴了詹森和麦克林（Jensen & Meckling，1976）的模型[1]，分析了大股东侵占小股东利益的动因之一是大股东控制权私人收益与其应承担成本的非对称性；运用了传统的微观经济学原理分析了大股东侵占小股东的另一个动因是大股东监督收益与监督成本的非对称性。在具体的研究工具上，运用了博弈模型的分析范式，通过对称信息与非对称信息下委托人与代理人之间的博弈，讨论了委托人如何设计最优的独立董事的激励契约，如何设计契约来防范独立董事与经营者的合谋。在研究线路上，主要是以威尔逊（Wilson，1969）[2]、斯宾塞和泽克豪森（Spence & Zeckha-

---

[1] Jensen M. and Meckling W. Theory of the firm: managerial behavior, agency cost, and ownership structure. Journal of Financial and Economics, 1976, (3): pp. 305 - 360.

[2] Wilson R. The Structure of Incentives for Decentralization under Uncertainty//Guilbaud. La Decision: Agregation et Dynamique des Ordres de Preference. Paris: Centre National de la Recherche Scientifique, 1969: pp. 287 - 307.

user, 1971)[1] 和罗斯（Ross, 1973)[2] 等人使用和发展的"状态空间模型"（State-space Formulation）和莫里斯（Mirrlees, 1974, 1976)[3]、霍姆斯特（Holmstrom, 1979)[4] 使用的"分布函数的参数化模型"（Parameterized Distribution Formulation）为基本分析框架，并结合张维迎（2002)[5] 的研究结论，设计了独立董事的激励契约；以梯若尔（Tirole, 1992)[6]、拉丰和马赫蒂摩（Laffont & Martimort)[7] 等经济学家的合谋问题分析基本框架，结合董志强（2006)[8] 的研究，探讨了公司治理中的合谋行为，并使用了基于逆向选择模型扩展后的委托人—监督者—代理人分析框架。在此框架中，如果监督者和代理人（或者代理人之间）可以成功地隐瞒信息，那么他们就可能为了更多地攫取信息租金而合谋。此时，委托人将考虑设计一个防范合谋的合约。当然，这还要取决于收益与成本的权衡。

最后，本书还使用了实证研究的方法。实证法只对事实进行客观描述，而不对行为结果作价值判断，主要回答"是什么"。但在实际分析过程中，实证和规范两种方法往往联系在

---

[1]　Spence, A. M. and Richard Zeckhauser. Insurance, information, and individual action. *American Economic Review*, 1971, (61): pp. 380 – 387.

[2]　Ross S. The Economic Theory of Agency: The Principal's Problem. *The American Ecnomic Review*, 1973, (63): pp. 134 – 139.

[3]　Mirrlees, J. The optimal structure of authority and incentives within an organization. *Bell Journal of Economics*, 1976, 7: pp. 105 – 131.

[4]　Holmstrom, B., Moral hazard and observability. *Bell Journal of Economics*, 1979, 10: pp. 74 – 91.

[5]　张维迎：《博弈论与信息经济学》，上海人民出版社 2002 年版。

[6]　Tirole, J. Collusion and the Theory of Organizations. *Cambridge*: *Cambridge University Press*. 1992.

[7]　Laffont, J. J. and Martimort, D. Separation of regulators against collusive behavior. Mimeo. *Toulouse*, 1995.

[8]　董志强：《公司治理中的监督合谋》，重庆大学博士学位论文，2006 年。

一起，实证分析中可能包含一些价值判断，而规范分析又是建立在实证分析的基础之上。本书试图通过设计问卷调查的方法，对我国上市公司独立董事的具体运行情况进行实证研究。这种研究以前面规范性研究为理论基础，设计问卷的内容，首先通过调查回收的问卷回答"是什么"，对我国独立董事制度的运行状况做出一个基本判断。然后，主要运用统计分析方法的差异 T 检验和多元回归分析，对我国上市公司的独立董事制度的有效性进行了实证检验，并根据研究结果提出"该怎样做"的政策性建议。

(二）创新之处

本书通过研究预期有以下创新点：

首先，提出了在股权集中的公司中，独立董事制度解决的主要代理问题是大股东对小股东利益的侵占。

股权结构决定了公司治理中的权力结构，而不同的权力结构产生了不同的代理问题。当股权分散时，由于公司的权力旁落于经营者，公司的主要代理问题是全体股东与经营者之间的代理问题；当股权较为集中时，公司出现了兼任或控制经营者的大股东，这时的代理问题主要表现为大股东与小股东之间的利益冲突。

在我国的上市公司中，股权高度集中和大股东控制成为公司股权结构的主要特征。大股东侵占小股东的利益成为公司的主要代理问题。所以，在我国的上市公司中引入独立董事制度目的之一是为了抑制大股东侵占小股东的利益。

其次，提出了独立董事的最优激励契约设计依赖于信息的对称程度与委托人和代理人的风险态度。当独立董事与其委托人之间的契约为多期时，声誉机制将起作用。

当股东可以观测到独立董事的努力水平 α 时，契约的激励相容约束 IC 将不起作用，参与约束条件成立，任何努力水平 α 可以通过满足参与约束 IR 的强制合同实现。当股东可观测努力水平时的最优契约为：（1）如果股东是风险中性者，独立董事是风险规避者，那么，股东设计的帕累托最优契约应该要求独立董事不承担任何风险（$\beta^* = 0$），股东只要支付给独立董事一个固定报酬，且刚好等于独立董事的保留工资加上其努力成本即可；（2）激励契约中设计的最优努力水平要求独立董事努力的边际期望收益等于努力的边际成本。

在信息不对称的情况下，激励契约中必须让独立董事承担一定的风险。尤其是 β 是 ρ、δ^2 和 b 的递减函数，意味着独立董事越是厌恶风险，契约产出 π 的方差就越大，独立董事越可能偏好选择较低的努力水平，因为越努力工作可能使独立董事承担的风险就越大，所以，如果独立董事是一个风险规避者，为了激励其努力工作应该让其承担较小的风险。如果独立董事是风险中性的（$\rho = 0$），最优激励契约应该要求独立董事承担完全的风险（$\beta = 1$）。这有两个方面的原因：第一，从激励角度看，即使没有信息不对称问题，b 越大，最优的 α 越小（因为 $\alpha^* = 1/b$）；第二，从风险分担的角度看，b 越大，股东诱使独立董事选择同样的努力水平所要求的 β 越大（因为 $\alpha = \beta/b$），股东宁愿要求独立董事选择一个较低的努力水平而换取风险成本的节约。此外，由 $\partial \beta/\partial \rho < 0$ 和 $\partial \beta/\partial \delta^2 < 0$ 我们可以得出一个简单而直观的结论：股东设计的最优激励契约应该是在独立董事激励效用与保留效用之间的一个均衡。对于给定的 β，ρ 越大（或 δ^2 越大），风险成本越高，因此，最优风险分担要求 β 越小。

当股东与独立董事之间的委托—代理关系是单期时，独立董事的效用只包括本期的报酬（物质）激励部分，在采取行动时，他们不会考虑本期行动对未来声誉的影响，进而不考虑声誉对其未来报酬的影响。如果委托—代理关系是多期的，出于对未来声誉的考虑，独立董事与股东之间的代理问题不像单期时那样严重。因为"时间"本身可能会缓解代理问题。在解决代理问题过程中，声誉效应作为一种隐性激励机制具有与显性激励机制相同的效果。

再次，提出了在有控股股东的公司中，除非加大惩罚力度，一般不可能防止控股股东对独立董事的贿赂及收受贿赂行为。

在委托人与独立董事的博弈过程中，当状态（1）（ $\theta = \theta_1$，$s = \theta_1$ ①）发生时，存在两种情形。

第一种情形：$B_s - \beta_s P_s^{\ m} \le 0$②，且对独立董事接受贿赂的惩罚力度足够大时，若独立董事接受大股东的贿赂隐瞒坏信息而使中小股东误以为状态（2）（ $\theta = \theta_1, s = \varphi$ ③）发生，会有净损失 $\Delta t = t_1 - t_2 - (B_s - \beta_s P_s^{(\ m)}) > 0$④，即使管理层给予其大于等于 Δt 的补偿，力度大的惩罚也会影响独立董事以后的声誉；而由于 $(CIC)^*$（即合谋同盟的集体激励相容约束的均衡状态）中等式成立，可知 $(w_2 - g(e_2)) - (w_1 - g(e_1)) = \Delta t$⑤，即满足了 Δt 的补偿，则控股股东（管理层）无任何好处，因此从理性角度

---

① θ 代表对股东收益产生影响的除管理层努力之外的其他有利信息；θ_1，表示对股东收益产生不利影响的坏信息。s 表示独立董事的可观察信息。

② B_s 表示当公司经营信息为坏信息时，使独立董事发布"什么也没有观察到"信息的贿赂额；β_s 表示独立董事接受贿赂后最终被中小股东发现的概率，且发现即被惩罚的罚金为 P_s^m。

③ φ 表示独立董事"什么也没观察到"。

④ t_i 表示在状态 i 下独立董事的报酬。

⑤ w_i 表示在状态 i 下管理层的报酬；$g(e_i)w_i$ 表示在状态 i 下管理层付出努力的成本函数。

看，二者都无诱因合谋，且独立董事也不会接受大股东的贿赂。但如果 $B_s - \beta_s P_s^m \leqslant 0$，同时对独立董事接受贿赂的惩罚力度 P_s^m 较小时，控股股东给予独立董事的贿赂 B_s 也较小，这一般是指对中小股东而言较为重要，对控股股东而言相对不太重要的公司信息，这时不能绝对阻止合谋与贿赂的发生。

第二种情形：$B_s - \beta_s P_s^m > 0$，即独立董事只从接受贿赂中获得的期望收益为正，由于 $t_1 - t_2 - (B_s - \beta_s P_s^{(m)}) = (w_2 - g(e_2)) - (w_1 - g(e_1))$，则要么控股股东合谋的净收益正好是独立董事合谋的净损失，要么独立董事合谋的净收益正好是管理层合谋的净损失，此时在控股股东的压力下，管理层可能在不改变努力水平以及得到不次于状态（1）的报酬的前提下提供合谋补偿；若惩罚力度小，特别是如果仅是少量罚款时，独立董事从状态（1）与状态（2）所得等同，则他还有可能同时接受大股东的贿赂和管理层的合谋支付；但若惩罚足够大，比如法律惩罚，独立董事会顾及惩罚的其他效应而拒绝接受贿赂与合谋。

这一结论对我国目前独立董事制度的现实操作的意义在于，法律法规应加强对小股东利益的法律保护，应加强对合谋侵占小股东利益行为的惩处力度。

最后，提出了在我国上市公司中，审计委员会与监事会之间的权责存在着冲突，但是，其功能是互补的，二者也是可以调和的。

因此，在现有的公司治理框架中，要处理好两者之间的关系，对两者之间的权责需进行重新配置。首先，审计委员会与监事会的关系应为：审计委员会隶属于董事会，其中独立董事占多数，其所提交的议案先通过董事会的讨论。监事会则是与董事会保持平行地位的机构，由股东代表和职工代表组成。审计委员会的主要监督对象是管理层。监事会向全体股东负责，检查公司财务、监督和检查董事、经理及其他高级管理人员的行为等；监事会不参与决策过程，侧重于事后监督。审计委员会则要参与决策过程，更侧重于事前监督。要调和审计委员会与监事会，关键要处理好二者的关系，发挥审计委员会和监事会的双重监督作用。审计委员会配合监事会的监事审计活动，在监督公司管理当局的问题上相互合作；审计委员会作为董事会的下设委员会，也是监事会的监督对象。本书对两者的权责进行了明确的界定，见表 8 - 1。

四 基本概念

（一）独立董事、外部董事和非执行董事

与独立董事（Independent Director）概念相近的有外部董事（Outside Director）、非执行董事（Non - executive Director）。这三者之间既有联系，又有区别。三者的关系可以用图 1 - 2 来表示：

$$
董事\begin{cases} 执行董事 \\ 非执行董事\begin{cases} 内部非执行董事 \\ 外部董事\begin{cases} 灰色董事 \\ 独立董事 \end{cases} \end{cases} \end{cases}
$$

图 1 - 2　外部董事、非执行董事与独立董事关系

在英国和英联邦国家多称为非执行董事。非执行董事是指那些非公司管理团队的董事。非执行董事范围要大于外部董事的范围，例如公司的普通员工如担任公司董事会的成员，那么他就是

非执行董事。外部董事是北美常用的一个名词，意为该董事不是公司职员却是公司董事会成员，包括独立董事和灰色董事。所谓灰色董事（又称关联董事）是指不是公司雇员，但拥有除了董事关系外与公司还有其他实质性利害关系的外部董事。他们往往是公司管理当局的亲戚、公司的高级顾问或供应商、为公司提供法律服务的外部律师、退休的公司经理、投资银行家。安尼尔·史弗达萨尼（Ashivdasani, 1993）[1]、维克奈尔（Vicknair, 1993）[2] 等研究发现 74% 在纽约证交所上市的公司在审计委员会中至少有一名灰色董事。

独立董事这一概念最早出现于美国《1940 年投资公司法》[3]，并在 20 世纪 60—70 年代得到了重大的发展，但对其进行科学界定并非易事，相继有 20 多个国家和国际组织通过"软法"的形式来界定独立董事。综观全貌，概括起来有三种界定法：第一种是概括式界定法，优势在于简单、稳定性强，不足之处是可操作性不强；第二种是列举式界定法，最大优点是可操作性很强，不足之处是难以进行穷尽式的列举，难免有所遗漏；第三种是概括式和列举式相结合的界定法，这种方法兼有稳定性、可操作性又避免了单纯概括界定法和列举界定法的不足。三种界定方法的比较见表 1-1、表 1-2 和表 1-3[4]：

---

① Shivdasani, Anil. Board Composition Ownership Structure and Hostile Takeover. Journal of Accounting and Economics, 1993, 1 (16): pp. 167 - 198.

② Vicknair D. B. The Effective Annual Rate on Cash Discounts: A Clarification. Journal of Accounting Education, 2000, 18 (1): pp. 55 - 62.

③ 阎海、陈亮：《独立董事制度研究》，《华东政法学院学报》2001 年第 4 期。

④ 陈辉：《外国独立董事制度比较研究与中国实践》，西南财经大学硕士学位论文，2005 年。

表 1-1 独立董事的概括式界定法

界定主体	界定内容
美国纽约证券交易所	独立于公司经营者，董事会认为没有会影响其行使独立判断权的任何关系
法国 1999 年《唯诺报告》	与公司或集团没有会损害其独立判断力的任何关系
美国公众公司改革法案	除了作为公司审计委员会、董事会或其他董事会委员会成员外，不能从发行证券公司接受任何咨询业务或取得其他报酬，亦不能成为发行证券公司或其任何附属机构的关联人员
英国 Cabury 报告	独立于公司时解释到，除董事事务费和股份外，应独立于公司管理层，与任何的业务和关系无关，而这种业务或关系会实质性地影响到他们的独立判断
中国证券交易所	不在公司担任除董事外的其他职务，并与其所受聘的上市公司及其主要股东不存在可能妨碍其进行独立客观判断的关系的董事

表 1-2 独立董事概括式和列举式相结合的界定法

界定主体	界定内容
美国机构投资者委员会（CII）	独立董事与公司或其最高经营者之间没有家庭或经济关系，即不得具有以下七种情形：（1）受雇于该公司或其附属机构；（2）近两年是该公司或其附属机构或最高经营者的顾问；（3）该公司主要客户或供应商的雇员；（4）近两年与该公司或其附属机构或最高经营者具有个人服务合同关系；（5）接受该公司或其附属机构重大捐助的基金会或大学的雇员；（6）该公司或其附属机构经营者的亲属；（7）交叉董事的组成部分

续表

界定主体	界定内容
加拿大多伦多证券交易所	（1）独立于公司经营者，除了持股关系之外，没有可能被合理地认为会实质性影响为公司最大利益行事能力的任何利益或其他关系；（2）向公司提供法律或金融咨询服务的律师、金融顾问、公司前总裁以及向公司提供贷款的公司高层经营者等均不能称为独立
澳大利亚 1995 年《公司行为指南》	独立于公司经营者，没有会影响其为公司最大利益行事的其他任何外部影响者，即为独立董事。独立董事应符合以下五个条件：（1）不是该公司的大股东；（2）最近几年没有在该公司担任执行性职务；（3）没有受雇担任公司的专业顾问；（4）不是该公司的大供应商或客户；（5）除了董事身份以外，与该公司之间没有重大合同关系

表 1 - 3　　　　　　　　独立董事的列举式界定法

界定主体	界定内容
美国全国公司董事协会	独立董事不得具有以下五种情况：（1）该公司及其子公司雇员；（2）该公司雇员的亲属；（3）为该公司提供服务；（4）向公司提供主要服务的公司雇员；（5）在该公司获得董事费用以外的任何报酬
美国 Calpers 的治理原则和指南	独立董事不得具有以下九种情况：（1）近 5 年在该公司担任执行性职务；（2）附属于该公司的顾问、高层经营者；（3）附属于该公司主要客户或供应商；（4）与该公司或其高层经营者有个人服务合同关系；（5）附属于接受该公司重大捐助的非赢利性组织；（6）近 5 年与公司之间有依据 S - K 条例应予披露的业务关系；（7）共有企业雇员，如果其最高管理层为公司董事；（8）与该公司的附属机构有上述任何关系；（9）上述人士的家庭成员

界定主体	界定内容
通用汽车公司	独立董事不得具有以下六种情况：（1）近5年在本公司或其附属机构担任执行性职务；（2）本公司或其附属机构的主要顾问；（3）附属于本公司或其附属机构的主要客户或供应商；（4）附属于接受本公司或其附属机构重大捐助的非营利性机构；（5）与本公司或其附属机构有重大个人服务合同关系；（6）上述人士的配偶、父母、子女
澳大利亚投资经理协会	独立董事不得具有以下七种情形：（1）公司经营者；（2）该公司大股东或与大股东有直接或间接关系；（3）近3年在该公司或其集团成员公司受雇担任执行性职务；（4）该公司或其集团成员公司的顾问或顾问公司的主要所有者；（5）该公司或其集团成员公司的主要客户或供应商；（6）除董事身份以外，与该公司或其集团成员公司还有重大合同关系；（7）具有可能被合理认为会影响董事为公司最大利益行事的任何利益、业务或其他关系
爱尔兰投资经理协会	独立董事不得具有以下四种利益冲突：（1）该公司的专业顾问；（2）该公司的主要客户或供应商；（3）近几年在该公司担任执行性职务；（4）参加该公司的股票期权计划

（二）内部人控制和控制内部人

"内部人控制"是由美国斯坦福大学的青木昌彦（Masahiko Aoki）针对苏联东欧社会主义国家特有的情况而提出来的，是指从前的国有企业的经理和工人在企业公司化的过程中获得相当大一部分控制权的现象。然而，随着社会经济的发展，这一概念不断进行着扩展。从狭义上讲，所谓"内部人控制"是指独立于股东或投资者（外部人）的经理人员掌握了企业实际控制权，在公司战略决策中充分体现自身利益，甚至内部各方面联手谋取各自的利益，从而架空所有者的控制和监督，使所有者的权益受到侵害。从广义上讲，内部人控制已不再仅仅局限在经理人员实质上掌握了公司的控制权，也包括在股权集中条件下，控股股东利用关联交易、投票权等手段实质掌控企业的经营管理。

"控制内部人"是在"内部人控制"的前提条件下，为了维护投资者及企业相关利益者的权益，利用激励与约束等机制对内部人的行为加以制约。可以说，"内部人控制"是"控制内部人"的前提条件，"控制内部人"是"内部人控制"的行为结果，二者之间存在着逻辑上的因果关系。

(三) 管理层和经理层

究竟管理层和经理层是指哪些人？其范围有多大？与日常提到的企业家、厂长经理和高管人员是否有区别？有何区别？目前，在中国的理论和实践中还存在着不同的认识，未形成一个严谨而明确的概念。

对于管理层的含义，代表性的观点有[1]：

1. 公司高管人员说

任自力（2005）[2]认为"管理层通常指公司的高管人员"。但何谓高管人员，他却未作明确界定。然而，根据《中华人民共和国公司法》第217条之规定："本法下列用语的含义：高级管理人员，是指公司的经理、副经理、财务负责人，上市公司董事会秘书和公司章程规定的其他人员。"

---

[1] 田陈圣：《管理层收购中资产流失的风险防范机制研究》，天津理工大学硕士学位论文，2006年。

[2] 任自力：《管理层收购的法律困境与出路》，法律出版社2005年版。

2. 单位负责人及领导班子其他成员说

国务院 2003 年 5 月 27 日发布的《企业国有资产监督管理暂行条例》设专章（第三章）规定了"企业负责人管理"，其中，第十七条规定："国有资产监督管理机构依照有关规定，任免或者建议任免所出资企业的企业负责人：（1）任免国有独资企业的总经理、副总经理、总会计师及其他企业负责人；（2）任免国有独资公司的董事长、副董事长、董事，并向其提出总经理、副总经理、总会计师等的任免建议；（3）依照公司章程，提出向国有控股的公司派出的董事、监事人选，推荐国有控股的公司的董事长、副董事长和监事会主席人选，并向其提出总经理、副总经理、总会计师人选的建议；（4）依照公司章程，提出向国有参股的公司派出的董事、监事人选。"

财政部和国务院国有资产监督管理委员会 2005 年 4 月 11 日发布的《企业国有产权向管理层转让暂行规定》第二条规定："本规定所称'管理层'是指转让标的企业及标的企业国有产权直接或间接持有单位负责人以及领导班子其他成员。'企业国有产权向管理层转让'是指向管理层转让，或者向管理层直接或间接出资设立企业转让的行为。"但是，对于单位负责人以及领导班子其他成员的范围，该暂行规定却没有作具体的界定。

3. 董事、监事、高级管理人员说

中国证监会《公开发行证券的公司信息披露内容与格式准则第 16 号——上市公司收购报告书》第三十一条要求，"属于上市公司管理层（包括董事、监事、高级管理人员）及员工收购的，收购人应当披露如下基本情况：……"明确将管理层界定为董事、监事、高级管理人员。

对于经理层的含义，樊炳清（2003）定义为从事企业战略性决策并直接对企业经营活动和经济效益负责的高级管理人员。

对于传统国有企业而言，基本上等同于所谓的领导班子成员。对于上市公司而言，则等同于高管人员（与证券监管部门规定的高管人员的含义相同）[①]。冀县卿（2005）[②] 从所研究的角度出发，将经理层限定为在上市公司中领取报酬最高的前三名经理人员。

　　基于以上分析，我们认为管理层涵盖的范围应比经理层广，既包括经理层人员，也包括对经理层实施监督管理的人员。因此，本书管理层指的是董事长、副董事长、董事、监事会主席、监事、企业的总经理、副总经理、总会计师及其他企业负责人；经理层指的是总经理、副总经理、总会计师及其他企业负责人。

---

　　① 樊炳清：《上市公司治理与经营者激励约束》，湖北人民出版社 2003 年版，第 20 页。
　　② 冀县卿：《上市公司经理层行为的激励机制研究》，扬州大学硕士学位论文，2005 年。

第二章

文献回顾与述评

在公司治理结构中引入独立董事制度是为了解决公司中由于委托人与代理人之间的冲突而导致的代理问题。独立董事制度作为一项重要的制度创新，自诞生以来，国内外学者进行了大量的理论和实证研究，试图探讨独立董事制度是如何解决或缓解公司代理问题的。本章将对独立董事相关的研究成果进行综述，并在此基础上，对研究现状进行简单的述评。

一　国外文献研究综述

（一）独立董事制度理论基础研究综述

现代经济学理论的发展与丰富为独立董事制度的诞生奠定了理论基础。科斯（1937）① 开创性地打开了"企业为何存在的'黑匣子'"，开创了现代企业理论研究之先河，以此为基础，诱发了产权理论、交易费用理论、不完全契约理论等现代企业理论的诞生。这些新的企业理论，尤其是委托—代理理论为独立董事的存在提供了理论解释。根据委托—代理理论，企业是一系列委托—代理关系组成的契约的集合。委托人与代理人之间存在着利

---

① 罗纳德·科斯：《企业的性质》，《论生产的制度结构》，上海三联书店1994年版。

益冲突，其利益目标的不一致和实现目标路径的不同，产生了代理问题——逆向选择和道德风险，这要求公司必须设计安排一个最优契约来缓解和克服委托人和代理人之间的利益冲突，以实现委托人利益的最大化。由于未来的不确定性、环境的复杂性和人的有限理性以及交易成本的存在等，契约本身却具有不完全性，不可能在初始合同中对所有的或然事件及其决策行为做出完全的规定。因此，在企业中，委托人与代理人之间的主要利益冲突便演化为对合同中没有规定的剩余控制权及剩余索取权的争夺，为了保证剩余控制权与剩余索取权公正与公平的配置，保护委托人的利益免受侵害，在公司治理结构中，引入独立董事制度以改善董事会效率就成为必要。

詹森和麦克林（Jensen & Meckling，1976）首先看到了企业中委托人与代理人之间的利益冲突及由此产生的代理问题（逆向选择与道德风险）和形成的代理成本。代理成本的存在有损企业的价值，使委托人的利益受损。他们认为代理成本由三部分构成：激励成本、监督成本、剩余损失，并构建了代理成本模型对其观点进行了证明。其中的一个重要观点是，为了降低企业代理成本，提高委托人的价值，在公司的治理结构中，引入监督机制是十分必要的。以该文的基本思想为基点，于是引发了大量有关如何降低公司代理成本的研究。其中，人们普遍认为，独立董事制度就是一种能够降低代理成本的监督制度。在实务中它被引入了公司治理结构，以缓解代理问题，降低代理成本。

但是，有些学者并不认同独立董事降低代理成本的观点。托德·佩里（Tod Perry，2000）[①]就对独立董事能够降低代理成本

---

① Tod Perry, Incentive Compensation for Outside Directors and CEO Turnover, from http://papers.ssrn.com/sol3/results/.cfm, 2000.

的观点持保留意见。他在法玛和詹森的代理成本理论的基础上，将代理成本分为一级代理成本——所有权和控制权分离产生的成本和二级代理成本——董事会与股东大会之间的代理成本。他认为独立董事是股东监督经营者的代理人，独立董事制度本身也是一种代理现象，股东必须为此付出代价，即代理成本，他把这种代理成本称为二级代理成本，也是"监督监督者"的成本。所以，他认为"独立董事的本质是用于降低公司代理成本"的论述可能并不很深刻。

20 世纪 90 年代以来，理论界对独立董事的本质的研究，最终还是遵循了委托—代理理论分析的路径，如果有变化，也只不过是在形式上引入了信息经济学、博弈论等分析方法。因此，芝加哥大学荷马林教授谈到对独立董事的研究时，认为现有的研究并没有太多的新理论，只是反复强调了代理成本问题，这远远不够。

（二）独立董事选聘机制研究综述

现代公司中存在着强权逻辑，强权主体主导公司治理过程。在这一治理过程中，强权主体不可避免地侵害弱势群体权益，为了维护公司治理中弱势群体权益，维持社会经济秩序，作为监督和约束强权主体的独立董事制度不可能自动进入公司的治理，必须通过外部强制力量（例如通过法律法规的规定）"植入"公司治理结构中，从而使得经过选聘进入公司治理的独立董事变得非常复杂。

第一，独立董事的选聘机制对独立董事的影响。一般来说，独立董事的任命通常由企业原来的董事会成立专门委员会提名，然后由股东大会进行选举产生。在这种情况下，企业内部的经理层常常会介入到独立董事的提名中来，而且企业的 CEO 经常是

"提名委员会"的主要成员，或者类似于 CEO 的企业经理能够控制独立董事的提名程序。这种选聘机制对独立董事选聘的影响成为学者们研究的主要内容之一。

耶麦克（Yermack，1996）[①] 的研究表明由于 CEO 可能介入董事的提名制度，导致董事会中独立董事数量的减少。荷马林和韦斯布赫（Hermalin & Weisbach，1988）[②] 认为，当 CEO 接近退休时，公司的内部董事人数会增加。但是当新的 CEO 上任后，公司的内部董事将会减少，而独立董事的数量将会增加。如果一个企业的独立董事经常批评企业内部经理层，那么，这些独立董事将不会得到连任。卡普兰和明顿（Kaplan & Minton，1994）[③] 研究了日本企业的独立董事制度之后，发现了同样的规律。如果独立董事经常批评企业内部经理层，那么这些独立董事在任期届满后常常会被解聘，相反，将会连任。

荷马林和韦斯布赫（2001）[④] 和威廉和布朗（William & Brown，1996）[⑤] 认为，当独立董事和 CEO 就公司的决策发生冲突时，独立董事往往不是采取公开的反对态度，而是为了表明自

---

① Yermack, D. Higher market valuation of companies with a small board of directors. Journal of Financial Economics, 1996, (40): pp. 185 – 212.

② Hermalin, B. E., and M. S. Weisbach. The Determinants of Board Composition. The Rand Journal of Economics. 1988, 19 (4): pp. 589 – 606.

③ Kaplan, Steven N., and Bernadette A. Minton. Appointments of Outsiders to Japanese se Boarders: Determinants and Implications for Managers. Journal of Financial Economics, 1994, (36): pp. 225 – 258.

④ Hermalin, B. E. and M. S. Weisbach. Boards of Directors as an Endogenously Determined Institution: A Survey of the Economic Literature. National of Bureau of Economic Research, 2001: pp. 7 – 26.

⑤ William, O., Brown, Jr. Exit, Voice, and the Role of Corporate Directors: Evidence from Acquisition Performance. Working paper in economics, Claremont collages. 1996: pp. 26 – 27.

己不与经营层合谋的态度，往往选择主动辞职；即使一些独立董事公开反对 CEO 的决策，往往也是被迫辞职。

丹尼斯和萨林等人（Denis & Sarin，1999）① 的研究结果表明，如果一个企业的创建者在企业中具有很大的影响力，或者企业的 CEO 拥有较多该企业的股票，那么该企业很容易形成以内部人为主的董事会体系。相反，在一些知名的大企业或者历史较长的企业中，管理层主要为职业经理人，这些职业经理人拥有的企业股票数量较少，在这种情况下，企业中容易形成以独立董事为主的董事会体系。

第二，企业盈利能力和成长性与独立董事的关系。荷马林和韦斯布赫（1988）的研究表明，当大企业业绩恶化时，独立董事在董事会中的比例会略微上升，这说明，企业的业绩会影响董事会的构成比例。但是，丹尼斯和萨林（Denis & Sarin，1999）的研究却不支持这种观点。他们认为，从长远来看独立董事与内部董事在企业董事会中的构成比例基本上是相同的。在董事会中高比例的独立董事在运作了一段时间以后，比例会逐步下降，而低比例的独立董事在运作了一段时间以后，独立董事在董事会中的比例会逐步提高。

第三，公司的经营环境对独立董事选择的影响。罗纳德（Ronald，1998）② 研究表明，在经营业务比较广泛的企业中，董事会中独立董事所占的比例较高，当企业处在监督条件下，企业的经理层便会增选具有政治背景和法律背景的独立董事。

---

① Denis, David J. and Sarin, Atulya. Ownership and Board Structures in Publicly Traded Corporations. Journal of Financial Economies, 1999, (3): pp.187 - 223.

② Ronald, David and Toppei, Heidi J., Heidi., Using Stock in Corporate Director's Deferral Plans Benefits Quarterly, 1998, 14 (3): pp.18 - 24.

第四，政治环境对独立董事选择的影响。安纳普和克诺柏（Anup & Knoeber，1996）[1] 的研究发现，当政治因素对企业（尤其是一些知名的大企业）的影响较大时，即当企业同政府的贸易合作增多、企业向政府销售物资、企业需要向政府游说取得有利的经营政策、企业的出口贸易受到政府贸易政策的影响时，企业中常常就会有很多具备政府背景的独立董事。另外，如果企业由于环境污染或者垄断问题而同政府存在较多分歧时，企业中具有政府背景的独立董事也会增多，因为他们可以为企业提供具有洞察力的意见，帮助企业分析和预测政府的相关行为。

第五，公司所处的行业对独立董事的影响。科尔和莱恩（Kole & Lehn，1999）[2] 对航空工业解除管制以后，公司治理机制的变化对企业独立董事比例的影响进行了研究，结果表明，企业董事会中独立董事构成比例并没有受到很大的影响。

（三）独立董事激励约束机制研究综述

1. 独立董事激励的研究综述

独立董事是"监督者的监督者"，能在最大化委托人利益方面发挥积极的作用，从本质上讲他也是代理人，与委托人之间也存在着代理问题。为了解决代理问题，委托人采取的措施之一就是对独立董事实施激励，于是，如何设计对独立董事的激励机

---

① Anup Agrawal and Charles R. Knoeber. Firm Performance and Mechanisms to Control Agency Problems Between Managers and Shareholder. Journal of Financial and Quantitative Analysis, 1996, (31): pp. 377 – 397.

② Kole, Stacey R., Kenneth Lehn. Deregulation, the Evolution of Corporate Governance Structure, and Survival. American Economic Review Papers and Proceedings, 1997, 87 (2): pp. 421 – 425.

制，成为学术界和实务界所面临的一个重要课题。研究和实践结果表明，对独立董事的激励基本上可以分为声誉激励（又称隐性激励）和报酬激励（又称显性激励）。

第一，声誉激励。

声誉激励理论认为，独立董事的价值主要取决于他们在组织里作为内部决策者的表现，这些表现将有助于他们在职业市场上建立声誉，以提高自身的市场价值，这对独立董事的行为将产生约束作用，以致其行为目标会尽可能地与委托人保持一致。值得注意的是，声誉激励发挥作用的一个前提是，存在一个内部的或外部的独立董事的职业市场。法玛和詹森（Fama & Jensen，1983）对独立董事声誉激励作用的研究认为，确实能够通过一个高度发育的独立董事的外部职业市场来约束独立董事的行为。因为声誉激励作用的存在，独立董事努力利用董事身份向内部和外部的职业市场表示：（1）他们是决策专家；（2）他们理解决策控制的扩散和分离的重要性；（3）他们可以在这种决策控制体系中有效地工作。因此，独立董事市场的存在将影响独立董事的行动，为了保持一个"好监督人"的声誉，他们将会努力为委托人工作。尤其是当独立董事的直接报酬很少时，这种激励更为有效。

托德·佩里（Tod Perry，2000）研究的结论与法玛和詹森的不同，他认为独立董事关注的不是被股东（委托人）所称道的声誉，而是注重被CEO所认可的"声誉"，他们更愿意与CEO保持良好关系。因为，在CEO对独立董事的选聘具有提名权的情况下，割断了独立董事与股东（委托人）之间的直接委托—代理关系，这样，在CEO与股东信息不对称的情况下，CEO可以"屏蔽"至少"滤掉"一些独立董事与股东（委托人）之间的信息，所以，独立董事保持与CEO的良好的关系有助于延长他们的职业生涯。

持有相似观点的还有霍姆斯特（Holmstrom，1999）[①]，他认为，想让他人看到自己在做一件"正确"的事情，与自己真的在做正确的事情通常并不是一回事。所以，期望用声誉来激励独立董事的作用并不明显。威廉和布朗（William & Brown，1996）同样注意到了内部董事出于保持声誉，会较独立董事更为激烈的反对 CEO 的决策，但这只有在执行董事认为他如果不这样做，他在内部声誉市场的损失较之反对 CEO 带来的损失更大的时候。

第二，激励性报酬激励。

托德·佩里（Tod Perry，2000）用公司 CEO 变动数量指标（CEO turnover）说明激励性报酬制度的影响，统计发现采用此制度的公司 CEO 流动的概率从 5.1% 增加到 18.3%，即独立董事在公司董事会决策中发挥了越来越明显的作用，他同时还发现，公司采取激励报酬制度的可能性与董事会中独立董事的数量呈正相关性，独立董事获得的激励性报酬越多，越会努力工作，并且其行为目标越与股东（委托人）的目标趋于一致。相反，当给予独立董事的报酬激励不足时，独立董事可能会"偷懒"或"消极怠工"，甚至与 CEO 合谋，从而失去独立董事应有的作用。

采用何种激励报酬形式更为有效，也是学者研究的一个主要方面。目前独立董事的收入主要包括固定年薪、出席董事会的会费、交通费、保险费等。为了激励独立董事努力工作，一些公司给独立董事增加了收入，有些公司开始采用期权和股权的激励方

---

① Holmstrom, B. Managerial incentive problems: A dynamic perspective. Review of Economic Studies, 1999, (66): pp. 169 – 182.

式①。比哈盖特和布莱克（Bhapat & Black，2000）②实证发现，如给予独立董事适当的股权激励，则能产生更好的作用。但是激励性报酬制度的采用，特别是股权的运用会导致独立董事与公司的经济利益相关性增强，从而削弱其独立性，也就不能很好地代表广大中小股东的利益。因此，在独立董事的独立性与激励之间存在一定的矛盾时，政策选择必须在两者之间权衡。

也有部分学者对独立董事的激励报酬与公司业绩的关系进行了研究。莫科、施莱弗和维什尼（Morck、Shleifer & Vishny Sanjai，1988）③研究表明，独立董事拥有的股权与企业经营业绩有一定的关系。同时，荷马林和韦斯布赫（1988）研究结果也表明，以激励为基础的报酬能提高独立董事监督企业经营的效率。汉布瑞克（Hambrick，1996）④通过比较两组公司的长期绩效，发现独立董事持有股权对改善公司绩效能发挥关键性的作用。

2. 独立董事的约束

独立董事能否独立地行使职责必须有严格的制度约束措施。在国外研究成果中，主要有两种方式约束独立董事。它们分别是：

第一，法律保证。独立董事必须按照法律规定来履行其受托

---

① Udell, J. G. Compensating outside Directors: A Rational Approach. Compensation and Benefits Review. 1988, 10: p. 21.

② Bahgat and Black. The Non – Correlation between Board Independence and Long term Firm Performance. University of Colorado Working Paper, 2000, (27): pp. 231 – 273.

③ Morck, Shleifer, Vishny. Management Ownership and Market Valuation. Journal of Financial Economics, 1988, (20): pp. 292 – 315.

④ Hambrick, D. C., T. Cho, and M. Chen. The influence of top management team heterogeneity erogeneityon firms′competitive moves. Administrative Science Quarterly, 1996, (41): pp. 659 – 684.

责任。倘若独立董事不能在企业经营、管理和战略规划等方面履行职责，那么他们要对由此造成的损失承担责任。但是，巴利加、莫耶和拉奥等人（Baliga，Moyer & Rao，1996）[①] 的研究结果则表明，在一些企业的章程中，通常都有这样的规定，即倘若独立董事没有履行其职责，则企业可以免除对他们的赔偿要求，这就弱化了独立董事独立行使职责这一机制的作用，使独立董事的决策很难独立于企业管理层。

第二，声誉保证。法玛和詹森（1983）的研究结果表明，独立董事必须努力维护并能胜任其作为企业经营监督人的声誉。目前，尽管有的企业对独立董事和其他高级管理人员都实施了董事责任保险制度（有些独立董事也可以为自己购买董事责任保险以减轻自己的赔偿责任），但如果一个独立董事投保后，屡屡由于其品德问题或者能力不济而导致保险公司、企业或者股东支付赔偿金，那么保险公司会不断提高该董事的保险费，上市公司也不会聘请这些无德、无才的人士担任独立董事，这样的独立董事迟早被市场淘汰。

（四）审计委员会研究综述

审计委员会在英、美国家产生至今已有几十年的历史了，国外对于审计委员会的研究集中在四个主要方面：设置审计委员会的动因和目的、设置审计委员会应考虑的因素、保证审计委员会有效性的因素（如独立性、专业胜任能力等）和审计委员会的实施效果。

---

① Baliga, Moyer and Rao. CEO Duality and Firm performance：What's the Fuss?. Strategic Management Journal, 1996, (1)：pp. 41 – 53.

1. 设置审计委员会动因与目的

在实施审计委员会制度的国家尚未找到设置审计委员会动因与目标的明确表述。但对于设置审计委员会的动因与目标有两种观点——否定论和认同论。

第一，否定论。持有这一观点的学者认为，公司设置审计委员会的真正目的是受其他公司的影响或迫于证券交易所规范的要求，或是受潮流影响所致，而不是由于审计委员会能够达到改善公司治理结构、降低代理成本等预期的目的。

马里安（Marrian，1988）[①] 对英国公司设置审计委员会的动因进行了调查，发现公司成立审计委员会，通常是受其他公司或某特定事件的影响，如即将发生的财务困境。另外一个原因是在媒体的鼓动下，公司为赶时尚而为之。他认为，在许多情况下，成立审计委员会的原因只是一种"形式"。

在柯利尔（Collier，1996）[②] 对英国公司审计委员会的状况的问卷调查中，将设置的动因分为四类：（1）公司财务困境（导致财务控制被审查以及来自银行、审计师和其他利益团体要求改变现状的压力）；（2）受被兼并公司的影响；（3）受其他公司有非执行董事审计委员会的影响；（4）董事会总体结构变化的需要。他研究的结论证实审计委员会有效性的证据是非常有限的，而且不足以支持它们为什么日益受欢迎。审计委员会在英国的普及可能至少反映了避免法律手段来解决公司治理缺陷的意图。

凯德伯利报告（*Cadbury Report*，1992）[③] 提出了审计委员会

① Marrian. Audit committees. Institute of Chartered Accountants in Scotland, 1988.

② Collier, P. and Gregory, A. Audit Committee Effectiveness and the Audit Fee. European Accounting Journal, 1996, 5（2）：pp. 177 - 199.

③ The Cadbury Report. The Financial Aspects of Corporate Conveyance, 1992：pp. 2 - 3.

的组成、成员及规则和一系列的职责，但是却没有为审计委员会给出一个清晰的目标。彭慕兰（Pomeranz，1997）① 认为，虽然公司审计委员会努力地为内外部审计师创造一个沟通的平台，但是，就其监督职能而言不太成功，更不用说值得称道了。

第二，认同论。根据该观点，许多学者和审计委员会成员认同审计委员会在财务监督和改善公司治理结构方面的作用。

瑞德威委员会报告（*Treadway Report*，1987）② 着重强调了审计委员会的主要任务为防止财务报表的失察。斯潘格勒和布莱尤达（Spangler & Braiotta，1990）③ 的研究表明，审计委员会成员和那些与他们一起工作的人都认同瑞德威（Treadway）的观点。

波特和根德（Porter & Gendall，1998）④ 讨论了审计委员会在英国、美国、加拿大、澳大利亚和新西兰的发展，他们发现公司治理失败是刺激审计委员会发展的主要动因，审计委员会的角色和职责随着公司治理的变化而不断改变。迪奥和林（Teoh & Lim，2003）⑤ 也解释说审计委员会在马来西亚的发展是因为公司治理丑闻。

有些人之所以对审计委员会失去信心，是因为人们对审计委员会的期望过高所致。此外，目前人们还试图研究审计委员会的

---

① 赵毅：《高等学校建立审计委员会制度研究》，《事业财会》2004 年第 6 期。

② 是欺骗性财务报告委员会的简称，由于该委员会主席是 Treadway。

③ Spangler, Braiotta. Leadership and Corporate Audit Committee Effectiveness. Group and Organization Studies, 1990, 15（2）: pp. 134 - 157.

④ Porter, B. A. and P. J. Gendall. An International Comparison of the Development and Role of Audit Committees in the Private Corporate Sector. Paper presented at European Accounting Association Conference, Tyrku, Finland. 1998.

⑤ Peggy Teoh, Lim Hiong Li. Global and local interactions in tourism. Annals of Tourism Research, 2003, 30（2）: pp. 287 - 306.

有效性，以从侧面证明审计委员会设置的动因和目的。

2. 设置审计委员会应考虑的因素

在国外，对于设置审计委员会应考虑的因素的研究多见于专业机构的研究报告中，这些因素归纳起来涵盖了审计委员会成员的组成、独立性、专业胜任能力、职责等方面。

第一，审计委员会成员的组成、独立性及其专业胜任能力。审计委员会成员的组成及其独立性在设立之初就备受关注。近几年，各国对其成员任职资格的界定日趋严格，有助于审计委员会制度的完善和职能的发挥。

根据美国证券交易理事会公告建议由董事会设立审计委员会，但是对于审计委员会的组成和具体职责没有明确的规定。"水门事件"促使 SEC 号召建立由独立董事组成的审计委员会，以期能提高审计独立性。1991 年美国会计总署首次要求审计委员会应具备金融方面和相关财务管理方面的专业人才。1993 年美国法律协会要求审计委员会至少由 3 名最近两年均未在公司工作过并且和经理层没有重要关系的人员组成，并要具有金融或财务方面的知识。

2002 年美国制定和实施的《萨班斯法案》规定审计委员会必须全部由独立董事组成，从而第一次以联邦法的形式规定审计委员会的组成人员资格。在该法案中规定"独立"董事的标准是：（1）除了董事津贴、审计委员会津贴之外，不接受公司给予的咨询费、顾问费及补偿金等形式的报酬；（2）审计委员会成员不能是所属公司及其关联企业的"关联人"。

第二，审计委员会的职责。近年来，随着董事会涉足于法律诉讼案频繁发生，社会要求董事会在公司治理中承担更多责任的呼声日益增加，使得审计委员会的监管职责受到了有关公共团体、私人团体的关注，也推动了审计委员会监管的立法。

一些组织从不同的侧面对审计委员会的职责提出了要求。
1987年负责全国舞弊财务报告的瑞德威委员会提出建议：审计
委员会应该是公司财务报告过程和公司治理的有效手段，并向审
计委员会提出了一系列目标建议。该报告指出：审计委员会的主
要职责是监管财务报告，而且该职责优于其他职责。但是POB
（Public Oversight Board）发现在许多情况下，审计委员会不能适
当地完成他们的职责，并且在许多情况下他们不能理解他们的职
责，于是建议审计委员会应负责评价监管活动的范围和适当性。
COSO（Committee of Sponsoring Organizations）则建议审计委员会
应加强评价及控制的职责。

学术界对审计委员会职责的研究多集中在审计委员会成员的
专业技术和阅历对其实施监管责任的影响。最早关注这方面研究
的是莫茨（Mautz，1970）[①]和诺伊曼（Neumann，1977）[②]，他
们发现许多审计委员会成员缺少监管方面的专业技术和阅历。永
道（Coopers & Lybrand，1995）[③]询问了审计委员会成员关于他
们的职责和任务，证据表明审计委员会的活动范围在过去20年
中扩大了许多，且大多数的审计委员会成员能广泛地执行其职
责。但是，大多数关于审计委员会成员对于监管责任的看法的研
究表明审计委员会成员并不能很好地理解分配给他们的监管
责任。

在理论上和实践中，人们还一直非常关注另外一个问题：审

① Mautz, R. K., and F. L. Neumannn. Corporate Audit Committees. University of Illinois, 1970.

② Neumann. Corporate Audit Committees: Policies and Practices, 1977. Ernst & Ernst. McMullen, D. A.. Audit Committee Structure and Performance: An Emperical Investigation of the Consequences and Attributes of Audit Commiyyees, Drexel University. 1996.

③ Coopers and Lybrand. R. v. Rodney and Minister of Manpower and Immigration, 1995.

计委员会如何才能发挥应有的作用。对这一问题的回答尽管在理论上有不同的结论，在实践中也有各具特色的做法，但是，有两点是大家所共同认可的：第一，要保证审计委员会成员的独立性和对监督职能的胜任能力，这是审计委员会发挥作用的前提；第二，合理分配审计委员会的职责。近几年审计委员会的职责范围有了很大的拓展，然而，这不能说明审计委员会制度发展了，应该赋予其更多的监管责任，过多地将监管责任强加于审计委员会是不明智的。

　　3. 影响审计委员会有效性的因素

　　对于保证审计委员会有效性因素的研究成为学术界和实务界的关注点。人们普遍认为影响审计委员会有效性的一般因素包括：独立性、专业胜任能力等。

　　第一，独立性。独立性对于审计委员会的影响直接体现在对外部审计师的独立性、内部审计和对于财务报告质量的影响上。斯卡勃罗（Scarborough，1998）① 和拉古南丹（Raghunandan，2001）② 都发现单独由独立董事组成的审计委员会与内部审计交流机会多、时间长，更有可能发现内部审计程序和内容中的问题。阿博特和帕克（Abbott & Parker，2000）③ 研究发现，审计委员会中没有内部成员的公司更倾向于聘用那些具有行业专长的审计师，以提高审计质量。卡塞罗和尼尔（Carcell

---

　　① Scarborough, P. D. D. V. Rama, K. Raghunandan. Audit Committee Composition and Interaction with Internal Auditing: Canadian Evidence. Accounting Horizons, 1998, 12 (1): pp. 51 – 62.

　　② D. V. Rama, Raghunandan K. W. J. Read. Audit Committee Composition, "Gray Directors", and Interaction with Internal Auditing. Accounting Horizons, 2001, 15 (2): pp. 105 – 118.

　　③ Abbott, L. J., S. Parker. Auditor Selection and Audit Committee Characteristics. Auditing: A Journal of Practice and Theory, 2000, (19): pp. 47 – 66.

& Neal, 2003)① 研究表明当公司审计委员会独立性很低时, 审计师很少给财务上陷入困境的客户出具非持续经营报告, 这说明审计委员会的独立性会影响外部审计师的独立性。审计委员会对于财务报告质量的影响也受到各界的关注。麦克马伦和拉古南丹 (McMullen & Raghunandan, 1996)② 的研究发现, 对于财务报告存在问题的公司, 存在于完全由独立董事组成的审计委员会的几率很小。卡塞罗和尼尔 (Carcell & Neal, 2000)③ 调查了处于财务困境的公司后发现, 这些公司的审计委员会中关联董事所占比例越高, 注册会计师出具非标准审计报告的可能性越小。所有这些研究均表明审计委员会的独立性对于提高审计委员会有效性起正面作用。这也肯定了由独立董事组成审计委员会可以对聘任外部审计师、内部审计施加影响, 进而改善财务报告质量。

第二, 专业胜任能力。审计委员会作为公司治理的监管机制, 必须具备一定的专业能力。这方面的研究都表明专业能力是保证审计委员会有效性的重要因素。拉古南丹 (Raghunandan, 2001) 通过对内部审计师的调查发现, 至少有一名财务或会计专业人员的审计委员会, 对内部审计的程序、结果进行审核的可能性更大。阿什鲍和德祖奥特 (Archambeault & DeZoort, 2001)④ 的调查发现, 与那些不存在可疑的审计师更换的公司相

---

① Carcello, J. V. , T. L. Neal. Audit Committee Independence and Disclosure: Choice for Financially Distressed Firms. Corporate Governance, 2003b, (11): pp. 289 – 299.

② McMullen, D. A. , K. Raghunandan. Enhancing Auditing Committee Effectiveness. Journal of Accounting, 1996, (182): pp. 79 – 81

③ Carcello, J. V. , T. L. Neal. Audit Committee Characteristics and Auditor Dismissals Following "NEW" Going Concern Reports. The Accounting Review, 2003a, 78 (1): pp. 95 – 117.

④ Archambeault, D. , F. T. DeZoort. Auditor opinion shopping and the audit committee: an analysis of suspicious auditors switches. International Journal of Auditing, 2001, (5): pp. 33 – 52.

比，审计委员会中会计、审计、财务方面的专业人员较少。费洛
等（Felo，2003）[①] 研究发现在控制了企业规模、董事会构成、
管理层对透明度的承诺、机构投资者持股因素后，审计委员会中
财务或会计专业人员的比例与财务报告质量正相关。

总之，审计委员会人员的独立性和专业能力是保证审计委员
会有效性的两个重要因素。

4. 审计委员会制度的实施效果

审计委员会在国外公司治理结构中被赋予的主要职能是对公
司的财务信息的制作、审核、审计和提交过程提供持续的监督，
从而保证提供给投资者的信息客观、公正。对其在实践中能否真
正达到预期的效果，国外进行了大量的实证研究。

平卡斯和黄（Pincas & Wong，1989）[②] 检验了 1986—1987
年 100 家 NASDQ 公司后发现，设有审计委员会的公司更喜欢聘
请八大会计师事务所；在对加拿大制造业的内部审计师的一项调
查中，拉古南丹等（Raghunandan，2001）发现，全部由外部董
事组成的审计委员会与内部审计师会面、检查内部审计计划的频
率更高。

怀尔德（Wild，1994）[③] 在一项研究中，使用了 260 家建立
了审计委员会的美国公司 1966 年到 1980 年的财务数据进行检
验，发现建立审计委员会后盈利反映系数（ERC）从 0.15 上升

① Felo, A. J. , S. Krishnamurphy, S. A. Solieiri. Audit Committee Characteristics and the Perceived Quality of Financial Reporting: An Empirical Analysis. Available at http: // papers. ssrn. com.

② Pincus, K. , M. Rubarsky, J. W. ong. Voluntary Formation of Corporate Auditing Committees among NASDAQ Firms. Journal of Accounting and Public Policy, 1989, 8 (4): pp. 239 – 265.

③ Wild. J. J. . The Audit Committee and Earnings Quality, Journal of Accountancy. 1977, (144): pp. 71 – 74.

到 0.28，即建立审计委员会后会计盈余的信息含量明显增大；斯威尼和斯隆（Sweeney & Sloan，1996）[1] 以行业和公司规模作为控制变量，经实证检验发现董事会中多数是内部董事的公司及没有审计委员会的公司更可能财务造假；德丰（Defond，2000）[2] 也发现，高估利润在设有审计委员会的公司中更少发生。

吉宾（Gibbin，2001）[3] 调查了加拿大的审计合伙人后发现，多数审计合伙人与管理当局就会计政策的选择发生分歧时，认为审计委员会是协商处理问题的最佳场所。特别是审计师都认为在解决某些分歧时，审计委员会很重要，而解决另一些分歧时却不是。具体来说，审计委员会在处理会计审计方面的问题时，是有效的，而处理其他问题时，则可能是无效的。

综上所述，目前对审计委员会的研究多集中在实际运行过程的理论和实证，很少有人去分析审计委员会在公司治理机制中的定位和运行机理，缺乏审计委员会有效性的理论前提。审计委员会的有效性主要表现在审计方面，而其被赋予的其他方面职责有效性的证据却很匮乏。各国审计委员会的研究多为某一国的特殊情况，且大部分都是理论研究，本书将进一步针对一般意义的"双层制"公司治理模式的国家怎样设置审计委员会和怎样解决监事会和审计委员会并存可能引发的问题展开分析，然后以我国为例，分析监事会和审计委员会并存的现状，并为我国完善公司

---

① Dechow, P. , R. Sloan, A. Sweeney. Causes and Consequences of Earnings Manipulation: An Analysis of Firms Subject to Enforcement Actions by the SEC. Contemporary Accounting Research, 1996, (13): pp. 1 - 36.

② DeFond Mark L , Shuhua Li . The impact of improved auditor independence on audit market attentiveness in China. T. J. Wong, 2000, 28

③ 廖义刚：《国外关于审计委员会的实证研究回顾》，《中国注册会计师》2004年第 7 期。

治理结构的理论和立法提出了一些见解。

5. 审计委员会和监事会

近几年对"双层制"治理结构的研究日益增加，这些研究大多数是围绕监事会和审计委员会的机构设置和职能界定来进行的。

德国公司治理模式为典型的"双层制"模式，在股东大会下设"监事会"和"董事会"，并在"监事会"下设工作委员会、审计委员会和人事委员会等专门委员会，监事会负责银行发展战略的制订、经营计划及经营指标的设定、随时审议财务状况及年度财务报告，并直接任免管理层；管理层则具体负责有关发展战略的实施和经营管理事项的具体开展。我们不难发现，德国监事会与我国及日本的监事会相比而言，监事会在公司治理中的地位高并参与决策。有学者认为德国监事会过多地参与企业经营管理，造成企业机构臃肿。但也有学者认为德国监事会监督地位高，拥有董事会成员的任免权，其监督效力更高。德国审计委员会是设置在监事会之下，其监督地位相对美国审计委员会高，审计委员会可以居高临下地监督董事会的经营决策；德国的审计委员会是由监事会遴选人员组成，独立性和专业能力是遴选的标准。

2002 年 5 月，日本正式引进独立董事制度和审计委员会制度，在公司治理结构的改善上采取的是同时设置两套治理模式的调和折中方案，即监事会和独立董事制度两种监督模式任选一种。公司可酌情自由选择治理模式，既反映出明确的国家导向，又尊重公司的自治权利，更能适应公司的实际需要。斯坦福大学著名制度经济学教授青木昌彦认为引进独立董事制度是日本企业恢复国际竞争力的命脉所在，极力主张在日本公司引进独立董事和审计委员会制度。

（五）投资者利益保护研究综述

1. 大股东与中小股东之间的代理问题

传统的公司治理理论，基本上都是基于伯利和米恩斯（Berle & Means，1932）① 关于现代公司所有权和控制权高度分离这一基本特征的观点展开的。以此为基础，早期的大量文献关注的是在两权高度分离下典型的代理问题，即管理层可能为了自身利益对股东的利益造成损害。因此，传统的公司治理理论关注的是，作为所有者的初始委托人如何保证作为代理人的管理层为企业的利益最大化尽职尽力，相应地，大量公司治理机制的设计都是基于这一理论建立的，如管理层的股权期权激励、董事会对管理层的监督与激励等等。但是，现代公司治理结构的研究表明，股东分散持有公司并不是一个普遍现象，股权集中才是公司股权结构的"常态"。拉波尔塔等（La Porta et al，1999）对世界上27个富裕国家各自最大的20家公开上市公司的最终控制权结构进行调查，得出的结论是样本公司中有64%的大企业存在控股股东，而只有很小的比例是真正的股权分散结构。马拉·法西欧和郎咸平（Mara Faccio & Lang，2001）② 将13个西欧国家的股权结构进行比较，发现除英国和爱尔兰外，其他国家的股权高度集中在5232家上市公司中，44.29%由家族控制。法兰克和迈尔（Franks & Mayer，2001）③ 的研究表明，德国家族控股的企业占

① Adolph Berle, Gardiner Means. The Modern Corporation and private property. New York: Harcourt, Brace&World, Inc., 1932: pp. 355 – 356.

② Faccio. Mara Lang. Lany H. P and Young, Leslie. Dividends and expropriation, American economy review, 2001, (91): pp. 54 – 78.

③ Franks Julian, Mayer Colin. Ownership and Control of German Coroorations. Review of Financial Studies, 2001, (14): pp. 943 – 975.

20.5%。津盖尔斯（Zingales，1994）[1]、克隆维斯特和尼尔森（Cronqvist & Nilsson，2003）[2]的研究结论是在意大利和瑞典，大部分上市公司都处于控股股东的严密控制之下。安德森和里布（Anderson RC & Reeb M，2003）[3]认为，即使在股权较为分散的美国，家族和富有个人控制现象也相当普遍，S&P500中有1/3的公司属于家族控制型，占市场流通价值的18%，家族成员出任公司CEO的现象非常广泛。在新兴市场上，股权的集中度更高，克莱森等（Claessens et al，1999）[4]对亚洲公司情况的大范围调查研究表明，只有日本公司从总体上看符合股权分散标准，其余亚洲公司大都存在着控制性股东；林斯（Lins K et al.，2002）[5]研究发现大股东控制造成了投票权与现金流权的高度分离，构成东亚新兴市场国家和地区企业的一个重要特征，在22个新兴市场上，58%的公司至少有一个控股股东。

在这种集中的股权结构中，公司中往往存在着一个或几个可以对公司经营活动起到控制或者重要影响的控股股东。此时，控股股东具有双重身份，他们既是公司的所有者又是公司的管理者，与小股东之间形成一种委托—代理关系，公司中的利益冲突由管理者与全体股东之间的冲突，转化为大股东与小股东之间的利益冲突。于是，公司的代理问题也由股权分散情况下全体股东

①　Zingales L. The Value of the Voting Right: A Study of the Milan Stock Exchange Experience. Review of Financial Studies, 1994, (7): pp. 125 – 148.

②　Cronyvisl, Henrik, Nilsson, Manias. Agency Costs of Controlling Minority Shareholders. Journal of Financial&Quantitative Analysis, 2003, (38): pp. 95 – 124.

③　Anderson R C, Reeb M. Founding family ownership end firm pedomiance: Evidence from the S&P 500. Journal of Finance, 2003, (58): pp. 1301 – 1328.

④　Glaessens Stijn, Simeon Djankov, Joseph Fan, Larry Lang. The expropriation of minority shareholders: Evidence from East Asia, World Bank, Washington, DC. 1999.

⑤　Lins K, Servaes H. Is corporate diversification beneficial in emerging markets, Financial Management, 2002, (31): pp. 5 – 31.

与管理者之间的代理问题演化为股权集中情况下的大股东与小股东之间的代理问题。尤其是当资本市场缺乏对小股东有效的保护机制而又不能约束大股东行为时，存在于大股东与中小股东之间的代理问题就尤为严重，大股东可能以牺牲小股东的利益为代价来实现控制权私人收益。格罗斯曼和哈特（Grossman & Hart，1988）① 强调，公司中如果存在持股比例较高的大股东，那么就会产生控制权收益。这种收益只为大股东享有，而不能为其他股东分享。而且，大股东常常将上市公司的资源从小股东手中转移到自己控制的企业中去。施莱弗和维什尼（Shleifer & Vishny，1997）认为，股权集中在少数控股股东手中，导致控股股东掠夺小股东问题的发生。因为控股股东一旦控制了公司，他们常常会利用公司的资源谋取私利，损害其他股东和利益相关者的利益。丹尼尔·沃尔芬森（Daniel Wolfenzon，1999）② 提出，当某一公司附属于一个公司集团，并且全部被同一股东控股的话，侵占的可能性就会大大提高。

2. 大股东侵害与投资者利益保护

大股东侵害通常有两种表现形式（LLSV，2000）③。第一种形式，大股东可以轻易地为了自身利益通过自我交易从企业转移资源。这些自我交易不仅包括如直接的"偷窃"和舞弊等一些在世界各国都受到法律禁止的行为，而且还包括资产销售和签订各种合同等合法的行为，如以对控股股东有利的形式转移定价，

---

① Grossman, Sanford J., Hart, Oliver D. Takeover Bids, The Free Rider Problem, and the Theory of the Corporation, Bell Journal of Economics, 1980, (11): pp. 253 – 270.

② Daniel Wolfenzon. A theory of pyramidal ownership, working papers, 1999.

③ La Porta, R., F. Lopez – de – Silanes, A. Shleifer, and R. Vishny, Investor protection and corporate governance. The Journal of Financial Economics, 2000, (58): pp. 3 – 27.

过高地支付管理层报酬，债务担保，对公司投资机会的侵占等。第二种形式，控股股东可以不必从企业转移任何资产而增加自身在企业的份额，如通过股票发行稀释其他股东权益、冻结少数股权、内部交易，渐进的收购行为，以及其他旨在反对中小股东的各种财务交易行为。

根据贝布杰克和沃尔芬森（Bebchuk & Wolfenzon，1997）[①]的模型，当上市公司与企业集团有关联关系时（集团内的公司通常由同一个控股股东控制），控股股东通过集团内部公司之间的商品和劳务交易以及资产和控制权转移来掠夺外部股东或上市公司财富的概率特别高。伯特兰等（Berteand，2002）[②]发现，在印度第一大股东通过金字塔结构或交叉持股方式加强对上市公司的控制，大肆转移上市公司的资源，严重激化了控股股东与小股东之间的利益冲突。拉波尔塔（La Porta，2000）率先在控股股东与小股东的代理理论框架内分析股利政策。他们在对由 33 个国家的 4000 家公司组成的样本进行了分析以后发现，对股东保护较好的普通法系国家，公司的股利支付率高于大陆法系国家。而且，在普通法系国家，快速成长的公司股利支付率低于缓慢成长的公司。这意味着，如果公司有好的投资项目，受到法律保护的股东就愿意推迟获得股利。相反，如果缺乏法律保护，那么股东就有可能不考虑投资机会，而宁愿尽早获得股利。与拉波尔塔（La Porta，2000）等一样，马拉·法西欧等（Mara Faccio，

---

①　Bebchuk Lucian, Kraakman Reinier, Triantis. Stockand agency costs of separating control, from cash flow rights, in Randall. Concentrated Corporate Ownership. K MorckPress, 1997.

②　Berteand, Marianne, Paras Mehta, Sendhil Mullainathan. Ferreting out tunneling: AN application to Indian business getups, Quarterly journal of economics, 2002, (118): pp. 121 – 148.

2001）也从股利的代理理论出发，来研究控股股东与小股东之间的代理问题。实证分析的结果表明，西欧的关联企业集团的股利支付率明显高于东亚。而且，在西欧，存在多个控股股东的公司其股利支付率较高；而在东亚，存在多个控股股东的公司其股利支付率则较低。因此，在西欧的大公司里，其他大股东的出现有利于限制第一控股股东对小股东的掠夺；而在东亚企业，其他控股股东却与第一控股股东"合谋"掠夺小股东。因此在欧洲公司，较高的股利支付率可以抑制内部人对外部投资者的掠夺。他们认为，与欧洲相比，东亚的公司治理问题更加严重，更加难以解决。大股东通过制定现金股利掠夺小股东利益的根本原因是股权过度集中。在控制权高度集中的公司中，大股东往往拥有公司的控制权，由于控制权私人收益与成本的非对称性，控股股东不愿意将公司利润以现金股利的形式支付给股东，与小股东共享公司成果，而是更倾向于将公司利润截留于公司，通过各种"隧道"获得控制权私人收益。

　　操纵上市公司的会计报告是控股股东掠夺小股东的一种重要手段。控股股东为了攫取控制权私人收益，会竭力向外部人隐瞒控制权收益，如果外部人能够确切地知道控股股东攫取的控制权收益，那么很可能通过法律起诉或"用脚投票"等方式来反对内部人攫取控制权收益。因此，管理者和控股股东为了向外部人隐瞒控制权收益和公司的真实业绩，有很强的动机操纵公司的会计报告。范（Fan，2001）[①]通过对东亚7个新兴市场的研究发现，控股股东通过金字塔结构和交叉持股方式来强化对上市公司

---

① Fan，J.，T. J. Wong. Corporate ownership structure and the informative - ness of accounting earnings in East Asia. Journal of Accounting and Economics，2001，（33）：pp. 401 - 426.

的控制，导致公司控制权高度集中在他们手中，同时能够决定公司如何调整会计政策来向外部小股东报告会计信息。控股股东为了满足自己的私利而向外部小股东报告虚假的会计信息。

控股股东利益侵占不仅损害了其他股东的权益，而且还会严重阻碍金融市场的健康发展。约翰逊等（Johnson，2000）[①] 等证明，控股股东猖狂的"隧道"挖掘是导致1997—1999年亚洲金融危机的主要原因；伯特兰等（Berteand，2002）则进一步指出，"隧道"挖掘可能降低整个经济的透明度以及歪曲会计收益数字（即增加了信息不对称的程度，从而使外部投资者对企业财务状况的评价更为困难）。莫科和伍格勒等（Morck & Wurgler，2000）[②] 等对股票价格信息含量与国民经济发展的关系研究也发现，由于"隧道"挖掘降低了股票价格的信息含量，所以如果一个市场缺乏完善的法律体系对小投资者的利益实施足够的保护，该国资本市场的资源配置功能可能会比较弱。因此如何防范大股东的利益侵占行为，既是微观公司治理的重点，也是宏观上国家法律保护小股东利益的意义所在。

投资者保护的重要性体现在三个宽泛的领域：公司所有权、金融市场的发展、实物资源的分配。

第一，投资者保护对公司所有权的影响。这一领域的研究源自格罗斯曼和哈特（Grossman & Hart，1980）[③]、哈里斯、萨缪

---

① Johnson, Simon, Rafael La Porta, Florencio Lopez – De – Silanes and Andrei Shleifer. Tunneling. The American Economic Review, 2000, 90 (2): pp. 22 – 27.

② Morck, Randall, David Stangeland, and Bernard Yeung. Inherited wealth, corporate control and economic growth: The Canadian disease. Concentrated Corporate Ownership. University of Chicago Press, 2000.

③ Grossman, S., and O. Hart. An Analysis of the Principal – agent Problem. Econometrics, 1983, (51): pp. 7 – 45.

尔斯和雷维夫（Harris，samuels & Raviv，1988）[1] 对企业内控制权和收益权的最优分配的研究，他们认为当投资者保护较弱时企业家会倾向于保留对企业的控制。拉波尔塔等人（La Porta et al，1999）指出当对投资者的掠夺需要隐秘进行时，分散的控制权将限制企业家的行动。如贝克（Bebchuk，1999）指出如果企业家将控制权出让给外部分散的投资者，就将会丧失控制权带来的私人收益。在如贝克的模型中，外部的敌意收购者可以不必补偿控制权的"私人收益"就从分散的外部投资者手中取得企业控制权，这会导致分散的控制权结构的不稳定。又因为法律对投资者的保护会减少控制权的"私人收益"，因此在对投资者的法律保护较弱的国家，企业会普遍采取股权集中的公司治理形式。

第二，投资者保护对金融市场发展的影响。拉波尔塔等人（La Portaet al，1999）[2] 对 49 个国家所进行的实证研究表明，当投资者得到很好的法律保护，可以免受企业内部人的掠夺时，投资者会更愿意购买企业发行的证券，这也会吸引企业发行更多的证券。约翰逊、布恩、布里奇和弗里曼（Johnson，Boone，Breach & Friedman，2000）[3] 开创性地将法律对投资者保护与金融危机联系起来，他们通过对 1997—1998 年亚洲金融危机中 25 个国家证券市场的实证研究表明，对投资者的法律保护不力的国家，其金融市场在金融危机中的表现明显差于其他国家。他们指出即使在对投资者保护很差的国家中，如果企业经营的前景很

---

[1]　Harris Milton，Raviv Artur. Corporate Governance：Voting Rights and Majority Rules. Journal of Financial Economics，1998，(20)：pp. 203 – 235.

[2]　La Poria，R.，Lopez – de – Silanes，F.，A. Shleifer and R. Vishny. Investor protection and corporate valuation. NBER working paper，Yale School of Management. 1999b.

[3]　Johnson，Simon，Peter Boone，Alasdair Breach and Eric Friedman. Corporate governance in the Asian financial crisis，1997 – 1998. Journal of Financial Economics，2000，(8)：pp. 141 – 186.

好，内部人也不会严重掠夺投资者，因为其还希望能继续进行外部融资；而如果企业经营的预期恶化，内部人为谋求短期利益会加重对投资者的掠夺，而这种掠夺行为又会导致企业证券价格的加速下跌。克莱森、简可夫、范和郎咸平（Claessens, Djankov, Fan & Lang, 2002）对东亚国家进行的实证研究都证明了这一点。拉波尔塔等人（La ports et al, 2002）[1] 从法律对投资者保护的制度环境角度对股权结构、资本市场的发展、股利政策和公司价值等影响进行了研究，结果表明大股东控制会造成对小股东的利益侵占，这种侵占程度显著地受到法律环境对投资者保护好坏的影响。约翰逊等（Johnson, 2000）从一个国家法律环境对投资者保护好坏的视角出发，研究了欧洲国家一些关联交易的例子，表明即使在发达的资本市场上，控股股东也会为了控制权私人收益将资产或利润从上市公司转移到自己所控制的公司中，一国的法律环境对投资者保护好坏显著影响了控股股东的这种利益侵占行为。

第三，投资者保护对国民经济的影响。对投资者的法律保护也会通过对金融体系的作用影响到国民经济的发展。金和利文（King & Levine, 1993）[2]、拉坎和津盖尔斯（Rakan & Zingales, 1998）[3] 等的研究都指出金融市场发达，尤其是创业资本丰富的国家未来的发展潜力更大，发展得也会更快。

---

① La Poria, R., Lopez - de - Silanes, F., A. Shleifer and R. Vishny. Investor protection and corporate valuation. The Journal of Finance, 2002, (57): pp. 1147 – 1171.

② King, Robert G., Levine, Ross. Finance, Entrepreneurship, and Growth: Theory and Evidence. Journal of Monetary Economics, 1993, (32): pp. 513 – 536.

③ Rakan, Raglruram, Zingales, Luigi. Financial dependence and growth. American Economic Review, 1998, (88): pp. 258 – 286.

二 国内研究文献综述

（一）独立董事制度理论基础研究综述

我国学者对独立董事制度的理论研究多从经济学、法学和管理学等学科角度展开，如毛政发（2003）[①] 运用公司治理理论、经济学和管理学的激励理论、利益相关者理论分析了独立董事制度的理论基础。谢朝斌（2004）[②] 把公司、经济、社会与法律系统视为有机联系的统一体，从新制度经济学的制度变迁理论对独立董事制度作了系统研究。李建伟（2004）[③] 则坚持从法学和管理学的双重角度，运用法律移植理论来考察独立董事制度建设的利弊得失。王天习（2005）[④] 从委托—代理理论剖析了独立董事产生的前提与必要条件，以新古典产权学派和利益相关者学派为切入点研究了独立董事的人选范围和责任对象的理念根源。然而，谢朝斌（2004）认为无论是经济学，还是管理学、法学角度的研究，都对独立董事制度为何会在我国落地生根及进一步完善未给出令人满意的答案。他独辟蹊径，从社会系统理论出发，阐述了独立董事法律制度产生、发展，以及在我国的移植、建构、嵌合及其本土化过程中的变异等问题。

[①] 毛政发：《独立董事制度研究》，中共中央党校博士学位论文，2003 年。

[②] 谢朝斌：《独立董事法律制度研究》，法律出版社 2004 年版，第 34 页。

[③] 李建伟：《独立董事制度研究》，中国人民大学出版社 2004 年版，第 330—331 页。

[④] 王天习：《公司治理与独立董事制度研究》，中国法制出版社 2005 年版，第 130 页。

（二）独立董事独立性研究综述

独立性是独立董事制度的核心和灵魂，是独立董事的根本属性。现有文献对独立董事"独立性"做了许多的研究，一些学者对"独立性"进行了不同的解释和界定，一些学者就如何保证"独立性"给出了建议，也有学者采用实证研究就独立董事和相关配套制度的关系进行了分析。

谢朝斌（2004）对现有的研究归纳为六种："信息说"、"条件说"、"主体说"、"对象说"、"主体——行为说"、"关系—利益说"。

"信息说"以信息经济学为视角，指出了在不同的信息条件下，独立董事独立的对象及需要具备的条件。"条件说"认为作为独立董事应该必须同时或起码具备"独立性"条件，但是，对该条件的具体内容不同的学者也持有不同的观点。向荣（2002）[①] 在对美国、香港与中国内地上市公司独立董事的独立性与公司治理结构的关系对比分析后，指出在现阶段我国上市公司治理格局和特殊国情的基础上，独立董事应独立于大股东、独立于可交易股份中的相对大股东（主要是机构投资者）、独立于经营者以及独立于不正当、不合理的行政干扰。谭劲松（2003）[②] 则认为独立董事应独立于公司、公司管理层以及足以影响公司的主要利益关系以及没有任何足以影响独立董事独立做出客观判断的其他重要关系。谢朝斌（2004）则认为只需独立于大股东和高级管理人员。"主体说"认为不同的界定主体对独

[①] 向荣：《上市公司独立董事独立性的界定与公司治理结构的关系——美国、香港地区与中国大陆的对比分析》，《南开管理评论》2002年第6期。

[②] 谭劲松：《独立董事与公司治理——基于我国上市公司的研究》，中国财政经济出版社2003年版。

立董事独立性的识别角度不同、要求不一,从而使"独立性"的构成要素也各有差别。学者们就各国不同的机构、法律层次对独立董事的界定进行了分析对比,指出即使同一国家内部,由于人们界定独立董事独立性的立场、利益关系、目的及要求严格程度的差异,判别标准和依据也大相径庭。"对象说"认为独立董事的独立性需要依据相对独立的对象主体做出合理的界定,即独立董事究竟要与谁相对独立①。一般来说,独立董事相对独立的对象主体包括三个方面:相对公司利益独立、相对股东尤其相对控股股东独立、相对经营管理团队独立。"主体—行为说"从法律制度设计的形式要求上强调了独立董事的主体资格条件与行使职权的行为能力②。"关系—利益说"认为对独立董事独立性的判定,应该考虑服务的公司或公司关联企业以及与两者之间是否存在雇用关系、经济利益关系和私人关系③。

此外,学者们还研究了独立董事制度的独立性所包含的内容,认为独立性应包括独立董事个体的独立性和独立董事整体的独立性。独立董事个体的独立性是保证每一位独立董事独立行使董事权力的基础,独立董事整体的独立性则是保证独立董事在董事会决策过程中真正发挥作用的前提。谭劲松(2003)认为,保证独立董事整体的独立性,最简单的办法,就是让独立董事在董事会中拥有多数地位。对于独立董事究竟在董事会中具体达到多大比例才比较适宜,还存在数字上的争议。何孝星(2001)④

① 上海证券交易所联合研究计划第五期法制系列课题报告:《独立董事制度研究:以权利、义务和责任为中心》,http://www.sse.com.cn/sseportal/ps/zhs/home.html。

② 张富强:《21 世纪经济法学前沿问题研究》,群众出版社 2002 年版。

③ 倪建林:《公司治理结构:法律与实践》,法律出版社 2001 年版,第 109 页。

④ 何孝星:《关于独立董事制度与监事会制度的优劣比较及其制度安排》,《经济学动态》2001 年第 8 期。

指出为了避免大股东通过将独立董事人数控制在董事会成员总数的 1/3 以内，实现其提案获半数通过的操纵现象，应将该比例提高到 2/5 至 1/2 为宜。刘俊海（2001）① 建议相对于美国公司独立董事达到 62% 的比例，应将现行立法规定的 1/3 的比例提升到 51%。乐伟（2000）② 则主张应在董事会中设计一种灵活或动态的独立董事数量与比重关系，根据董事会的规模和企业发展的阶段，调整独立董事在董事会中的比例。

（三）独立董事选聘机制研究综述

独立董事的选聘机制是确保独立董事人格独立性与行权独立性的关键性环节，是实现独立董事独立性的根本保证之一。独立董事选拔机制就是通过确定独立董事由谁提名，由谁选举以及如何解任来保证独立董事的独立性。

范庆华和杨光（2001）③ 认为独立董事应由中小股东（比如100 人或 500 人以上）推选；韩志国和段强（2002）④ 认为还可由在任的独立董事推荐继任者，同时实行大股东回避制度和差额选举方法；对于独立董事的首次选聘，陈宏辉和贾生华（2002）⑤ 认为应由拥有董事会席位（如第一、二、三股东）之外的其他股东提名并决定独立董事的人选。李建伟（2004）认为我国应早日重视社会中介机构的作用，由监管部门委托具有一

---

① 刘俊海：《独立董事：一群走钢丝的人》，《法律与生活》2001 年第 10 期。
② 乐伟：《创业板机遇、风险面面观》，《中国证券报》2001 年 8 月 2 日。
③ 范庆华、杨光：《三英争议"独立董事"——著名经济学家魏杰、钟朋荣、温元凯各执一说》，《中外管理》2001 年第 7 期。
④ 韩志国、段强：《独立董事：管制革命还是装饰革命?》，经济科学出版社2002 年版。
⑤ 陈宏辉、贾生华：《信息获取、效率替代与董事会职能的改进——一个关于独立董事作用的假说性译释及其应用》，《中国工业经济》2002 年第 2 期。

定资质的人才中介机构，对经过培训的独立董事人选进行严格的资格认证，并建立独立董事人才库。上市公司有需要时，由中介机构推荐人选供其选择。徐永贵和张力（2005）[①] 认为，由在董事会中不拥有董事席位的股东们提名并决定人选，选举结果报股东大会通过，在股东大会上可采取回避或必须无条件通过上述人选，确保独立董事从一开始就独立于大股东。在选举投票时，控股股东及其派出的董事回避表决（娄芳、原红旗，2002）[②]，或者实行大股东回避制度和差额选举方法，以后董事会换届选举时，由独立董事组成的提名委员会提名选举（韩志国、段强，2002），必要时可引入竞争机制（徐永贵、张力，2005）。

（四）独立董事激励约束机制研究综述

如何对独立董事实施激励，使其有效地为委托人工作一直是理论界和实务界所关注的话题。对此，我国理论界有不同的声音。多数人认为对独立董事应给予必要的物质激励。但是，有人避讳对独立董事实施物质激励，如范庆华和杨光（2001）认为当了独立董事就不能谈钱；斐斐（2002）[③] 认为物质激励会适得其反；钟伟（2001）[④] 认为经济利益与独立性对于独立董事而言难以兼容。

主张应给予独立董事物质激励的学者在激励形式上也各持己见。毛立本（2001）[⑤] 主张付给独立董事相应的报酬是恰当的，

---

① 徐永贵、张力：《论我国上市公司独立董事制度建设》，《经济问题》2005年第5期。

② 娄芳、原红旗：《独立董事制度：西方的研究和中国实践中的问题》，《改革》2002年第2期。

③ 斐斐：《建立独立董事激励机制的思考》，《经济咨询》2002年第1期。

④ 钟伟：《独立董事与外来和尚的选择》，《财经时报》2001年第6期。

⑤ 毛立本：《独立董事发挥作用的前提条件》，中宏网2001年5月18日。

但不能采用股票和股票期权的形式；徐永贵和张力（2005）认为，要使独立董事行权时做到诚信勤勉，必须提高独立董事的待遇，引入长期激励手段，采取长短期相结合的方式来增加独立董事工作的动力，可以采取的激励方式有持有公司股票、延期支付计划和股票期权等。考虑独立董事的责权利对等，还应为独立董事购买责任保险①。

　　在理论界，谁应该成为独立董事薪酬支付的主体也颇有争议。李建伟（2004）认为，为了保持独立董事的独立性，市场中介机构可以作为独立董事薪酬的支付主体，但他并没有指明如何操作。谭劲松（2003）认为具体可以考虑每个公司上市时都交纳一笔费用，组成独立董事基金，由证监会或交易所将其分成若干等份，成立若干机构，然后吸收私人资本加入，组成为"两合公司"，由私人资本负责该机构的运作，并承担无限责任，独立董事基金投入部分承担无限责任，且不参加机构的运作，该机构可以有多个，但每个机构中独立董事基金的投入都相等，上市公司直接向该等机构中的任何一个聘请独立董事并支付薪酬。谢朝斌（2004）则认为由中介机构支付独立董事薪酬违背了自由竞争原则，增加了企业交易成本，独立董事的薪酬只能由所服务的公司决定和支付。

　　关于独立董事薪酬激励效用的研究，主要是通过对独立董事的薪酬与公司业绩之间的关系的实证研究来进行的。谭劲松（2003）研究得出从2万—4万元的区间开始，独立董事的薪酬与公司业绩有一个较明显的正相关关系，公司业绩随着独立董事的薪酬增加而上升，在8万—10万元的区间达到最大，到了10万元以上的区间，公司的业绩再度趋于下降。因此认为中等程度

---

① 廖洪、张娟：《我国独立董事激励机制研究》，《财政监督》2003年第9期。

的激励和中等程度的约束是最佳的"度"。董志强（2005）① 实证研究发现，当独立董事与大股东合谋概率较小时，或投资者法律保护水平较高的时候，应当对独立董事支付固定报酬，而独立董事与大股东合谋概率较大且投资者法律保护水平较低的时候，有必要对独立董事支付激励报酬，以尽可能维护全体股东的利益。

关于制定独立董事薪酬时应考虑的因素，孙泽蕤和朱晓妹（2005）② 认为制定薪酬需考虑独立董事本人的声誉、劳动付出、公司高管薪酬、独立董事总收入、公司规模、行业、独立董事在董事会的比例、董事会会议次数等因素。董志强（2006）的实证研究表明，以单位资本经济增加值代表的公司业绩及长期价值创造能力、公司规模、第一大股东持股比例、独立董事的工作时间、独立董事的相对规模等因素是影响独立董事薪酬的因素。

对薪酬和独立董事的声誉、独立性之间的依存关系，徐冬林（2005）③ 利用薪酬依赖度函数，分析和构建了独立董事声誉机制模型，研究发现独立董事行使职权是否公正与其声誉有着密切联系。当独立董事从上市公司获得薪酬占其收入的比例 $X > 1/2$ 时，独立董事可能与管理层共谋；当 $X < 1/2$ 时，独立董事将通过诚信勤勉的工作，提高其声誉以使他们赖以发展的人力资本增值。就如何建立我国的声誉市场，理论界普遍认为可通过成立独

① 董志强：《掏空、合谋与激励合约：对独立董事报酬的一个理论贡献》，http://www.fed.org.cn/down.asp? Papered = 56。

② 孙泽蕤、朱晓妹：《上市公司独立董事薪酬制度的理论研究及现状分析》，《南开管理评论》2005 年第 8 期。

③ 徐冬林：《上市公司独立董事的声誉机制研究》，《中南财经政法大学学报》2005 年第 2 期。

立董事协会，由其负责独立董事的培训、后续教育、资格考核等，设置公开的业绩评价机制（楼百均，2004）[①]。

（五）审计委员会研究综述

1. 独立董事与监事会

目前世界上公认的公司内部监督模式有两种：独立董事制度与监事会制度。采用"单层制"公司治理模式的英、美国家，董事会的监督职能一直是董事会重要的甚至主要的职能。采用"双层制"公司治理模式的德、日国家，监事和监事会是一种传统的监督制度安排。两大制度的作法均强调分权和制衡，并由各国公司立法明确规定其法律地位，其目标均在于解决公司治理的问题，降低公司的治理成本，以保证投资人和公司的利益。在我国公司治理结构中两种监督制度并存，如何看待它们之间的关系，学术界主要有两种不同的观点。

一种观点认为，独立董事制度与监事会制度完全是建立在不同法系和公司治理结构以及不同法理基础上的公司监督机制，因此，它们不仅在制度上是不兼容的，在功能上也是重叠的（喻猛国，2002）[②]。学者们主张在两种制度中只能选其一，但选哪一种制度就仁者见仁、智者见智。谭劲松（2003）认为，独立董事和监事会制度就公司监督机制而言，其目的是一致的，所起的作用比较接近，只由于我国的法律体系更接近大陆法系，采用"双层制"公司治理模式，如实行独立董事制度需要花费一定的制度协调成本，而且我国现有的上市公司董事会地位不独立的现

---

① 楼百均：《当前独立董事制度的缺陷分析及其治理对策》，《经济问题》2004年第1期。

② 喻猛国：《独立董事制度缺陷分析》，《经济理论与经济管理》2002年第9期。

状不支持建立独立董事制度，因此，在现行的法律体系的基础上完善监事会制度，更容易达到建立独立董事制度所希望达到的目的。王天习（2005）也持此观点，认为可借鉴独立董事制度的成功经验，在监事会制度中构建独立监事制度，改造监事会以强化其职能。他从公平和效率角度出发，指出"双层制"框架下德、日国家实行的监事会制度奉行的理念是：公正优先，兼顾效率；而"单层制"框架下英、美国家的独立董事制度所奉行的理念却刚好相反：效率优先，兼顾公平。我国实行的独立董事制度和监事会制度并存，不仅不能实现公正与效率的平衡，反而会导致两种价值的双亡。鉴于中国证监会已强行引入独立董事制度，一些学者主张应该在不脱离我国公司治理结构的现实基础上，结合我国上市公司所处的法律、经济、历史、文化和社会背景，重塑独立董事制度，将独立董事制度作为公司治理结构内生性的制度，而不是外加的点缀（耿利航，2004）[①]。

　　另一种观点认为，独立董事制度和监事会制度并不是二者只能选其一，它们之间的关系也不是一种完全可以替代的关系，两种制度在构成与功能上均有不同特点，它们的存在可以并行不悖，而且可以实现功能上的互补。只是两种制度共存于一个公司的治理结构之内，会产生矛盾、冲突和制度的摩擦与内耗。如何平衡两种监督制度，发挥最大的监督功效，学者之间产生了分歧。一些学者认为，我国上市公司内部监督机制的建设，应坚持以独立董事制度为主，监事会制度为辅的原则，在监督职权授予上应适当向独立董事倾斜（李建伟，2004）。另一些学者认为，

---

　　① 耿利航：《超越管制的"定式"——对上市公司独立董事制度的评价与质疑》，http：//law.cufe.edu.cn，2004年12月28日。

立法应对监事会和独立董事的职能有明确界定。官欣荣 （2003）[1] 认为独立董事以决策、促进董事之间的精英式监督、行使特别职权等见长，如对关联交易发表意见是监事会的职能所无法比拟的；而监事会立足公司员工的民主监督和对公司高管人员进行的监督。李建伟（2004）认为独立董事既要发挥战略控制职能，又要发挥监督职能。在监督职能上，要坚持以业务执行监督为主，财务监督为辅的原则；在业务监督职能上，要坚持以妥当性监督为主，以合法性监督为辅的原则。监事会监督职能以公司财务全面监督为主，以业务监督为辅；在财务监督职能上，要以合法性监督为主，以妥当性监督为辅。邵少敏（2004）[2] 认为，在监事职权范围的定位上，独立董事应以董事会所有重大决策的公正性和科学性监督为主。对于监事会而言，其监督职责重心则应仍然放在由我国公司法所赋予的检查公司财务、监督董事会规范运作、遵守信息披露原则、监督董事和经理行为和合法性等方面。也有学者提出如下看法，如为防止财务监督方面的职能冲突，董事会下设审计委员会的作法应予摒弃，可以转设在监事会下。

2. 审计委员会与监事会

在我国，也有一些学者提出对审计委员会和监事会进行功能定位，使二者互补。目前关于审计委员会和监事会制度安排的研究主要停留在理论研究阶段，很少有人对此进行实证研究。

---

①　官欣荣：《独立董事制度与公司治理：法理与实践》，中国检察出版社 2003 年版，第 169 页。

②　邵少敏：《我国独立董事制度：理论分析与实证研究》，浙江大学博士学位论文，2004 年。

伍坚（2002）① 认为审计委员会和监事会在制度构成上有以下区别：法律地位不同、人选不同、选聘程序不同、行权的支持体系不同、职权范围不同、功能不同、行权的行为取向不同、监督的超然性不同，因此审计委员会和监事会是可以实现制度功能上互补的。李建伟（2004）则主张独立董事制度或审计委员会制度与监事会不是一种完全替代关系，而是各有长短，并需要互相协调和配合，可以并存。内部监督机制的设置上以独立董事为主，监事会为辅。胡建斌（2001）② 认为审计委员会（独立董事）制度与我国目前公司治理结构产生重叠，影响监督机构效能的发挥。喻猛国（2001）认为上市公司监事会作为专职的常设监督机构尚不能对公司经理层的不当行为形成有效监督，仅凭兼职的独立董事，当然不可能提高上市公司的治理水平，保护中小投资者的利益。很多学者认为审计委员会和监事会可以并存并发挥作用，但是对于怎样安排这两个制度和怎样界定各自的功能没有形成理论体系。

还有一部分学者认为审计委员会和监事会不能同时并存，他们一般选择两种途径：取消监事会并扩大独立董事和审计委员会的权责或取消审计委员会并重塑监事会。前者认为应借鉴英、美国家在上市公司设立独立董事和审计委员会，为了避免和原有监事会的重叠，应取消监事会，将监督职能赋予独立性强、专业能力高的审计委员会。而后者则认为我国文化、法律、制度背景不适合审计委员会，而是应该增强监事会的独立性和职能，引进独立监事，完善相关制度。各种学派对于审计委员会和监事会的并

---

① 伍坚：《完善独立董事制度的若干法律问题研究》，顾功耘：《公司法律评论》，上海人民出版社 2002 年版，第 49 页。

② 胡建斌：《独立董事制度的障碍》，《资本市场杂志》2001 年第 7 期。

存或存留没有形成任何定论。

（六）关于投资者利益保护研究的综述

在我国"一股独大"是普遍的现象。上海证券（联合）课题组的一项研究表明，我国上市公司中第一大股东处于绝对控股地位（即持股比例超过 50%）的上市公司占全部上市公司的 40.94%，加上相对控股（第一大股东持股比例超过 25%）的上市公司，第一大股东占控股地位的公司数占全部上市公司的 84.57%，进一步的统计显示，第一大股东平均持股比例为 44.26%。在缺乏制度性约束的情况下，从自身利益考虑，把上市公司资源化作自身可以利用的资源，是每一个大股东的当然选择。唐宗明和蒋位（2002）[1] 的研究表明，中国上市公司大股东侵害小股东的程度远高于美、英国家。苏启林等（2003）[2] 发现，我国的家族控股股东和其他国家一样，也通过对投票权与现金流权进行分离来侵害小股东的利益。余明桂和夏新平（2003a）[3] 在对我国上市公司的大样本进行了分析以后发现，我国上市公司控股股东与小股东之间存在严重的代理问题，有控股股东存在的公司，其市场价值（用托宾 Q 来表示）显著小于无控股股东存在的企业，平均而言，控股股东与小股东之间的代理成本约在 6%—16% 之间。谭劲松和郑国坚（2004）[4] 通过对

---

① 唐宗明、蒋位：《中国上市公司大股东侵害度实证分析》，《经济研究》2002 年第 4 期。

② 苏启林等：《家族控制权与家族企业治理的国际比较》，《外国经济与管理》2003 年第 5 期。

③ 余明桂、夏新平：《控股股东与盈余管理：来自中国上市公司的经验证据》，《中国第二届实证会计国际研讨会会议论文》，2003 年。

④ 谭劲松、郑国坚、周繁：《独立董事辞职的影响因素：理论框架与实证分析》，中山大学工作论文，2004 年。

"青岛海尔"的案例分析发现，大股东在权衡使用利益输入和利益输出两种利益输送手段的同时，也利用法律监管制度的不完善，对利益输送过程进行透明度管理。比如，通过大量的、持续性的关联交易和随意变更会计政策对上市公司进行盈余管理使之保持绩优股的形象；以满足最低监管要求进行"免责"导向的形式披露以及对企业的重要信息进行不实披露等正当的理由掩盖实际的利益输送行为。

李增泉、孙铮和王志伟（2004）[1] 以我国 A 股上市公司2000—2003 年的关联交易数据为基础，对所有权结构与控股股东的掏空行为之间的关系进行了实证分析。结果表明，控股股东占用的上市公司资金与第一大股东持股比例之间存在先上升后下降的非线性关系，但与其他股东的持股比例则表现出严格的负相关关系。另外，控股股东的控制方式以及产权性质也对其资金占用行为具有重要影响。其中，通过控股公司控制上市公司的控股股东占用的资金低于通过企业集团控制的上市公司，国有企业控制的上市公司的控股股东占用的资金高于非国有企业控制的上市公司。刘峰、贺建刚（2003）[2] 从利益输送的角度来研究了我国上市公司的高派现行为，并进而讨论了大股东与上市公司之间的利益往来关系。通过抽样发现，上市公司的高派现是大股东实现利益的合法有效的手段，而且在大股东持股比例与不同的利益输送方式之间存在一定的关系。在股权集中的公司中，大股东持股比例越大，则越倾向于通过大额派现、购销关联交易的方式来实现对小股东利益的侵占；在股权分散的公司中，大股东持股比例

① 李增泉、王志伟、孙铮：《掏空与所有权安排——来自我国上市公司大股东资金占用的经验证据》，《会计研究》2004 年第 12 期。
② 刘峰、贺建刚：《股权结构与大股东利益实现方式的选择——中国资本市场利益输送的初步研究》，《第二届实证会计国际研讨会会议论文集》，2003 年。

越低，越倾向于采取股权转让、担保或挪占款项的方式来实现其利益最大化；对于股权集中度介于两者之间的上市公司，大股东则倾向于采取担保、非购销关联方式或挪占款项的方式来实现其利益最大化。

刘峰、贺建刚、魏明海（2004）[1] 通过五粮液的案例分析表明，目前我国的法律总体上并不保护中小股东利益免受大股东和其他内部人的侵害。由于缺乏保护小股东利益的法律机制和约束大股东行为的市场机制尚未建立，大股东控制更多地导致了侵害小股东利益的现象。李志文和肖星（Lee & Xiao，2002）[2] 从大股东侵占角度对我国上市公司的派现行为进行了分析，研究表明当上市公司的股权集中度高的时候，这种派现行为成为了大股东侵占小股东利益的一种手段。简明和黄德尊（Jian&Wong，2003）[3] 以1997—2000年的基本原材料生产制造行业的131家公司为样本，对上市公司的产品购销关系进行了分析，结果表明，上市公司存在通过产品购销关系来操纵盈余的机会主义行为，而且，大股东为集团控制的上市公司存在更多的关联交易行为。他们的研究表明，产品购销交易本身没有侵占中小股东的利益，只是由于这种行为形成的大股东资金占用才是一种利益输送行为。余明桂和夏新平（2004）[4] 发现由

---

[1]　刘峰、贺建刚、魏明海：《控制权、业绩与利益输送——基于五粮液的案例研究》，《管理世界》2004年第8期。

[2]　C. W. Lee and X. Xiao. Cash Dividends and Large Shareholder Expropriation in China. working paper, Tsinghua University, 2002.

[3]　Ming, Jian and T. J. , Wong. Earnings Management and Tunneling through Related Party Transactions: Evidence from Chinese Corporate Groups. EFA 2003 Annual Conference Paper, 2003, (6).

[4]　余明桂、夏新平：《控股股东、代理问题与股利政策：来自中国上市公司的经验证据》，《中国金融学》2004年第1期。

控股股东控制的公司，其关联交易显著高于无控股股东控制的公司；控股股东担任高级管理者的公司，其关联交易显著高于控股股东不担任高级管理者的公司；控股股东持股比例和控股股东在董事会中的席位比例越高，关联交易越多，这意味着控股股东确实能借助关联交易转移公司资源，侵占小股东利益。李增泉、余谦和王晓坤（2005）[1] 选取我国资本市场 1998—2001 年间发生的 416 起上市公司收购兼并非上市公司事件为研究样本，实证考察了控股股东和地方政府的支持或掏空动机对上市公司长期绩效的影响。结果表明，当公司具有配股或避亏动机时进行的购并活动能够在短期内显著提升公司的会计业绩。唐清泉、罗党论等（2005）[2] 通过大股东与上市公司发生的资金占用、关联交易、关联担保、资产买卖以及现金股利，研究了大股东的"隧道"挖掘与投资者保护力量的有效性。研究发现第一大股东存在"隧道"效应和壕沟防御效应，但不存在利益协同效应；企业集团作为大股东进行"隧道"挖掘，其效应更为明显；第二大股东能起到抑制第一大股东"隧道"挖掘的作用，但当机构投资者作为第二大股东时，与第一大股东一样有"隧道"挖掘效应；相比之下，第三大股东更能代表小股东的利益。独立董事在关联交易方面对大股东有抑制作用，在其他方面虽有抑制作用，但不显著。这些针对国内的情况进行的研究为我们理解大股东的利益输送行为提供了一个很好的基础，同时也有利于监管部门管制措施的施行。

---

① 李增泉、余谦、王晓坤：《掏空、支持与并购重组——来自中国上市公司的经验证据》，《经济研究》2005 年第 1 期。

② 唐清泉、罗党论、张学勤：《独立董事职业背景与公司业绩关系的实证研究》，《当代经济管理》2005 年第 1 期。

三　文献研究简评

本书总结了国内外学者对独立董事制度理论基础、制度背景、选聘机制、激励机制、投资者利益保护、审计委员会与监事会关系六个方面的研究现状。

首先，就独立董事制度的理论基础而言，无论是从经济学的委托代理理论、相关利益者理论，还是从法学的移植变迁理论，一般都认为为了保证剩余控制权与剩余索取权公正与公平的配置，保护委托人的利益免受侵害，在公司治理结构中，应引入独立董事制度以改善董事会效率。在研究这一问题时，人们主要是从两个角度来研究的。其一，独立董事与公司价值之间的关系；其二，独立董事与公司代理成本之间的关系。如果独立董事能增加公司的价值，则独立董事制度是有效的。

但是，学者们将这些问题的研究置于公司治理的"单层制"的框架中，没有考虑在"双层制"的治理结构中，独立董事制度是否与"单层制"具有相同的效果。而在我国的上市公司中，恰恰是"双层制"的治理结构，在这样的结构下，独立董事与监事会的权责是否存在着冲突，如果存在冲突，这种冲突会降低独立董事制度的有效性吗？如果会降低有效性，那么如何协调两者之间的关系？这些问题在国内的研究相对也非常少。

各国对审计委员会的很多方面作了研究，但是目前还没有在国际上形成标准统一、机理相同的审计委员会理论体系和制度。审计委员会之所以成为理论界和实务界研究的焦点，取决于英、美国家公司制企业的跨国发展和公司治理理论的完善，使之成为其他国家学习和模仿的榜样。怎样的制度设计才能既保证监督者获得真实、可靠的信息，又保持了监督者的独立判断，这是一个有效的监督机制的核心。结合监事会和审计委员会各自的演进历程、产生背景和理论基础，如何定位监事会和审计委员会各自的运行机理；"双层制"公司治理模式下监事会和审计委员会的并存有没有依据，有哪些依据，以及如何调和二者的监督地位和职责才能合理并存；我国目前监事会和审计委员会、独立董事并存的现状和存在的问题；如何完善我国对于监事会和审计委员会具体职责的调和，这些都是本书要解决的问题。

其次，从已有的研究结果来看，普遍将独立董事制度视为解决委托—代理关系问题的一种制度，更多地将代理问题定位于股权分散情况下的全体股东与经营者之间的代理问题，包括国内的一些研究在引入国外理论时，也忽视了我国与国外由于不同的股权结构而导致的代理问题的差异，缺乏对我国上市公司治理的特殊背景进行分析，这可能导致研究的理论与现实结果存在较大的背离。本书将从我国上市公司的股权结构分析入手，研究在我国特定股权结构下的代理问题的性质，为具体研究独立董事的运行情况提供一个现实可靠的基础。只有在这样的基础之上，才可能得出一个与现实较为相符的结论。事实上，股权结构集中，且存在大股东控制这一特征，是目前我国上市公司股权结构的常态。

再次，在利用委托—代理理论对独立董事制度分析时，忽视了独立董事自己也是公司委托—代理关系链中的一个链条，本身也会产生代理问题，存在着独立董事与公司控制权人合谋的问题，对于如何防止独立董事的合谋也是保障独立董事制度有效的重要问题之一。所以，本书从理论上将对这一问题进行分析。

复次，在对独立董事选聘机制的研究上，主要研究了独立董事的提名与任命、公司盈利能力与成长性、公司的经营环境、政治环境和行业等因素对公司选聘机制的影响。很少将独立董事的独立性与选聘机制相结合，这样来设计公司的治理结构，并将独立董事内置于董事会内部，是否能够真正实现当初设置独立董事的目的值得考虑。因为，独立性是独立董事制度的灵魂，保障独立董事的有效性关键在于保障其独立性。这种保障在设计公司的选聘机制时必须予以考虑。本书试图在这一方面作一些探讨。

最后，有效的激励机制，既可激励独立董事积极努力地工作，又对独立董事的行为构成一定约束，解决独立董事由于"外在于企业"而导致的与企业利益无关从而可能产生的代理问题，使独立董事在积极履行独立董事职责的过程中，不致为获得独立董事利益而丧失其特有的独立性。独立董事虽然受假定声誉市场的约束，但为了激励独立董事勤勉尽职，国内外相关规定对独立董事的薪酬激励作了不同的规定，学者们也就薪酬激励与独立性之间关系进行了若干研究。可是，我们认为在维护股东权益方面，针对独立董事的激励是不充分的，因此，给予独立董事怎样的薪酬才能既保持其独立性又避免与 CEO 或控股股东的合谋呢？鉴于我国的实际情况，应给予独立董事什么样的激励方式呢？若是通过声誉激励，如何建立有效的声誉市场？若是通过薪酬激励，采用何种手段呢？现有文献为我们提供了可选择的答案，接下来如何选择最适合的答案就需要我们做进一步研究。

第三章

独立董事制度变迁的国际考察

当前公司内部治理改革已经成为世界各国普遍关注的焦点。在许多市场，包括在美国，政府与证券交易所的身影已经进入董事会，对董事会的构成、董事的独立性以及以前只有股东和经理之间通过私人自治实现组织安排的其他方面进行强制性立法规范①。本章首先对董事会和独立董事制度的变迁进行了国际考察；然后从经济学和公司法的视角对此制度进行了分析。

一 董事会的制度变迁

董事会是现代公司运作的中心，其产生存在规制说和内生说的争论。规制说认为，董事会是规制的产物，是在一国《公司法》的强制要求下设置的。在法律规定下，董事会的法律责任主要分为两类：一是代表公司执行权力而具有的法律地位；二是具有的执行功能。内生说认为，董事会是公司制企业内生的产物，因为拥有实质控制权的董事会是先于规制出现的，规制只是

① 这就是在安然和世通公司丑闻揭露以后进行的改革和制定纽约股票交易所上市新标准的实质。在亚洲，1997—1998 年的金融危机产生了同样的效应：韩国、中国和中国台湾通过立法强制推行董事会改革，其特征是针对危机中暴露的公司治理的问题，在上市公司中推行独立董事制度。

对制度创新的事后认可与规范。实际上可以解释为：在市场经济自由发展的国家，董事会是企业制度发展的内生产物；而在转轨经济国家中，董事会的建立更多源自规制的要求。

（一）公司权力中心定位的变迁

公司权力中心的定位经历了股东会中心主义到董事会中心主义再到经理中心主义的历史演变。

股东会中心主义的理论依据是传统的资本中心主义。这一理论认为，公司是物质资本所有者的联合体，而物资资本自然而然地被认为是生产要素。因此公司的一切重大事项都由股东当家作主，而董事会只是股东大会决议的消极的、机械的执行者[①]。

20 世纪 50 年代传统公司法理论认为，公司是一种私法上的自治组织，公司本身纯粹是物质资本所有者组成的联合体，只有公司的物质资本所有者即股东才是公司的成员。从保护股东利益的角度出发，股东会是公司的权力机关和公司治理结构中的监督者，享有公司重要事务的决定权、公司管理人员的选任和解任权；董事会仅仅是一种被动的下级管理机关，负有不折不扣地执行股东会决议的义务，而且立法一般也不承认董事会拥有独立于股东大会的法定权力，这就使董事会成为完全依附股东大会的非独立机构。此类权力分配体系称之为"股东会中心主义"。

然而，这种"资本中心主义"的传统"股东会中心主义"受到了由于公司规模的扩大而股权日益分散，公司管理高度专业化的严峻挑战，造成"股东会中心主义"的集体决策效率低下，公司运作的信息和公司控制权逐步集中到具有专业知识的

---

① 徐向艺等著：《公司治理制度安排与组织设计》，经济科学出版社 2006 年版。

董事和经理层的手中，同时，广大的中小股东存在"搭便车"动机，单个股东不愿意耗费成本来对公司经营进行监督。因而，20世纪以来，美国公司股东会的权力不断削弱，而董事会的权力则日益扩大，从而实现了从股东会中心主义向董事会中心主义的转变①。20世纪60—70年代，公司的经营管理逐步被董事会任命的经理层把持。20世纪90年代，繁荣的经济掩盖了公司治理的深层问题，CEO身上的光环越来越耀眼，有些糟糕的CEO将董事会视为他个人的附属机构，甚至直呼董事会为"我的董事会"，董事会越来越成为仅具有形式的橡皮图章。特别是在美国由于CEO与董事长两职合一，将经理中心主义推向了极致。

全球特别是美国大公司丑闻，使得英、美国家公司制度中董事会的软弱无力以及这种软弱无力所带来的严重后果已被暴露无遗。正是在这种背景下，在股东积极主义的推动下，全球范围内兴起了建立强有力董事会的浪潮。

（二）董事会内部治理的演绎结果——董事会专业委员会

董事会是一个会议体的机构，公司法赋予它的决策权与监督权需要有具体的代表来行使。

为了解决上述问题，英、美国家上市公司往往实行"委员会制度"（Committee System），即当董事会人数多于7人时，经董事长授权，从董事会成员中挑选部分人员，成立专门处理某一方面问题的专业委员会。专业委员会人数一般是3—5人，实行

---

① 美国示范公司法第35条规定，"除本法令或公司章程另有规定外，公司的一切权力都由董事会行使或由董事会授权行使，公司的一切业务活动和事务都应在董事会的指导下进行"。

定期更换或轮换制，以避免委员会成员和经理层串谋的情况，防止发生内部人控制。董事会专业委员会的建立一方面使董事会成员的优势得到了充分发挥，更积极地参与到所擅长的专业领域当中，同时在董事会成员之间起到一定的制衡作用，防范握有主导权的董事控制董事会；另一方面使董事会的决策过程分工细化，提高了决策效率和准确性。在德国，由管理委员会全体成员集体行使领导权、业务执行权和代表权。但基于双层董事会的设置，公司章程规定可允许监事会授权一名管理委员会成员或一名管理委员会成员与一名代表人共同代表公司，公司的代表也可以授权某个管理委员会成员从事某些或某种业务。在日本，从2003年开始，各公司可以选择英、美风格的以董事会和下属委员会（a board of directors and committee structure）为核心的治理结构，或是坚持其传统的公司监察人（statutory auditor）制度[①]。

在英、美国家，董事会专业委员会一般有提名委员会（Nominating Committee）、薪酬委员会（Compensation Committee）、审计委员会（Audit Committee）、财务委员会（Finance Committee）、执行委员会（Executive Committee）及公共问题委员会（Public Issues Committee）等。2002年1月7日，中国证监会和国家经济贸易委员会发布的《上市公司治理指引》第52条规定，上市公司董事会可以按照股东大会的有关决议，设立战略、审计、提名、薪酬与考核等专门委员会。专门委员会成员全部由董事组成，其中审计委员会、提名委员会、薪酬与考核委员会中独立董事应占多数并担任召集人，审计委员会中至少应有1名独立董事是会计专业人员。目前，在董事会下设专门委员会的做法已成为一种全球趋势。

[①] 日本特别例外法，第21—25条及其他条款。

1. 提名委员会

为了增加董事会人员任命的透明度，抑制大股东和握有主导权的董事操纵董事人选，英、美公司大多在董事会下设提名委员会。英国 Hermes 投资基金管理公司 1998 年的《公司治理声明》①认为，提名委员会至少由 3 名董事组成，并且大多数应是独立的非执行董事。提名委员会主要负责对公司董事和经理人员人选、选择标准和程序进行选择并提出建议。英国《联合守则》对提名委员会职责的规定主要有：（1）执行董事会有关任命新董事的规定；（2）建立包括与董事长和 CEO 沟通在内的任命董事的程序；（3）制定对某项工作的详细描述和任命新董事的条款；（4）在任命新董事时，听取外部顾问的建议；（5）就某项任命向董事会提出建议等。

2. 薪酬委员会

促使薪酬委员会出现的直接动力，来自人们长期以来对经理人员自己决定自己报酬的强烈不满。独立董事出于独立性的要求，利益上比较超脱，由其担任薪酬委员会成员，不仅能够增进薪酬设计方案的科学性、公平性和公开性，维护投资者以及其他相关利益群体的利益，而且可形成经理人员和内部董事权力的内部监控和制衡。因此，英、美国家薪酬委员会多由独立董事组成，成员主要选择那些具有实际运作经验的董事，负责评价包括 CEO、其他执行董事在内的高级管理人员的绩效，负责制定和考核董事会成员及高级管理人员的一揽子薪酬方案等。

对于独立董事的具体职责，英国《联合守则》归纳为十个方面：（1）考虑给予执行人员的基本薪酬和董事长对基本薪酬的修改建议；（2）考虑给予执行人员的奖金，执行人员的薪酬

---

① Richard Smerdon. A Practical Guide to Corporate Governance. 1998；p. 60.

如果是与业绩相关的话，制定合适的标准计算公式并监督其操作，同时考虑董事长对上述做法的建议；（3）对所有有关执行人员薪酬的业绩相关计算公式提出建议和做出决定，考虑董事的年度奖金和在长期激励计划下的收益的合法性；（4）管理公司运作或行使设立期权计划的所有事项；（5）就公司执行薪酬规定和操作期权计划情况作审查；（6）考虑并对除法律或伦敦证券交易所要求外的披露董事的薪酬结构给出建议；（7）考虑给予执行人员的其他利益和董事长对这些修改的建议；（8）考虑对执行人员的年金安排；（9）考虑并对有关执行人员的其他服务合同的条款及对这些合同的修改意见提出修改建议；（10）考虑其他与执行有关的薪酬事项及董事会授予薪酬委员会的事项。

3. 审计委员会

审计委员会可以对内部董事进行有效监督，防止内部董事在经济上弄虚作假。审计委员会一般被认为是实现董事会监督职能，保障董事会独立性的最重要组织机构，是英、美等国家为了有效保护股东的利益，在其公司治理单层制结构的传统约束下针对代理问题的一种解决或补救方案。

审计委员会有其特定的功能与职责，并且随着证券市场对上市公司自律的要求及对公司财务报告过程监督与治理的重视而逐渐发展演进。这种演进大致经历了三个阶段：

第一阶段（1938—1987）财务监督职能。美国证券交易委员会和纽约证券交易所就 1938 年发生的美国迈可森·罗宾逊药材公司倒闭案，建议由独立的外部董事组成的审计委员会任命审计师和与其协商有关审计事宜。由此可知，审计委员会制度设立的初衷是寻求在董事会中建立一支独立的财务监督力量，负责选择注册会计师并洽谈审计范围与合约问题，以增加注册会计师的独立性。

1971 年 Mattel 公司的财务报表的销售收入案，地区法院判 Mattel 建立一个审计委员会，该审计委员会应具有以下 5 项责任和职能：（1）评估财务控制和会计程序，并向管理当局提出改进意见；（2）评估季度财务报表是否符合公众的会计原则；（3）复核所有发布给新闻媒体、一般公众和股东的关于该公司的财务状况的公告和其他信息，并批准或否决该发布；（4）评估对财务报表独立审计的结果；（5）批准或否决任何关于独立审计师的变更①。

第二阶段（1987—2002）内部控制职能。进入 20 世纪八九十年代，随着环境的改变以及有关审计委员会的研究与实务发展，审计委员会职责取得了革命性的进展，从关切会计师的独立性问题，拓展到对公司内部控制的全面监管②。

1987 年，美国欺骗性财务报告委员会就审计委员会问题发表了一份公开报告，指出：审计委员会应熟悉、关注并有效地监督公司的财务报告过程和内部控制活动；管理当局和审计委员会应保证内部审计师适当参加整个财务报告过程的审计，并与独立公众会计师进行协调；管理部门在重大会计问题的处理上应听取审计委员会的意见；审计委员会应监督季度报告的过程。

1993 年 3 月，POB 发表了一份题为"公共的利益——摆在会计职业界面前的问题"的报告指出，审计委员会（或董事会）要担负下列职责：（1）审核年度财务报表；（2）与管理当局和独立审计师协商年度财务报表事宜；（3）从独立审计师那里获

---

① Louis Brachard, Jichard S. Hickok, John C. Biegler. The Audit Committee Handbook（3rd edition）. 1999：pp. 114 - 115.

② 卓传阵：《财务治理机制——审计委员会制度研究》，厦门大学博士学位论文，2005 年。

取审计师进行沟通和交流必须遵守审计准则的全部信息；（4）评价财务报表是否完整，是否与所了解的信息一致；（5）评价财务报表是否遵循恰当的会计原则。

第三阶段（2002—现在）公司治理职能。21世纪，安然、世通、施乐等世界著名公司欺诈丑闻的发生，严重打击了投资者的信心，对美国及全球经济都产生了巨大的不利影响。一向被视为典范的美国的公司治理结构，开始遭到人们的质疑，审计委员会制度也不例外。在这种情况下，布什总统签署了国会以压倒多数通过的《公众公司改革决案》。该决案对审计委员会制度所做的详细规定，促使SEC和证券交易所对上市规则进行相应的调整。与此同时，英、美、法、加、澳等国和欧盟也纷纷效法美国对已有的审计委员会制度进行修订，或出台全新的规定，在全球范围内掀起了审计委员会制度变革的浪潮。

改革后的审计委员会制度增加和强化了一些职能和要求，可划分为监督、复核、沟通和报告四个方面。具体来看，监督职能突出对注册会计师独立性、内部审计、财务报告完整性和非审计业务的监督；复核职能针对内部控制和风险管理以及会计政策的选择；沟通职能强调了全方位沟通，如定期举行联合和独立的会议，与注册会计师、内部审计师的信息交流等；报告职责是向股东大会和董事会进行报告。

另外，不同国家对独立董事审计委员会职责的规定也是不同的。例如，《新加坡证券交易所之上市规章》规定，审计委员会的职权有：（1）业务监督与复核权，如：监督并复核内部就各项不法、欺诈等案件之调查及报告；复核关系人之交易；与内部稽核及外部稽核（会计师）复核公司内控制度的适度性；复核会计师致管理层的建议函，以及公司之应对措施；复核内部稽核之查核规划内容；（2）建议权，即审计委员会可建议外部稽核于查核该公司时，增列其所要求列入的审核项目①。英国《联合守则》规定的审计委员会的主要职责是：（1）审查年度审计的范围和结果及其成本的有效性，并审计审计师的独立性和客观性；（2）考虑外部审计师的任命及审计费和制定或解雇的任何问题；（3）在审计开始之前与外部审计师一起讨论审计的性质和范围及其他相关问题；（4）在将半年和年度财务报告提交给董事会之前，先对其进行审查；（5）讨论审计中产生的问题及保留，也可以就审计师想讨论的任何事项进行讨论（必要时应要求管理层不在场）；（6）审查外部审计师、管理层对此的反响；（7）审查公司内部控制制度的有效性，并在提交董事会之前审查公司就内部控制制度的声明；（8）考虑任何内部调查的主要发现和管理层的反响；（9）审查任何的内部审计计划并保证其充分策划过；（10）考虑董事会规定的其他事项②。

总的来说，目前审计委员会的一个常规工作就是对公司中期报告和年终报告进行审查，同时，对于重要项目的审计报告进行详细的检查，写出对项目审计报告的意见，并把这些评价报告和意见提交董事会进行讨论，以保证董事会能够完全了解财务报告的质量和审计师有争议的地方。另外，审计委员会还应该在必须的时候成为一个介于管理层和外部审计师之间的中介角色，去解决争议③。

4. 其他专业委员会

提名委员会有时也演化为治理委员会，或称为董事会事务委员会或董事会运营委员会。治理委员会的主要职责是评价公司治

---

① 杨明佳：《论我国股份有限公司内部监控设计之改造》，国立台北大学法学系研究所硕士学位论文，2002 年。

② Richard Smerdon. A Practical Guide to Corporate Governance. 1998：p. 60.

③ 宁向东：《公司治理理论》，中国发展出版社 2005 年版，第 182—185 页。

理标准、公司治理程序。该委员会常常是由提名委员会发展而来的，但是其所负职责范围要远远大于提名委员会。有的公司在提名委员会之外成立专门的公司治理委员会，负责董事提名之外的那些范围更为广泛的公司治理问题。治理委员会是董事会为更好地完善其自我选择过程而设立的，设立公司治理委员会的行动和有关公司治理问题的讨论，都会导致有关公司治理问题的重新思索和改善。

另外，根据 2004 年科尔尼管理顾问公司对 S&P500 公司的独立董事展开的公司治理有效性调查，1/5 以上的董事会在 2003年新设了委员会，包括财务、风险管理和公共事务委员会等，其中以公司治理委员会最为流行①。

二　独立董事制度的变迁
——董事会治理的衍生制度

（一）独立董事制度的产生

董事会是公司治理中重要的一级。一个被广泛接受的公司治理的原则是，董事会具有信托作用。作为董事会成员的董事被期望利用他的诚信和能力去审视公司的战略计划和重大的决策，并且根据公司长远利益以及股东和社会利益去监督和控制公司的管理层。因此，任何现代公司良好的治理结构的核心都是有一个信息完善而且能够极大地发挥功能的董事会②。

然而，从各国的实践来看，公司董事会并没有发挥其应有的作用。一方面，当内部控股股东在公司治理结构中具有绝对控制

① 王立：《2004 年全球公司治理有效性调查》，《中外管理》2005 年第 4 期。
② 徐向艺等：《公司治理制度安排与组织设计》，经济科学出版社 2006 年版。

地位时，多数董事会实际听命于内部股东，即使是内部股东做出有损于外部股东利益的行为；一方面，上市公司的董事会并不介入公司具体业务的执行与管理活动，相反，董事会将管理权力委派给经营者，经营者成了董事会权力的控制人，公司董事及董事会受制于经理层而不能有效代表全体所有者的利益；另一方面，董事会既是决策机构，又是监督机构，两种职能之间不可避免地存在着矛盾与冲突。在实践中，董事会的权力缺乏约束，滥权与失职问题随之而出，也丧失了董事会监督经营者的固有职能。

要解决董事会受雇于控股股东或"内部人"的问题，关键是要保证董事会的独立性。所谓董事会的独立性是指董事会成员在进行监督时，能够独立于公司的管理层和控股股东。这种独立性使董事会能够及早采取行动预防有损股东利益的行为发生。使其在一个相对独立的环境下参与公司治理。在公司治理中引入独立董事制度，目的正在于此。而且近几年来，安然、世通等大公司财务舞弊案的发生，使得许多国家纷纷进行公司治理机制改革，而改革的重点是调整董事会结构，增加独立董事。

早在 20 世纪 30 年代，美国证监会开始建议公众公司设立"非雇员董事"，并于 1934 年在《证券交易法》中规定上市公司董事会要引进"非雇员董事"[1]。因而在随后相当长一段时间里，在董事会中设立外部董事一直是英、美公司的普遍做法[2]。20 世纪 60 年代以来许多公司卷入"水门事件"、洛克希德丑闻案等系列案件[3]，70 年代早期，美国公司可信度降低并受到大众的广泛批评，股东接连提起诉讼。1977 年 4 月，美国证监会举行听

---

① Securities Exchange Act of 1934, [S] 17 CFR *sec.* 240. 16b – 3.

② 谢朝斌：《独立董事法律制度研究》，法律出版社 2004 年版，第 34 页。

③ 张富强：《21 世纪经济法学前沿问题研究》，群众出版社 2002 年版。

证会后，纽约证券交易所出台了一项新条例，要求本国的每家上市公司在不迟于 1978 年 6 月 30 日以前设立并维持一个全面由独立董事组成的审计委员会，这些独立董事不得与公司管理层有任何会影响他们作为委员会成员独立判断的关系①。至此，独立董事制度正式产生，成为保护股东权利的一种有效措施。

（二）独立董事制度发展的两条平行轨迹

公司治理模式以及董事会制度的形成与各国的文化传统、法律规定、经济制度、政治利益集团的"寻租"有关；董事会制度的目标在于最小化代理成本，因此在各国各种内生和外生变量的相互作用下，各种董事会发挥作用的方式将根据成本变量的不同而存在较大的区别。董事会的设置模式和职责功能要适应相应的经济环境和公司的组织和资源状况，不同条件需要不同模式与之相对应。因此，并不存在一个最优的、可以普遍接受的董事会制度模式，当然，最终生存下来的董事会制度一定是环境动态博弈的均衡解，其权力的配置将随环境的变化而变化。事实上，目前在经济全球化的冲击下，各国董事会正在取长补短，出现了趋同的趋势。

1. "单层制"公司治理模式下独立董事制度的发展

继美国之后，其他采用"单层制"公司治理模式的国家为了保护本国投资者的利益，纷纷效仿美国，在董事会设立独立董事。

英国是除美国之外第二个积极倡导并践行独立董事制度的国家之一。20 世纪 80 年代末，英国公司因治理不善而接连倒闭，

---

① 王天习：《公司治理与独立董事制度研究》，中国法制出版社 2005 年版，第 130 页。

许多人将存在的问题部分地归因于公司的董事会，因此，提出了对公司董事会进行改革的要求。1992 年，由艾德里安·凯德伯瑞爵士的公司管理财务方面的委员会发布了一系列关于上市公司董事会结构和运作的指南——《凯德伯瑞报告》（Cadbury Report），其中建议上市公司推行独立董事制度，认为董事会中至少需要 3 名外部董事，其中至少有 2 名必须是独立的；多数被任命的非执行董事不应从事或具有会实质性影响他们独立判断的生意或其他关系，以确保其独立性；应组成一个提名委员会来完成非执行董事的选择程序；董事会还应该有一个至少 3 名外部董事组成的审计委员会等等。

澳大利亚公司董事学会等多家委员会、协会共同组建的工作组于 1995 年 6 月发布《公司行为指南》，即著名的《伯什报告》（Bosch Report）明确规定独立董事应独立于公司经营者，与其他人员没有影响其为公司最佳利益行事的任何关系。同时，对独立董事制度给予了其他相关规定。澳大利亚 1997 年颁布的《投资经理和公司指南》也规定，上市公司董事会的大多数为独立董事，独立董事既不能是公司经营者，也不能是公司大股东或与大股东有直接或间接关联关系；该协会特别规定董事长应该为独立董事，如果不是，则应该从独立董事中指定一名首席董事，负责通常属于非执行董事地位的董事长的事项；非执行董事应介入董事的遴选；董事会全体负责遴选新的非执行董事，然后提交股东大会通过。

加拿大的多伦多证券交易所先后于 1994 年 12 月推出有关公司治理的《戴伊报告》（Dey Report），要求其设立独立董事制度。该报告要求独立董事必须独立于公司经营者，除了持股关系外，没有可能被合理地认为会实质性影响其为公司最佳利益行事能力的任何利益或者其他关系；凡属向该公司提供法律或金融咨询服务的律师、金融顾问、前总裁、向该公司提供贷款的公司高级经营者等均不是独立董事。《戴伊报告》的发表和由机构代表组织——加拿大养老金投资协会（Pensions Investment Association of Canada，PIAC，1998）发表的一系列公司治理准则，对加拿大的公司治理改革起到了促进作用[1]。

南非企业董事会于1994年发表《金氏报告》（*King Report*）指出："董事会应至少有2名具有重要影响和才干的非执行董事，他们对董事会的决策应能产生重要影响，非执行董事应在公司战略、业绩和资源方面以及高级管理人员的任命和评估方面具有独立的判断能力"，"董事会应保持一定的平衡，执行董事和非执行董事的数量至少应对等"，将独立董事制度正式引入南非上市公司。

2. "双层制"公司治理模式下独立董事制度发展

虽然"双层制"公司治理模式的国家实行的是经营管理职能和监督职能的分离，但由于历史和现实的原因，为了保护投资者的利益，亦不同程度地引入了独立董事制度。较为典型的有德、日模式和东亚模式。

第一，德、日模式下独立董事制度的发展。根据德国《股份法》第101条规定，监察董事会成员由股东大会选任和劳方委派；向监事会派遣成员的权利只能由章程并且只能为特定股东或为特定股票持有人设定。在特定情况下，也可以由法院委任。

由于德国实行全能银行制，在公司正常经营时，银行只作为公司的债务人，向公司提供贷款业务，但当公司拖欠银行贷款时，银行就成为公司的大股东。另外，德国银行还进行间接持

---

[1]　[英] 吉尔·所罗门、阿瑞斯·所罗门：《公司治理与问责制》，李维安、周建译，东北财经大学出版社2006年版，第151页。

股，即兼作个人股东所持股票的保管人，以此获得大量委托投票权，通过选举自己的代理人进入监察董事会对管理董事会、经理层进行监控①。同时，《德国参与决定法》对监察董事会中职工代表的比例作了强制性的规定。欧洲政策研究中心提供的数据表明，在德国最大的 100 家公司中，工会和职工代表在监事会中占据了近 50% 的席位；在次重要的企业中，工会和职工代表在监事会中也占据了近 25% 的席位②。

但由于公司往往注重内部关系，监察董事会的选举程序透明度较低，并且也不职业化，多数监察董事会成员是在有影响的管理者相对有限的圈子中选出来的。他们往往事先就相互认识，这就造成监察委员会监督效率的低下③。从而，他们不希望有过多的人来参与公司的管理，而由内部人或关联企业的人员来负责公司的决策。

战后日本得以发展的资金主要通过银行贷款而筹措，主银行既提供短期贷款，也提供长期贷款。由于主银行向企业提供较大比重的信贷资金，尤其是短期信贷，由此导致银行信用规模的扩大和信用期限的延长，使银行与企业之间的信用关系日趋稳定，企业对银行的依赖性也日益增强，这就为主银行对公司的融资乃至经营和管理活动实施监督奠定了基础。主银行不仅仅是企业的债权人，也成为企业的主要股东，主银行通常占有企业融资的最大份额，向企业派遣董事等高级管理人员，对企业经理进行有力地监督和控制。

---

① 王天习：《公司治理与独立董事制度研究》，中国法制出版社 2005 年版，第 130 页。
② 倪建林：《公司治理结构：法律与实践》，法律出版社 2001 年版，第 109 页。
③ Schilling, F. Corporate Governance in Germany: The Move to Shareholder Value [J]. Corporate Governance, 2001, 9 (3): pp. 148 - 151.

具体到董事会，日本董事会基本上是业务执行与业务决策合二为一的机构，但是，由于董事会中股东代表特别少，大部分都是内部高中层的经理管理人员等，因此，董事会实质是经理掌权。然而，为了确保银行与企业的贷款交易及其与此相关的各种金融交易的长期收益，主银行通常在董事会中派驻一名以上的董事，负责企业经营信息的收集，并对经理实行严密监控。因此，经营者掌权和银行监督成为日本董事会的普遍现象。日本的监察人由公司内部尚未升到董事位置的职员或是任期已满的专务董事和常务董事担任，这些监察人通常是经理的下属，不仅在业务上，而且在人事上受经理的控制，因此，监察人的功能只是徒有虚名[1]。2002 年 5 月，日本对商法进行了大幅度修改，引进了独立董事制度，并于 2003 年 4 月 1 日起开始施行。日本修改后的商法并没有强行要求公司必须建立独立董事制度，而是规定公司有权根据自身的需要，选择采用传统的监事制度模式或者独立董事制度模式。

第二，东亚模式下的独立董事制度的发展。我国作为"双层制"治理模式国家之一，同样分设董事会和监事会，但由于上市公司股权集中[2]，控股股东可凭借其股权控制董事会，造成董事会通常从大股东的角度做出决策损害其他中小股东权益的结果。同样，虽然监事会负责监督公司的财务与运营，但由于监事会来源的内部化[3]、监事会制度设计上的不足，监事会实质上虚

---

① ［日］松本厚治：《企业主义》，程玲珠等译，企业管理出版社 1997 年版，第 5—8 页。

② 北京连城国际理财顾问有限公司：《2002 年上市公司董事会治理蓝皮书》，中国经济出版社 2002 年版。

③ 李维安、张亚双：《如何构造适合国情的公司治理监督机制》，《财经科学》2002 年第 2 期；李燕兵：《股份有限公司监事会制度之比较研究》，《国际商法论丛》，法律出版社 2000 年版。

设，无法起到监督董事会和经理层的作用。董事会失效和监事会监督职能弱化，使得我国存在严重的大股东侵害中小股东利益的现象。所以，为了完善公司治理结构和保护广大中小股东利益，我国证监会于2001年开始正式要求上市公司设立独立董事制度。

韩国于1962年制定的《商法》规定，股份公司的内部监督机制由股东大会、董事会和代表董事及监事组成，其中代表董事负责公司的业务执行，监事负责监督董事职务执行[1]。但从大型、公开上市公司董事会的实际运行情况看，经营主体和监事监督主体仍相互融合、未完全分离；从监事会的实际运行情况看，监事甘于扮演财阀所有者咨询的角色，发挥不了作用，趋于形式化的事例有增无减；而且，财阀的所有者通过关联企业间的相互出资增加其内部持股的比率，强化其控制力，使得对企业经营的治理和监督机制依然由政府担当，形成了通过证券市场的外部治理体系无法发挥作用的局面[2]。因此，这种公司治理结构脆弱，缺乏意见决定过程的透明性或对经营成果的责任性，缺乏可监督大股东经营行为的制度设置，成为1997年韩国经济危机爆发的主要原因之一。

为了从危机中尽快恢复，韩国政府接受了国际货币基金组织（IMF）的金融援助，同时政府承认有必要改善公司治理和公司结构。以此为契机，韩国公司治理委员会于1999年9月发布《公司治理最佳实务准则》，其第2.2节指出：董事会应包括独立于管理当局、控股股东和公司的能够履行其职责的外部董事；

---

① 李炯圭：《1997年经济危机以后韩国公司治理结构的改革》，王保树：《全球竞争体制下的公司法改革》，社会科学文献出版社2003年版。

② 王舜模著，刘星译：《韩国独立董事及监察委员会制度的考察》，载〔日〕滨田道代、顾功耘主编《公司治理：国际借鉴与制度设计》，北京大学出版社2004年版，第102页。

2000 年 1 月，韩国第一次修订了《证券交易法》，要求所有上市公司的董事会都必须有不少于 1/4 的外部董事。对于大公司而言，该数目是 3 个或者更多，但至少有一半的董事是外部董事，独立董事制度首次被法制化①。

中国香港于 1993 年 11 月开始引入和推行独立董事制度，在香港联合交易所颁布的《香港联合上市规则》中规定，每家上市公司董事会至少有 2 名独立的非执行董事。

中国证监会《关于在上市公司建立独立董事制度的指导意见》（证监发〔2001〕102 号）要求，在 2002 年 6 月 30 日前，董事会成员中应当至少包括 2 名独立董事；在 2003 年 6 月 30 日前，上市公司董事会成员中应当至少包括 1/3 的独立董事。

三　独立董事制度的经济学与法学分析

（一）代理理论视角对独立董事制度的分析

伯利和米恩斯（Berle & Means，1932）在 20 世纪 30 年代就已经模糊地察觉到股份公司中存在的委托—代理问题，但是直到 1976 年詹森和麦克林（Jensen & Mecking）在《企业理论：经理行为、代理成本和所有权结构》一文中精辟地说明了随着股权的分散，企业的价值是如何偏离所有者利益最大化目标之后，关于股份公司中剩余索取权和剩余控制权的认识才逐渐开始明晰。

詹森和麦克林（1976）揭示了公司治理的一个核心——代理问题以及由此产生的代理成本。所谓代理问题包括两方面：其一是"代理人"本性和其自身具有的利益追求，代理人有可能

---

① 李明辉：《公司治理全球趋同研究》，东北财经大学出版社 2006 年版，第 116 页。

并不总是按委托人的利益采取行动,从而在代理行为活动中背离委托人的利益目标。其二是为了防止或限制代理人损害委托人的利益,委托人可以采取两种方法:一是给代理人设立适当的激励机制或对代理人偏离行为进行监督;二是要求代理人设立保证不采取损害委托人利益的行为或在代理人采取这种行为时给予委托人必要的补偿。这两种行为都会产生监督成本和约束成本。此外,剩余损失也成为委托人的一种成本。以上由代理问题引起的三种成本被詹森和麦克林统称为代理成本①。

法玛和詹森(Fama & Jensen,1983)指出,无论是大型的或小型的决策控制制度,都有一个共同特点,即在组织的决策控制体系的顶端都是某种形式的董事会。享有剩余要求权授权董事会行使内部控制,然后董事会将大多数决策经营职能和许多决策控制职能交给内部代理人,但董事会仍保留对高级管理人员的最终控制,包括批准、监督重要决策,选择、解雇和奖赏重要决策代理人的权利。董事会有在公司建立适当的控制系统并监督高级经理人员遵从这一制度的责任。这种由董事会行使的最高决策权有助于保证组织内最高层的决策经营与控制的分离。法玛(1980)指出,最高管理者在取得对董事会的控制后,他们可能认为合谋骗取和掠夺股东的财富比他们自己之间的竞争要好,因

---

① 委托—代理理论将代理成本分为监督成本、保证支出成本和剩余损失三个部分。监督成本和剩余损失是在委托人这一方发生的;保证成本是在代理人这一方发生的。这里的监督成本既包括对代理人的监督、考察和约束费用,也包括对代理人的激励费用,而剩余损失是指在委托人监督不了,而代理人又不能自律的情况下,或者在委托人的激励约束不足以抵消某种诱惑时,代理人的行为给委托人造成的利益损失(或高额职务消费、采购回扣等)。这样,存在委托—代理的企业就需要建立一套既能有效监督约束代理人的行为,又能激励代理人按委托人的目标和为委托人的利益而努力工作,从而得以降低代理成本的制度安排,这就是公司治理要解决的问题。

此，管理者在董事会占支配地位能够导致合谋和转移股东财富。威廉姆森（Williamson，1984）[①]指出，管理者有来自于全职身份和内部人的巨大信息优势，董事会很容易成为管理当局的工具，从而侵害股东的利益。外部董事的引入，可能会降低这种合谋安排的出现，同时董事会作为进行低成本控制权内部转换的市场引致机制，其活力可能会得到加强。外部董事被认为是专制的调停者，其任务是刺激和监督公司高层管理者之间的竞争。法玛（1980）、法玛和詹森（1983）认为董事会的人员组成是建立董事会以有效监督管理当局行为的重要因素。他们指出同时有内部和外部董事的重要性，认为董事会监督管理者的有效性是内部和外部混合的函数。

法玛和詹森（1983）指出，高层决策经营与决策控制的有效分离意味着外部董事具有履行职责的积极性，且不会与经营者合谋，侵害股东的利益。由此可见，在成熟的经理人市场条件下，独立董事（在素质和能力假设前提下）具有积极履行监督职责的动力。自董事会中引进独立董事，能够增强董事会的独立性，能够在一定程度上制约内部人和控股股东的行为，保护公司和投资者的利益。

（二）新制度经济学视角对独立董事制度的分析

新制度经济学家诺思认为，制度是一个社会的游戏规则，它们是为决定人们的相互关系而人为设定的一些制约[②]。从渊源上讲，制度可以划分为正式制度和非正式制度。正式制度是指由国

[①]　Williamson. The Economics of Governance：Framework and Implications. Journal of Institutional and Theoretical Economics，1984（140）：pp. 195 – 223.

[②]　诺思：《制度、制度变迁与经济绩效》，上海三联书店 1995 年版，第 3 页。

家确认、创制和监督实施的，以国家强制力支持的各种行为准则。包括宪法规则、法律法令、行政法规和命令、规章、有关法律制度的决策以及涉及对人们行为合法性的认可或拒绝的政策文件。强制性和约束性是正式制度的主要特点。非正式制度安排主要是人们在长期交往中无意识地形成的具有持久生命力，并构成时代相因相习、渐进演化的一部分。主要包括价值观念、伦理规范、道德观念、习惯以及"意识形态"等因素。非正式制度的主要特点是它的乡土性和内控性。任何制度都是正式制度和非正式制度相结合的产物。非正式制度借用正式制度的形式和功效，且在正式制度没有定义或没有特别定义时，保障社会生活的正常运转①。

当从已有的制度安排结构中不能获得利润，但又希望获取最大的潜在利润时，制度变迁的主体就有动力进行制度的再安排。制度的再安排是为了获取在原有制度框架中无法获得的外部利润，使显露于现存制度安排结构外的利润内部化。在制度变迁的过程当中，变迁主体可能是个人、团体，也可能是国家。

按制度变迁的主体不同，制度变迁可划分为诱致性制度变迁和强制性制度变迁。由个人或一群人在响应获利机会时，自发倡导、组织和实行的制度变迁是诱致性制度变迁，是对现行制度的变更、替代或新制度安排的创设，具有盈利性、自发性、渐进性。而由国家和法律直接设计、引入而实行的制度变迁是强制性制度变迁。它的特点是：国家是制度变迁的主体、制度变迁的程序是自下而上、具有激进性质。

独立董事制度产生于以普通法为背景的美国，在英、美国家创设之后，为大陆法系国家提供了良好的经验借鉴，随着法律全球化的推动以及资本市场全球化的深刻影响，世界其他国家纷纷

---

① 谢朝斌：《独立董事法律制度研究》，法律出版社 2004 年版，第 34 页。

借鉴美国和英国在公司内部监督机制创设方面的先进经验，积极引进和移植独立董事制度，形成了独立董事制度的诱致性变迁。但是制度结构是由一个个制度安排构成的，一个特定制度的不均衡，将引起其他相关制度的不均衡。一个新制度安排是否有效，取决于新的制度能否尽快实现各制度安排之间良好均衡。

我国的证券市场是一个新兴市场。截至 2004 年底，我国上市公司总股本为 7149 亿股，其中非流通股份 4543 亿股，占上市公司总股本的 64%，国有股份在非流通股份中占 74%。我国股票市场存在大量大股东"掏空"行为，中小股东受到严重侵害，严重地影响到我国证券市场的健康发展。为此，我国实施股权分置改革，从 2005 年试点到 2006 年 12 月 20 日，先后有 1248 家上市公司完成了股权分置改革或进入方案实施阶段，占应股改公司总数（1341 家）的 93%，股权分置改革基本完成。虽然实现了全流通，但股权流通性质的改变并没有从根本上解决上市公司股权治理结构中普遍存在的"一股独大"问题，大股东的意志仍然凌驾于中小股东之上，并且大股东将作为新的投资者群体进入二级市场，大股东利益将更多地与股价拴在一起，由此可能引发一些新问题。如公司大股东出于违规动机非法购买或出售股份套现；大股东通过操纵市场或业绩虚假陈述等手段，在一定时期推高或打压二级市场股价；大股东通过更为隐蔽的关联交易，侵占公司资产，损害公司利益和中小股东的权益。所以，中小股东的合法权益的有效保护问题依旧存在。因此，国家作为制度强制变迁的主体，通过推行独立董事制度，完善公司治理结构的根本出发点就是维护全体股东的合法权益，推动证券市场的健康发展。但是由于缺乏健全的有关独立董事的法律法规制度及其他配套措施，使得现行的独立董事制度还难以发挥有效的治理作用。因此，在各国公司治理结构中推行独立董事制度要特别关注非正式制度，对独立董事制度产生时的非正式制度土壤加以辨识，以免使"受体"产生严重的"排异"反应。在围绕独立董事的非正式制度中，公司法理念、公司治理文化传统及其长期积淀的董事文化、公司价值观念居于核心地位，为独立董事制度正常运行提供秩序保障。

（三）从公司法视角对独立董事制度的分析

从以上分析中可知，英、美国家公司权力中心经历了两次变革，即从股东会中心主义到董事会中心主义和从董事会中心主义到经理中心主义的变迁。在这两次变革中特别是在第二次变革中，董事会逐渐被经理人所俘获，导致内部人控制问题。在此情况下，如何增强董事会的独立性，摆脱内部人控制成为需急迫解决的问题。因此在董事会中嵌入外部董事制度，希望通过董事会这一公司内部机关的适当外部化，以达到加强对内部人监督和控制的目的（李建伟，2004）。正如艾森勃格所言：75年以前，美国是由董事会来管理的，股东则监督董事的所作所为，但今天，公司的管理权已由董事会转移给了公司经理层，那么，公司的监督职能也就要相应地从股东转移到董事会。显而易见，我们所依靠的董事会，应该是一个不受经理层所左右的独立机构。所以，削弱经理层的控制权，增强董事会的独立性是建立独立董事制度的原动力。

从公司法视角分析独立董事制度主要解释两个问题：一是英、美国家加强公司内部监督为什么不采取大陆法系下面的监事会制度，而是建立独立董事制度？二是实行双层制公司治理模式国家（如日本、中国内地和中国台湾），为什么会采取单层制模式下的独立董事制度？

第一个问题，由于英、美早先采用的是单层制的董事会结构，而由于路径依赖的作用，最初的制度设计可能对后来的制度选择产生影响，从而决定英、美国家与大陆法系国家习惯于沿着其最初的治理模式进行演变。因此，当董事会职能弱化，不能有效地对经理层加以约束时，美国也是习惯于强化董事会而不会去引入监事会制度，独立董事制度是在这一基本框架内演进的结果。对此，张开平（1998）①解释主要有以下原因：（1）英、美公司法在基本理念上强调股东自治，公司管理层的权力如何制约，这是公司内部的事情，股东出于自身利益的考虑自然会倍加关心，无须法律予以强行规定；（2）英、美公司法没有区分有限责任公司和股份有限公司这两种形态，在这种统一公司法框架中，若就设立监事会作为强行规定，显然对规模较小的公司过于苛求；（3）英国公司法要求每个公司都必须由股东会任命独立的审计员对公司财务实施监督，其功能与大陆法系监事会制度相似；（4）英、美公司法上特有的强制信息公开制度、判例法上董事对公司所负的信义义务以及股东的派生诉讼制度等，其功能就在于制约董事的权力滥用；（5）对于上市公司，证券交易所也颁布自律性规则；（6）英、美国家的证券市场比大多数大陆法系国家的证券市场在流动性上要大得多，公司控制权的流动可以制约董事会的低效率行为。

第二个问题，以日本为例进行分析。从内部来讲，由于在公司组织机构上，日本公司设有股东大会、董事会和代表董事、监察人，但股东大会仅具有形式上的意义。董事会成员主要来自企业内部，其决策和执行都由内部人员承担，以总经理为首的常务委员会成员，其本身既作为董事参与公司的重大决策，又作为公司内部的行政领导人掌握执行权。对经理人员的监督与约束主要

---

① 张开平：《英美公司董事法律制度研究》，法律出版社 1998 年版。

来自交叉持股的持股公司和主银行。上述治理结构，对日本经济的发展曾经起到了极大的促进作用，但随着形势的发展，其局限性也日渐暴露出来。主要问题是在交叉持股下，总经理是法人股东的代表，股东大会选举董事，董事会选举总经理，最后就形成了总经理自己选自己的局面，而且由于日本内部等级森严，作为下级员工的一般董事和监事，根本无法对内部人进行有效监督，所以总经理牢牢地控制着公司的经营。尽管在 1993 年修改商法时，引入了独立监察人（监事）制度，但由于外部监事大多来自同一企业集团或有关系的企业董事，对公司无法形成监督。因此，在公司出现严重的内部人问题，导致日本公司在与美国公司的竞争中处于下风，而影响了经济的增长。在这一背景下，日本国内出现要求对公司治理进行改革，提高公司对内部人的监督，而英、美的独立董事制度自然成为现成的选择。2002 年 5 月，日本对商法进行了大幅度修改，引入了独立董事制度。从外部讲，在 20 世纪 80 年代末 90 年代初的日、美贸易谈判中，美国就频频对日本施压，要求其改革已成为两国贸易障碍的公司治理结构，引入美国的独立董事制度①。另外，韩国也于 2000 年 1 月修改证券交易法，引进外部董事制度，这对日本也产生了不小的影响。同时，由于资本流动的高度国际化，世界各国的公司治理出现了趋同趋势，尤其是向英、美模式趋同的趋势，处于这一潮流中的日本也难以不受其影响。

---

① 1989 年 6 月 14 日在法国举行的高峰会议上，当时的美国总统布什与日本首相宇野宗佑发表共同声明，表示将召开"日美构造问题协议"，并于 1990 年 6 月完成所谓《日美构造问题协议事后点检报告》，规定日本方面应对商法中下列 5 个问题加以修订：（1）改善公司账簿阅览的规定；（2）扩大公开公司部门有关地区利益及损失的信息；（3）采用外部董事制度；（4）委托投票制度自由化；（5）股东集团诉讼及排生诉讼简速化。

第四章

大股东侵占小股东利益分析

——我国独立董事制度要解决的基本问题

"经济人"的行为发生在特定的环境中，每一种理论也都只有在具体的背景下才具有适应性。本章将对我国上市公司的股权结构特征现状进行分析，并从理论上对大股东与小股东代理关系的形成、大股东侵占小股东利益的动因及其经济后果等问题进行分析。最后，导出我国引入独立董事制度的根本目的是为了抑制大股东侵占小股东的利益，增强董事会的独立性，维护全体股东的利益，推动我国证券市场的健康发展。

一 大股东与小股东的利益冲突
——我国上市公司的主要代理问题

（一）股权结构决定代理问题的性质

股权结构决定了公司治理中权力结构，不同的权力结构最终产生了不同的代理问题。当股权结构比较分散时，由于公司权力旁落于公司经营者，公司的代理问题主要表现为经营者与全体股东之间的利益冲突；当股权较为集中时，公司出现了兼任或控制经营者的大股东，这时的代理问题主要表现为大股东与小股东之间的利益冲突。

伯利和米恩斯（Berle & Means，1932）以美国公司为分析对象，认为所有权被广泛分散持有，所有权与控制权高度分离是公司的基本特征。这一特征成为以后人们分析公司问题的基本逻辑起点。在伯利和米恩斯所有权与经营权高度分离，且所有权高度分散的范式里，经营者拥有公司的控制权，股东个人监督经营者的能力和激励是有限的。在这样的公司里，公司的利益冲突主要是外部分散的股东与"强权"经营者之间的冲突——"强权"经营者可能会损害全体股东的利益。

但是，在 LLSV 等人的世界里，公司集中的所有权才是普遍存在的，即使在美国股权集中的公司也不是少数。克莱森等人（Claessens et al，2000）、马拉·法西欧和郎咸平（Mara Faccio & Lang，2001）、拉波尔塔等（La Porta et al，1999）、莫里和阿涅特·帕尤斯特（Maury B. & Anete Pajuste，2002）等人的研究结果也表明了这一点。仍然遵循"资本雇佣劳动"的逻辑，在股权集中的公司里，当股权集中到一定程度时，大股东将有强烈的动机和足够的能力对经营者进行监督，往往会产生管理"情结"，或者与经营者"合谋"，或者依仗其所持股份实现对公司的完全控制。此时，经营者与股东之间的代理问题就不再重要，大股东侵占小股东利益则成为公司主要的代理问题。因为，大股东所有权集中度的提高可以提高公司的价值①，在提高公司价值过程中，大股东承担了为此付出的所有成本，如果按比例分配收益，则只能享有持股比例的部分收益，所以，随着公司价值的提高，大股东不愿与小股东分享的控制权私人收益也随之增加，大

---

① 这一观点在国外得到 Jensen and Meckling（1976），Morck（1988），McConnell and Servaes（1990），Myeong - Hyeon Cho（1998）等人的支持，在国内得到许小年（1997）等人的支持。

股东有能力也有动力侵占小股东的利益。大股东与小股东之间的利益冲突变得突出了。

（二）大股东与小股东之间的委托—代理关系的形成

大股东与小股东之间的委托—代理关系是股权集中的产物，是对股权分散情况下股东与经营者之间代理关系的一个演化。在伯利和米恩斯的范式里，公司的所有权与控制权高度分离，股权被广泛持有。这意味着公司的所有权与经营权也高度分离，公司的主要权力被配置给了经营者，经营者也是信息优势者，所有者并不能决定或影响公司的主要政策决策，是信息弱势者，所有股东是同质的，即全体股东看成是广泛分散具有共同利益且并不直接参与公司运营的同质集团。所以，此时的主要代理关系是股东与经营者之间的代理关系。但是，随着股权相对的集中，公司的权力和信息逐渐地从经营者手中向大股东手中转移，某一个或一些股东兼经营者或控制经营者，最终导致大股东成为公司权力主体和信息优势者，进而决定或影响公司的政策决策，而大股东之外的其他股东则不会拥有这种优势，大股东与小股东不再同质。于是，大股东与小股东之间产生一种新的关系：委托—代理关系。如果大股东兼任经营者，那么大股东与小股东之间形成标准的代理关系；如果大股东不兼任经营者，大股东与小股东之间的代理关系可以从以下两个方面来理解：

其一，大股东对经理监督的代理。为了促使经理为股东利益服务，避免经理层败德行为的发生，股东必须对经理层实施必要的监督与控制。但是实施监督与控制的成本是高昂的，且成本的承担与收益的分享不对称。也就是说，监督与控制成本由实施监督和控制的股东来承担，由此产生的收益则不是由实施监督和控制的股东来独享，而是由全体股东甚至包括债权人在内的利益各方分享。这种对经理层监督后果的准公共物品性，使得在按比例分配的股份公司里，持有公司的股份越多，成本与收益的匹配越对称，所以，从理性经济人的角度考虑，大股东比小股东通常更有积极性监督经理层。另外，对经理层的监督成本由监督主体全部承担，收益由所有股东按持股比例分享。同理，由于监督不力而给公司带来的损失也是按持股比例由所有股东分担，对小股东而言，监督经理层的相对成本更加高昂，而损失相对大股东来说小得多，在小股东中间对监督经理层这一问题上存在着小股东的"搭便车"行为。所以对经理层进行监督和控制的重任一般情况下由大股东来担当。实际上，小股东自动地以非契约形式将监督的任务委托给了大股东去执行，大股东在为自身利益进行监督的同时，也自动地履行了代理小股东监督经理层的责任。

其二，大股东有能力成为小股东的代理人。由于股份公司的权力配置机制是在"一股一票"基础上的多数决定原则，所以，随着股权在一部分股东手里的集中，会使这一部分掌握相对多数股权的股东演化为"内部人"——大股东。使得大股东成为公司权力和信息的优势者。权力优势可以使大股东能够行动，而信息优势使大股东知道如何行动，而且他们拥有比例较大的股份，比较容易联合起来形成有效的控制力量，从而使大股东有能力对经理层的行为进行控制或影响，以最大化股东价值。小股东因为股东数目众多难以联合起来形成有效的控制力量而没有实际效果。从小股东与大股东各自掌握的信息看，大股东掌握的信息比小股东要全面得多。根据信息经济学的解释，在信息不对称条件下，拥有信息优势的一方是代理人，另一方是委托人。简单地说，知情者是代理人，不知情者是委托人。大股东天生就是代理人，小股东自然就是委托人。

总之，小股东与大股东之间，他们除了具有都是"股东"

这一共性外，又分别具有"委托人"和"代理人"的特征，他们之间构成了一种非直接契约形式的委托—代理关系。于是，在股权集中的公司里，大股东与小股东之间便形成了一种事实上的非直接契约式的委托—代理关系，少数大股东掌握了公司的控制权，导致了股权集中型公司的另一类代理问题——大股东与小股东之间的利益冲突。

（三）我国上市公司的股权结构特征

在我国的上市公司中，股权高度集中和大股东控制成为公司股权结构的主要特征。

从股权结构看，股权集中是我国上市公司普遍存在的现象。根据我们从 CSMAR 数据库收集整理的资料，截至 2004 年底，在上海证券交易所上市交易的 773 家 A 股公司中，有控股股东的公司 691 家，占 89.4%，其中，国有性质的控股股东 537 家，占全部控股股东的 77.4%。单一国有持股比例在 50% 以上的公司有 256 家，占全部上市公司的 33.2%；持股比例在 25%—50% 的公司有 254 家，占全部上市公司的 32.9%。两项相加，单一国有股东绝对控股或相对控股的上市公司占全部上市公司的 66.1%。我国上市公司不但第一大股东持股比例高，并且相当一部分上市公司的前五大股东之间，存在着密切的关联关系，前五大股东并不独立。所以，在我国上市公司中，股权集中是股权结构的常态，它导致了大股东存在的普遍性。

在我国上市公司中，不仅存在大股东，而且还存在大股东控制。除了因股权集中产生了表决权上的优势而导致的大股东控制的原因之外，我国对上市公司的有关规定在一定程度上也加重了大股东控制的程度。例如，《上市公司章程指引》将股东大会决议分为普通决议和特别决议，普通决议需要出席股东大会的股东所代表的表决权的半数以上通过，只有特别决议才需要 2/3 以上的表决权通过。而选举和更换董事属于普通决议，只要 50% 以上的表决权就可以通过。在非累积投票制下，拥有 50% 以上的股份意味着可以控制全部董事的选举，进而完全控制上市公司的经营管理。同时由于小股东非常分散且持股比例很小，很难改变或影响大股东的决定，不能对大股东进行有效的监督，因此，股东大会往往成为大股东的"一言堂"。在公司治理结构中，董事会由大股东推荐出的董事组成，当它被赋予至高无上的权力时，大股东也就成了上市公司的实际控制权人。这时，董事会不是对公司负责，而是对大股东负责。总之，在我国上市公司中，股权集中与大股东控制普遍存在。

（四）我国上市公司的主要代理问题

我国上市公司的股权结构表现为股权高度集中和大股东控制，在这样的背景下，其代理问题也主要是大股东与小股东之间的利益冲突。

唐宗明、蒋位（2002）以 1999 年到 2001 年间沪深两市 88 家上市公司共 90 项大宗国有股和法人股转让事件作为样本，以转让价格的溢价作为度量大股东侵害小股东利益的指标，得出我国上市公司大股东平均侵害程度为溢价 6%。施东晖（2003）以控制权交易和小额股权交易的价格差额来估算我国上市公司控制权价值，结果显示，我国上市公司的控制权价值平均为 24%，高于国际平均水平。作者认为这种控制权价值主要来自于控股股东对公司的"掏空"行为以及公司本身具有的"壳"价值。陆正飞、叶康涛（2003）① 通过分析我国上市公司非流通股转让交

---

① 陆正飞、叶康涛：《中国上市公司股权融资偏好解析》，《经济研究》2003年第 4 期。

易中，控股股份与非控股股份在转让价格上的差异，对我国上市公司控制权的隐性收益进行了定量分析，发现我国上市公司控制权的隐性收益水平约为流通股市价的4%，相当于非控股股东的非流通股转让价格的28%，这一结果要高于美国、加拿大、瑞典等国公司控制权隐性收益的研究结果，而与意大利等国证券市场的研究结果较为接近。

在我国的上市公司中，控股股东主要采取以下方式侵占中小股东利益：

（1）控股股东及其他关联方违规占用大量上市公司资金的行为。控股股东及其他关联方往往大量占用或挪用股份公司从广大股东处募集的资金，掏空上市公司。广大中小股东由于信息不对称，而不易察觉，至发现时已血本无归。具体的做法有：控股股东及其关联方有偿或无偿地拆借上市公司的资金；通过银行或非银行金融机构向其关联方提供委托贷款；要求上市公司为其垫支工资等费用；授意上市公司委托其及其关联方进行投资活动等。

（2）利用上市公司为其担保的行为。控股股东通过上市公司的担保，侵吞银行资产，一旦出现风险将赔偿责任留给公司，从而将经营风险转移至上市公司，继而进一步将风险转移给中小股东。

（3）利用不公平关联交易，调控上市公司经营业绩，操纵利益分配的行为。控股股东往往通过采取不公平关联交易，如低价买入高价卖出等来转移上市公司的资源或利润，调控上市公司的经营业绩，这种做法不仅可以使大量资产和利润落入自己手中，还可以达到操控利润分配的目的。目前，有越来越多的上市公司年终不进行红利分配，这样中小股东得不到正常的股利收入，利益受到严重损害。

二　大股东侵占小股东利益的动因

（一）大股东控制权私人收益与其成本非对称性

1. 控制权私人收益——大股东利益侵占的激励

控制权是关于经营和收入分配等问题的决策权，即"当一个信号被显示时，决定选择什么的权威"（张维迎，2004）。拥有控制权意味着控制主体有权支配公司的资源去从事所决策的工作，它使公司中出现了威廉姆森所说的契约关系中的"强权"，取得控制权的人成为决定公司行为和政策的强权主体——控制权人。公司中"强权"的存在使剩余索取权与控制权的配置不再是一一对应的关系，这意味着现实分配过程中，公司利益相关者有获得剩余的权利，并不一定能够真正获得剩余，获取应得的剩余还要依赖相应的控制权，这种控制权也使得强权主体在制定公司的剩余分配政策时按照其利益最大化而不是公平或效率的目标演进。

控制权的重要性在于它能够产生控制权私人收益，而控制权私人收益又激励着大股东利用其拥有的控制权采取"利己"行为。在股权集中的公司中，多数表决机制使大股东拥有了公司的控制权，成为公司中的强权主体，具备了获取控制权私人收益的能力。在信息不对称的情况下，强权主体可以利用控制权将自己的意志上升为公司意志，制定并实施有利于自己的公司政策，使其具体化为公司行为，从应该与其他人共同分享的利益中得到超过自己应得的，与投入要素不对称的剩余。这样，公司中强权主体获得了私人收益，弱势主体不能充分实现其剩余索取权，强权主体损害了弱势主体的利益。所以，在公司契约中，只要强权主体的控制权得到了充分的保证，则就等于具备了足够的行为能力来索取他的应得剩余，甚至是对其他不应获得剩余的剥夺，这种剥夺成为控制权人私人收益的一部分。获取控制权私人收益激励了公司契约强权主体从事利益侵占的活动，强权也使其主体有能力从事这样的活动。公司的强权主体能够在这些活动中获得控制权私人收益的机理是控制权私人收益与其成本分担的非对称性。

2. 控制权私人收益与成本分担的非对称性分析

大股东与小股东之间构成了一种非直接契约形式的委托—代理关系，在这个委托—代理关系中，公司多数表决机制使持有较多股份的股东成为强权主体，由于控制权私人收益的存在，使强权主体具有了利益侵占的主观能动性，这种主观能动性源于大股东利益侵占所产生的收益与成本的比较。

大股东通过控制权进行利益侵占获取私人收益是有成本的。当公司为单人公司（一个股东拥有公司 100% 的股权）时，他获得控制权私人收益产生的成本全部由他个人承担。比如，他通过豪华装修办公室获得了舒适办公条件的效用，但是，他的公司就要增加相应支出而减少利润，由此而造成公司价值的减少也由他一个人承担，股东的这种行为产生的净收益为零，其总利益不会增加。

如果公司为多人公司（下面的讨论指股份公司），即单人公司中的股东出售一部分股权给外部投资者（小股东），但是，他仍然保持了公司的控制权成为公司大股东，可以行使与单人公司同等的控制权以及相同的控制权私人收益，这种收益全额由他一个人享有，而由此产生的成本却不必由他个人完全承担。因为，此时他只拥有一部分股权，只需按照持股比例承担由此（如装修豪华办公室）产生的损失，这一部分损失形成了大股东获得控制权私人收益的成本，另一部分损失由小股东分担，这样，控制权私人收益活动对大股东而言就产生了净收益，形成大股东对小股东利益的侵占。大股东持股比例随着股份出售数量增加而下降，只要他仍然保持控股权，控股比例越低，利益侵占净收益就越大，大股东也就越具有获取控制权私人收益进行利益侵占的动机。下面根据詹森和麦克林（1976）的代理成本理论和分析方法，分析大股东侵占小股东利益的机理。

单层控制模型分析如下：

1. 基本模型

我们主要借鉴詹森和麦克林模型对利益侵占的产生机理进行分析[①]。

首先，提出模型的基本假设：第一，公司股权集中，存在大股东，并且大股东始终拥有公司控制权，具有进行控制活动的能力。第二，大股东的控制模型为单层控制模型，即本书不研究交叉持股、金字塔控制等控制结构。第三，公司的规模以股本规模表示，且为常量。第四，公司无负债。在这四个假设之上定义：

$X(X_1, X_2, \cdots X_n)$ ＝大股东采取的控制活动数量[②]；

$C(X)$ ＝从事某一数量的控制活动的成本；

$P(X)$ ＝控制活动 X 对公司产生的总收益；

$N(X) = P(X) - C(X)$ ＝控制活动给公司带来的净收益。

对公司而言，大股东应该采取的最优的控制活动数量 X^* 应满足：

$$Max[N(X)] = Max[P(X) - C(X)]$$

其最优条件是边际成本等于边际收益，即：

$$\frac{\partial P(X^*)}{\partial X^*} = \frac{\partial C(X^*)}{\partial X^*}$$

---

① 该部分主要借鉴了严武的推导过程。详见严武《公司股权结构与治理机制》，经济管理出版社 2004 年版，第 112—116 页。

② 比如对办公室豪华装修、购豪华小轿车、进行不正当关联交易等。

于是，大股东采取的任何控制活动 $X > X^*$ 都会有损于公司价值的提高，使公司边际净收益下降，即存在 $B = N(X) - N(X^*) < 0$，如果 X 为大股东有意采取的控制活动数量，这意味着大股东为获得控制权私人收益选择了过度的控制活动数量（如，购买过分豪华的轿车等），从而使公司价值受到损失 B。那么，公司价值与大股东的控制权私人收益之间的关系如图 4 - 1 所示：

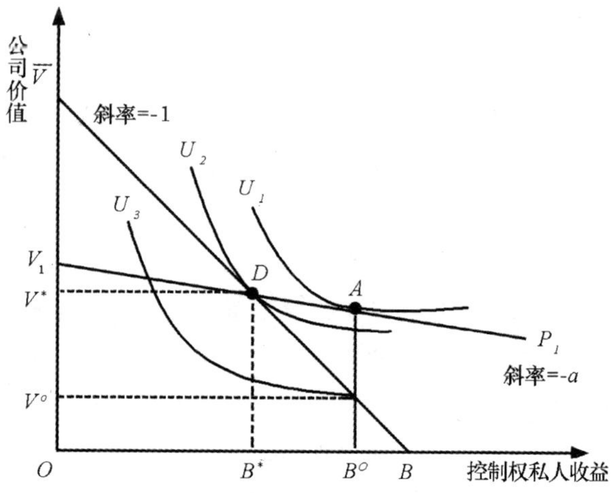

图 4 - 1 公司价值与私人收益关系

图 4 - 1 中，纵轴表示公司的市场价值，横轴表示大股东的控制权私人收益。直线 $\overline{VB}$ 表示对大股东从公司攫取控制权私人收益的预算约束线，它受股权结构、市场环境、法律制度、公司规模等的影响，因此，不同的公司有着不同的攫取控制权私人收益的预算约束线。$U_j(j = 1, 2, \cdots \cdots)$ 是大股东对拥有的公司股权价值与获取控制权私人收益之间替代选择的无差异曲线。一组无

差异曲线反映了大股东对上市公司股权价值和控制权私人收益的偏好。只要大股东在其拥有的公司股权价值与其获得控制权私人收益的边际替代率随着控制权私人收益的上升而递减，无差异曲线就是凸的。$\overline{V}$表明大股东控制活动未造成公司价值损失（即 B = 0）时，公司的全部市场价值，即大股东未获取控制性私人收益时，公司创造的现金流量的最大市场价值。在 V^* 点上对应的大股东所选择的控制活动数量水平正好处于最优水平 X^* 上。由于大股东预算约束线存在着差异，相应地，大股东的控制活动的最优数量水平存在着差异。

2. 单人公司利益侵占分析

在单人公司中，一个股东拥有了公司全部股份，他获取一元的控制权私人收益，公司的市场价值就会减少一元。因此，$\overline{VB}$的斜率为 –1。$\overline{VB}$的斜率为 –1 表明，在既定条件下，由于在数量上，公司市场价值和控制权私人收益存在着此消彼长的关系，股东财富不会增加。也就是说，股东享有了更多的控制权私人收益，同时承担了等量的因此而减少的公司市场价值，两者完全由该股东承担。从这个意义上说，控制权私人收益和由此而减少的公司市场价值之和为零。从严格的经济意义上来说，在单人公司里没有控制权私人收益，为了分析多人公司利益侵占的产生机理，从非严格经济意义上，我们还是认为控制权私人收益在单人公司里是存在的。

如果股东对控制权私人收益和公司市场价值存在着偏好。（例如，股东愿意享受高级豪华轿车，并乐意承担由此产生的公司价值的减少），股东不会选择 B = 0，$\overline{V}$ 所对应的控制活动会沿着其预算约束线 $\overline{VB}$ 右移，选择与无差异曲线 U_2 相切的点 D。这表明一个完全持有公司股权的股东在既定的股权价值与控制权私人收益偏好下，他会选择 D 点所隐含的各项控制活动的数量水平。在该数量水平，公司的市场价值为 V^*，该股东获得的控制性私人收益为 B^*。因此，在单人公司中，股东最后的选择不会是沿着 $\overline{VB}$ 线的任意选择，而是与其无差异曲线相切的那一点 D，这一点也即为该股东的控制性活动的最优选择。对单人公司分析的意义在于，了解到股东所从事的控制权私人收益活动无论如何是不能增加股东财富的，这是因为该股东承担了全部的收益及由此产生的成本，在这里控制权私人收益和其成本是对称的。如果股东对股权价值和控制权私人收益存在偏好，控制权私人收益活动只能改变股东的效用。对单人公司的分析是对多人公司中大股东进行利益侵占分析的基础。

3. 多人公司利益侵占分析

多人公司的股份由多个股东持有，假设大股东的持股比例为 α（ $0 < \alpha < 1$ ），小股东的持股比例为 $(1 - \alpha)$①，这也可以理解为单人公司股东将 $(1 - \alpha)$ 比例的股份出售，单人公司变为多人公司，原来股东的持股比例由 1 减少为 α，并保持对公司的控制权，原股东成为大股东，买入股份的股东成为后来的小股东。这时，单人公司的股东虽然不再拥有公司 100% 的股份，但他仍然完全拥有公司的控制权。所以，大股东在持有 α 股权时，仍然可以和持有 100% 的股权一样，进行各种控制活动，并获得相同控制性私人收益 B，大股东攫取控制权私人收益的预算约束线斜率就不再是 -1，而是变成 $-\alpha$，图中 V_1P_1 就是这时的一条新的、斜率为 $-\alpha$ 的预算约束线。与单人公司相比，他所承担的为获得控制权私人收益从事控制活动发生的成本——公司市场价值的减少——由原来的 B 变为 αB，小股东承担了 $(1 - \alpha)B$。大

---

① 假设大股东可以通过买卖保持其所需要的持股比例 α，这个比例使该股东始终保持对公司的控制权。

股东由此而产生的净收益为：

$\pi = B - \alpha B = (1 - \alpha)B$

大股东获得的控制权净收益恰好是小股东所承担的公司市场价值的减少，这表示在多人公司里大股东所从事的控制权私人收益活动侵占了小股东的利益。

4. 进一步的讨论

当单人公司的原股东将 $(1 - \alpha)$ 股份出售给小股东后成为大股东，他获得一元钱控制权私人收益的成本已经不是一元，而只是 α 元。由于他对公司的控制地位，在出售 $(1 - \alpha)$ 部分股权后，仍然可以选择获得控制性私人收益的最佳活动数量。这样便得到了一条斜率为 $-\alpha$、新的控制权私人收益预算约束线 V_1P_1，该约束线一定会穿过 D，因为只要该大股东愿意，就可以获得和他作为单人公司股东同等的控制权私人收益。对于拥有公司 $(1 - \alpha)$ 股份的小股东来说，在其拟进入公司时已经估计到了这一点，一般都会理性地认为，持有 α 股份拥有公司控制权的大股东，仍然会选择与单人公司相同的控制权私人收益活动数量，获得与单人公司等量的控制权私人收益。因此，公司的市场价值仍然为 V^*，拟进入公司的小股东愿意支付的购买股份的价格为 $(1 - \alpha)V^*$。

既然大股东可以自由选择控制性活动并获得控制权私人收益，他就自然会寻求控制权私人收益的最大化。在既定的偏好下，他肯定会选择更多的控制性活动，获得更多的控制权私人收益。从图形上看，他会由原来完全持股时的 D 点移向 A 点。在这点上，大股东的无差异曲线 U_1 与 V_1P_1 相切。A 点隐含着大股东进行了更多数量的控制性活动，为他个人带来了更多的控制权私人收益。需要注意的是，由于大股东持股比例的变化，导致其个人预算约束线发生变化，而公司的整个市场价值和控制权私人收益预算线并没有发生变化。在大股东选择 A 点而获得控制权私人收益为 B^0 时，公司的市场价值则从 V^* 下降到 V^0。这表明，大股东的控制权私人收益从 B^* 上升至 B^0，由此导致公司市场价值的损失为 $(V^* - V^0)$，并有 $(B^* - B^0) = (V^* - V^0)$。这样，对于事前按 $(1 - \alpha)V^*$ 价格支付购买 $(1 - \alpha)$ 股权的小股东来说，一旦交易完成，就可能蒙受 $(1 - \alpha)(V^* - V^0)$ 的净损失。对大股东而言，虽然他相应地承担了 $\alpha(V^* - V^0)$ 的股权价值损失，但是他却获得了控制权私人收益 $(B^* - B^0)$，而 $(B^* - B^0)$ $> \alpha(V^* - V^0)$。由此可知，大股东实际上获得的收益大于所承受的损失，获得了利益侵占的净收益。如果利益侵占出现净收益，那么，大股东便有了进行利益侵占的激励。

（二）大股东监督成本与其补偿的非对称性

在现代公司治理结构中，股份公司由于所有权和控制权的分离，经理和股东在各自利益取向上则不一致。股东要对经理人员的行为进行监督和激励，防止其道德风险和逆向选择损害股东利益。

在上市公司所有股东中，由于没有采取资产分散的优化投资组合方式而拥有大量股份，导致风险增大，与小股东相比，大股东就有了监督经营者的激励；但由于监督成本和"搭便车"机会主义动机的存在，对公司的监督也只能由大股东承担。大股东对股份公司的监督活动从形式看可分为两种：

一种是显性的监督活动，如大股东或其代理人参与公司董事会会议、为企业发展提出建议等，这类显性的监督活动属于大股东或其代理人的工作范围，其费用由股份公司支付，相当于大股东提供的一种产品，向股份公司进行出售，收取的价格只是成本，没有利润，如图 4 - 1 所示。当每次监督产品的价格等于成本时，那么就可以得出，显性监督产品的价格就等于其边际成本。

另一种是隐性的监督活动，这表现为大股东为企业长期发展所进行的相应的调查研究与精心考虑，由于这类监督具有不可观察性，无法对其计量，也无法确定其对公司的贡献，只有大股东自己才能获得监督成本方面的信息，并具有这方面的能力，其他股东则不具有这种信息优势和额外动机。大股东的隐性监督具有非竞争性和非排他性的特点，对公司的其他利益相关者来讲，是一种公共产品。其因监督而发生的成本不能得到公司的补偿，而监督带来的收益却与小股东和其他利益相关者共享。但是这部分隐性监督对股份公司很重要。因为这些隐性监督可以保证股份公司运行在最优化路径上。

在没有侵害小股东利益情况下，大股东不但提供隐性监督产品，而且因为"隐性"的问题不收取回报，等于是向股份公司免费提供隐性监督产品。

显然，在不侵害小股东利益时，大股东提供的两类监督产品是一种完全竞争的市场行为，没有利润的存在，也就是大股东没有得到额外的利益。

由此，可设定大股东提供的监督产品 x 的成本为 $c(x)$，显性监督成本为 C_1，隐性监督成本则为 $C—C_1$，价格为 p。在不侵害小股东利益时，这部分监督产品的费用由股份公司承担，可得大股东提供两类监督产品的收益等于其成本，为

$$px = c(x) \tag{4—1}$$

对式（4—1）求关于 x 的导数，可得

$$p = \frac{dc(x)}{dx} \tag{4—2}$$

在式（4—2）的右边是大股东提供监督产品的边际成本，

由此可知，监督产品的价格等于边际成本是一种完全竞争的市场模式。那么，大股东没有因为提供监督产品和小股东"搭便车"而获得额外的利润，没有偏离股份公司的最优化路径，从而也就没有侵害小股东的利益。

在图 4-2 中，如果只有在监督产品等于 x^* 时，上市公司的总利润为最大，我们就可知监督产品的收益为 D。对于大股东来说，这个收益属于股份公司，而大股东收益只是弥补其显性监督成本 A，而隐性成本 B 没有弥补则受到损失。虽然监督产品具有生产性质，但不追求监督产品自身收益最大化，是服从丁股份公司利润最大化目标的。因而 x^* 保证了总目标的实现，而监督产品自身不在最优化路径上。在图中，mc、mc_1 分别是大股东提供监督产品总成本和显性成本的边际成本，MR_x 是监督产品的边际收益。监督产品自身的最优路径是 x_0 而不是 x^*，只有在 x_0 上，监督产品的 mc 等于其 MR_x。

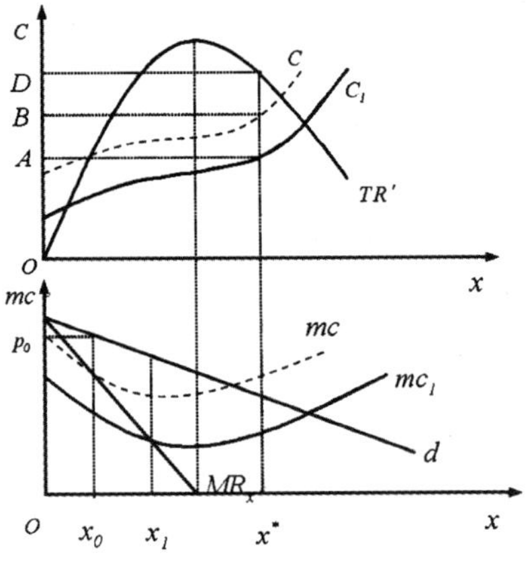

图 4-2　没有侵害下，大股东提供监督的完全竞争模式

总之，大股东为了提供监督服务，付出了隐性成本和显性成本，其中，只有显性成本股份公司给予补偿，隐性成本股份公司没有给予补偿，所以大股东提供监督服务，损失了自己的隐性成本。

首先，从收益的角度讲，大股东由于拥有较多的权益而有了监督经理人的积极性；其次，大股东则利用大额的投票权和公司董事会的绝对优势对公司经理发挥有效的监督。大股东作为解决代理问题的一种重要机制，在公司治理中发挥着重要作用。但是大股东提供监督服务是一种公共物品，付出了成本，只收回一部分的显性成本，还有一部分没有收回。同时，大股东对公司的控制权与该权力基础不对称。大股东的资本份额越多，其控制权和收益就越大，同时对资本保全与增值的责任就越大。拥有资本控制权的大股东可以获得这个资本的全部的控制权利益，但由于资本中还有一部分是小股东的，那么，大股东对资本的责任就不是完全的。换言之，大股东资本的控制权收益和对资本的责任承担不对称也是侵害的动机之一。

综上所述，根据理性人假定，大股东根本目的追求自己利益最大化是其侵害的根本动机，具体表现为理性人不愿意提供公共物品，资本控制权收益和资本责任存在偏差。从侵害目的上看，我们可以把大股东侵害的动机划分为三类：

第一类侵害动机——补偿隐性监督成本。大股东对企业利益的侵害首先要补偿其监督成本，至少补偿隐性成本 $C_2(q)$。这表现为图 4-2 中的 AB 的距离。由于补偿监督成本是大股东提供监督服务的最基本要求，所以这部分补偿具有成本刚性特点，我们将以补偿监督成本为目的的这种侵害动机称为大股东的第 I 类侵害动机。如果大股东的监督成本可以在所有股东之间进行平均分摊的话，则大股东只侵害不应由其分摊的监督成本，但由于实践中大股东实际付出的隐性监督成本无法计量，也就无法在所有股东中进行分摊，结果大股东只有通过侵害以得到这部分隐性监督成本的补偿。对于这种侵害，大股东仍旧提供了与没有侵害时的一样的监督量，这种监督产品仍具有公共产品性质。

第二类侵害动机——投资回报。大股东作为解决代理问题的一种重要机制，在公司治理中发挥着重要作用。但是大股东提供监督服务是一种公共物品。只有一个高尚的人，或承担公共责任的政府才愿意提供公共物品。作为理性人，不愿意提供公共物品，为追求利润只愿意提供能获得最大利润为目的的私人物品。因而大股东就想方设法把公共物品转化为私人物品以使自己利益最大化。另外，从机会成本来说，由于用于监督的成本支出也可以用于其他投资，而这种投资要求取得相应的投资回报，所以在侵害公司利益用以补偿其监督成本以后，大股东有为监督成本的支出取得合理投资回报的激励，我们将这类侵害动机称为第 II 类侵害动机，它表现为大股东以完全垄断的方式向公司销售其监督服务品时应取得的收益。在完全垄断下，大股东利益最大化的均衡点是以垄断价格 p_0，销售了 x_0 的监督产品。在这种动机下，大股东不但收回了全部的监督成本，而且还获得了垄断利润，具体为：

$$p_0 x_0 - \int_0^{x_0} mcdx \qquad (4—3)$$

如图 4 - 2 所示，在这种侵害下，由于监督产品垄断的私人物品性质，大股东只追求自己利益最大化，而减少了监督产品的提供，使得监督总收益由不侵害时的 $R(x^*)$ 减少到 $R(x_0)$，这种减少量在图中可以反映，由此也进一步使资本比率占 n 的大股东自己的利益也减少为：

$$n(R(x^*) - R(x_0)) \qquad (4—4)$$

根据（4—3），（4—4）式，可得第二类侵害动机下，大股东侵害的净收益为：

$$\left(p_0 x_0 - \int_0^{x0} mcdx\right) - n(R(x^*) - R(x_0)) \tag{4—5}$$

由式（4—4）可知，大股东第二类动机侵害虽使（4—3）式利益增加，但同时又使（4—5）式自己的利益减少。根据（4—5）式，第二类侵害动机本身是有限制的，侵害利益最大化的条件是其侵害的一阶导数为 0 的状态。

此外，这类侵害动机由于大股东减少了提供的监督产品量，则企业的利润也减少，易为小股东发觉。

第三类动机——完全侵害。由于大股东拥有在公司中的信息优势地位和资本的完全控制权，它有利用其垄断地位的内部信息以最大化自己收益的动机。大股东认为自己提供了监督服务，小股东没有提供任何的监督，因而股份公司的全部监督剩余都是由自己创造，所以，认为自己理所当然地要获得全部的监督剩余。大股东要对此进行侵害。这种动机称为第 III 类侵害动机。这一侵害表现为大股东依然提供上市公司利润最大化下的监督产品量 x^*。但是所带来的全部监督收益 $R(x^*)$，大股东认为全部由自己的监督产品 x^* 所创造，因此就想要通过侵害的方式据为己有，如图 4 - 2 所示。

在这三类大股东侵害中，相比较而言，对于第一类动机，侵害的目的只是回收监督成本，所以它具有成本刚性特点，且弹性较小，侵害的程度最小。对于第二类侵害动机的目的是获取相应监督成本支出的投资收益，反映了资本寻求利润的特性，只有一般弹性。虽有多余的利益，但是由于提供的监督服务减少又使自己的利益受到伤害。相对于第 I 类和第 II 类侵害行为，而第 III 类侵害动机基于垄断地位优势的第 III 类侵害同时造成了上市公司整体福利的损失，意味着第 III 类侵害具有扩大效应，反映了大股东有充分利用其内部信息的优势的激励，且有较大的弹性。更为重要的是，由于它不减少大股东提供的监督产品量，则企业的利润也不减少，因而更具有隐蔽性，不易为小股东发觉。由此可见，第 III 类侵害行为对上市公司利益和小股东的损害更大。

三　大股东利益侵占的制度性根源及其经济后果

（一）大股东利益侵占的制度性根源：多数决定机制

由于公司制企业大多以多数表决制作为议事的原则，因而拥有优势比例股权的股东大多成为公司的控制股东。控制股东一方面对经营层监控成本低；另一方面，由于自身的偏好或其他原因直接借助表决机制成为经营者（如自然人股东），作为经营者的控制股东可借此获得控制权私人收益。

1. 多数决定机制使大股东成为股权集中公司里的强权主体

任何上市公司都包括股东、董事会和经理层。每一个集团复杂的权利、义务和责任都由公司章程、相关法律以及股东与上市公司之间的合约来规范。一般地，董事会直接管理公司，任命经理层，并授权他们去执行董事会的决议。而广大股东以推选董事的方式去间接对公司进行管理。另外，在某些重大事项上广大股东具有直接管理的权利。在这整个过程中，多数表决制成为平衡各方力量和利益的基本制度。一般来说大股东通过行使多数投票权来民主执行权利。董事会按照多数原则来履行职责。人们普遍认为这一原则的确立和发展对平衡股东之间的利益冲突，使公司有效地形成决策，具有重要意义，尤其是"一股一票"的基础更使得股份公司看起来是一个公平、公正的公司制度典范，也是产生股份公司比其他类型的公司更优越的根源。

然而，作为"资合"形态的股份公司，股东的权利建立在所持股份的基础上。"一股一票"是在股份制公司设立之初作为公司向所有股东筹集资金的一项权利承诺提出的，并且显示出所有股东在公司中权利的平等与行使权利的民主。这种民主是股份的民主、资本的民主。在理论上，或者说在法律结构上，股份公司制度是由全体股东平等地通过"一股一票"机制行使控制权或支配权的民主性很强的制度，当我们考察单位资本时，这一结论对每一个股东是公平的、民主的和标准的"同股同权同利"。"一股一票"的原则体现着资本平等的原则。但是，当我们考察总体资本时，在"一股一票"的表决机制的基础上附加资本多数决定的原则之后，会使得不同的股东在股东大会上的"话语权"不同。根据资本多数决定原则，股东按照出资比例或股份数量行使表决权，投入较多资金的股东会有较多的投票权，占有较多的表决权份额，当一个股东或几个股东拥有足够的资本时（如达到总资本的 51%），会出现大股东，即公司中的"强权主体"。其"话语权"会将小股东的"话语权"湮没，这些股东成了公司的"主宰"。与其说公司财产权被公司所控制，不如说公司财产权被少数大股东所控制，或者说被少数大股东选举产生的董事会所控制。

2. 多数决定机制——大股东利益侵占的"合法"机制

多数表决制的存在对上市公司产生了优劣两个方面的影响。一方面多数表决制的确有利于维护公司治理的"有效性"；另一方面多数表决制的存在事实上的确损害了公司治理的"公平性"。在股权相对集中的情况下，根据多数原则，拥有大多数股权的大股东实际上是控制整个公司的，包括重大事项的通过，所有（非累积投票权情况下）或大多数（累积投票权情况下）董事的选举和免除等。同样，董事会也会根据多数原则决定经理层的任命等公司事项。只要大股东不存在权力的滥用，那么这种以自身利益为主的投票行为是受保护的。所以，实际上除非中小股东联合起来，形成较大的利益集团与大股东抗衡，否则他们的意见根本就不会被考虑。

"一股一票"表决机制有效使用的一个前提不应该被忽视，即所有的股东之间无利益冲突，特别是大股东与小股东之间无利益冲突以及公司与股东之间无利益冲突，只有这样，股东在参加股东大会投票时才会顾及公司利益、顾及小股东的利益。而事实上，大股东与小股东之间存在着利益冲突，尤其是在股权较为集中的情况下，他们之间的利益冲突更为激烈。小股东的表决权会被各种形式的支配方法限制着，甚至被变相剥夺，从而使小股东的意志在公司的决策中得不到体现。这样，小股东的意志就被看似公平的"一股一票"的表决机制和资本多数决定的原则剥夺了。上市公司的股东在行使表决权时所遵循的基本原则——"一股一票"基础上的资本多数决定原则——使这种剥夺变得隐蔽。

因此，多数表决制可以说是大小股东代理人问题的制度根源。

（二）利益侵占的经济后果：大股东决策的非效率性

小股东之所以愿意将资金提供给大股东，使大股东成为其代理人，原因之一是大股东监督管理层提高公司价值，小股东可按比例分享其增加值部分。也就是说小股东让大股东成为其代理人是基于大股东决策的效率性。然而，当大股东具有控制权后，可获得控制权私人收益，存在着侵占小股东利益的激励，大股东的利益侵占行为会扭曲其决策的效率性。对于这一点，本书采用一个双人 Nash 讨价还价模型进行分析。

大股东与小股东分配公司剩余的过程是一个博弈过程，博弈结果取决于股东之间谈判力的对比，而股东的谈判力最终来自于公司治理与有关法律赋予的权利（不考虑股东个人的谈判技巧等）即权力禀赋。不同的权力禀赋使公司中有的股东能够控制公司形成大股东，其他股东（即非控股股东）成为小股东。大股东凭借其对公司的控制权，获得在与小股东博弈过程中的有利地位，通过制定公司的政策（包括股利分配政策）来实现对公司剩余分配过程的控制，以此获得更多的控制权私人收益，从而造成对小股东利益的侵占。

在股份公司中，由于多数表决机制的作用，股权结构又决定了股东在公司治理中的地位，所以，股权结构与有关法律保护成为公司剩余分配的两个内生决定因素，它们决定了每个股东的效用。同时，大股东与小股东之间权力禀赋的差异使他们在剩余分配过程中的博弈行为符合 Nash 双人讨价还价博弈模型。所以，大股东与小股东在公司剩余分配过程中的博弈模型可描述如下[①]：

假定 1：每个股东追求其效用最大化，效用的替代变量是收入，包括按比例分配获得的收入和控制权私人收益两部分。因此，股东追求效用最大化转化为追求个体收入最大化。

假定 2：公司为多人公司，按股东持股比例存在 n 个大股东（x）和 m 个小股东（y），其中 $n < m$。博弈主体只区分为大股东与小股东两个集合，公司剩余分配只在这两个集合间进行，其支付矩阵为（0—1）。股东都为风险中性者。

假定 3：在 t 时，公司的剩余为 π_{st}，股东 i 为获得公司剩余

---

① 该模型根据张屹山、董直庆和王林辉的"我国上市公司大股东与小股东公司剩余分配不均衡的权力解读"一文中的模型改造而来。

而进行的资本投入（或成本支出）为 S_{it}。令股东 i 获取公司剩余 π_{st} 的概率[①]$P_{it} = \gamma_{it}S_{it} / \sum_{i=1}^{n+m} \gamma_{it}S_{it}$。

假定 4：以个体的经济权力向量线性组合来刻画谈判双方的权力结构与禀赋，γ_{it} 表示第 i 个股东在 t 时的权力系数[②]，代表股东的谈判力。

依据 Nash 双人讨价还价模型、均衡解性质及 Svejnar 模型性质，股东 i 最优博弈均衡解满足：

$$Max\pi_{it} = P_{it}(\pi_{st} - S_{it}) + (1 - P_{it})(-S_{it}),$$
$$i = 1, 2, \cdots, n, \cdots, n + m \tag{4—6}$$

根据库恩—塔克定理可得：

$$\pi_{it}' = (P_{it}'(\pi_{st} - S_{it}) + (1 - P_{it})(-S_{it}))\rceil_{sit} = (\sum_{i=1}^{n+m} \gamma_{it}S_{it})^{-2}$$

$$((\sum_{i=1}^{n+m} \gamma_{it}S_{it})(\gamma_{it}\pi_{it} - 2\gamma_{it}S_{it})) - 1 + (\sum_{i=1}^{n+m} \gamma_{it}S_{it})^{-2}(2\gamma_{it}S_{it}\sum_{i=1}^{n+m} \gamma_{it}S_{it} -$$

$$\gamma_{it}^2 S_{it}^2) = (\sum_{i=1}^{n+m} \gamma_{it}S_{it})^{-2}(\gamma_{it}\pi_{it}\sum_{i=1}^{n+m} \gamma_{it}S_{it} - \gamma_{it}^2 S_{it}^2) - 1 = 0 \tag{4—7}$$

股东对单位股票的重置成本必然相等，令 $S_{it} = S_t$ 则：

$$S_t = (\gamma_{it}\pi_{it}\sum_{i=1}^{n+m} \gamma_{it}) / (\gamma_{it}^2 + (\sum_{i=1}^{n+m} \gamma_{it}S_{it})^{-2}),\ 代入（1）化简，$$

可得：

股东 i 获取的公司剩余为：

$$\pi_{max,i} = \pi_{st}\gamma_{it}^3 / (\sum_{i=1}^{n+m} \gamma_{it})(\gamma_{it}^2 + (\sum_{i=1}^{n+m} \gamma_{it})^2) \tag{4—8}$$

[①]　某一股东 i 以概率 p_{it} 获取股东集团的利益与股东 i 只是获取股东集团一部分利益的现实并不矛盾，因为概率与集团利益的乘积也只是表现出利益的一部分，而这种假定却有利于本书的分析。

[②]　第 t 期的权力禀赋系数取决于当期的资本绝对值与相对值、资本贴现值、资本稀缺性、制度约束、资本市场发育与成熟程度、行为的创新性和可测度。

根据假定1—4模型（4—8）可知，若股东 i 的权力系数越大，在大股东与小股东的持股比例相差越悬殊和小股东权益法律保护越差，股东的权力禀赋结构越不对称，该股东获取的公司剩余就越大。随着大股东对公司剩余分配控制权的加强，在缺乏小股东利益保护机制下，极端情况是公司的剩余可能完全为大股东所获得，小股东无法获取任何收益：

$$\sum_i \gamma_{it} = 1, i = 1, \cdots, n; \sum_j \gamma_{jt} = 0, j = n+1, \cdots, n+m$$

$$(4-9)$$

（4—9）式表示大股东获得了公司的所有剩余，而小股东没有获得剩余，即投资收益为零。这种股东权力禀赋差异导致两极分化的公司剩余分配机制为：

假定5：大股东 X 和小股东 Y，双方共同分享公司剩余 π_{st}，单位公司剩余分配比例分别为：$P_X/(P_X + P_Y)$、$P_y/(P_X + P_Y)$，其中，$P_i = \gamma_{st}^2/(\gamma_{xt} + \gamma_{yt})(\gamma_{it}^2 + (\gamma_{xt} + \lambda_{yt})^2)$，$i = x, y$。

假定6：公司存续 N 期，且收益是连续的，权力结构与分配制度保持稳定。

假定7：大股东权力集为 X，小股东权力集为 Y，集合大小决定控制权大小和对公司的控制程度。则大股东和小股东 N 期的公司剩余分配份额分别为：

大股东获得的公司剩余分配总额为：$TP_X = \pi_{st} N \cdot P_X/(P_X + P_Y)$；

小股东获得的公司剩余分配总额为：$TP_Y = \pi_{st} N \cdot P_Y/(P_X + P_Y)$。

大、小股东权力禀赋的天然不对等，使大股东在公司中控制小股东，大股东将选择有利自身效用最大化的制度安排和公司行为。随着公司剩余分配的次次不对等，公司剩余分配将呈现两极化趋势，即：

令 X（大股东的权力集）> Y（小股东的权力集），则：

$TP_X - TP_Y > 0$，即二者的公司分配差或权力价值差大于 0，即：

$$(TP_X - TP_Y) = \pi_{st}[N \cdot P_X/(P_X + P_Y) - N \cdot P_Y/(P_X + P_Y)] = \pi_{st}N \cdot (P_X - P_Y)/(P_X + P_Y) > 0$$ 若当 γ_{xt} 趋于无穷，有：

$P_X \rightarrow 1$，$(TP_X - TP_Y) \rightarrow \pi_{st}$，即大股东获取全部公司剩余。这表明短期内公司剩余分配制度演变路径是朝着强权主体的目标而非效率方向演进。

四　引入独立董事是解决大股东与小股东 利益冲突的制度之一

由以上分析可以看到，在经济理性人假设条件下，大股东要比小股东有更大的金融风险，同时由于大股东有资本控制权，从而他比小股东有更多的信息，在资本完全控制权下的收益和资本不完全负责的错位下，在上市公司没有为大股东监督品提供相应补偿的公司治理实践中，大股东对其提供监督品的补偿动机就必然表现为大股东对上市公司利益的侵害，导致为上市公司提供的监督品数量低于帕累托最优数量。大股东的侵害必须要和经理人合谋，所以侵害具有两重性，经理人和大股东的侵害都表现为三类。大股东的第 I 类和第 II 类侵害没有扩大效应，但第 III 类侵害则造成了上市公司整体福利的损失。所以，为了减少大股东对公司利益的侵害，就应对其侵害行为进行控制。

在侵害的机理分析中，如果大股东不愿意侵害，经理人的侵害就会被大股东提供的监督产品所屏蔽，由此看来经理人的侵害是大股东侵害的衍生附着物。因此，消除侵害的关键是消除大股东的侵害。本书的分析表明：在经济理性人假定下，大股东对中小股东利益的侵害是一种理性行为，制度设计的缺陷是造成大股东侵害的根本原因。这种缺陷主要体现在大股东的一些动机，尤其是第 I、II 类动机，没有得到补偿。其次是小股东信息的不完全。正是小股东的信息不完全，侵害就一步一步地、肆无忌惮地走到第 III 类侵害，从而对小股东的损失更大。如果小股东信息完全，那么大股东和经理人合谋的侵害行为障碍更大、成本更高，从而为他们侵害留下的剩余利益空间就更小。所以，为降低大股东的侵害程度，保护中小股东和上市公司的利益，提高大股东的监督积极性和监督水平，就应补偿大股东的监督成本或给予适当投资回报的激励，则可自然地避免第 I 类和第 II 类大股东的侵害，这是"松"的措施。同时，加强小股东的信息完全性则使危害严重的第 III 类侵害永远胎死腹中，这是"紧"的措施。

由于小股东的性质又决定了这"一松一紧"的制度制定和执行是不可能的。为此，除了从股权结构上引入制衡机制、增强信息的透明度、建立良好诚信的社会声誉系统和加大对小股东法律保护力度等举措外，引入旨在维护上市公司的整体利益特别是代表小股东利益的独立董事制度就成为必然的选择，这将会逐渐对上市公司的大股东、执行董事和经理层起到有效的监督作用。

我国引入独立董事的第一例是青岛啤酒 1993 年在香港上市，按规定设立了两名独立董事。之后，在 1997 年中国证监会发布了《上市公司章程指引》，其中第 112 条规定，公司根据需要可以设立独立董事。1999 年，国家经济贸易委员会、中国证监会联合发布《关于进一步促进境外上市公司规范运作和深化改革的意见》第 6 条规定，要在中国上市公司中逐步建立健全外部董事和独立董事制度，要求公司应增加外部董事的比重。2001 年 8 月，中国证监会正式发布了《关于在上市公司建立独立董事制度的指导意见》，要求各境内上市公司应当聘请适当人员担任独立董事。在 2002 年 6 月 30 日前，董事会成员中应当至少包括两名独立董事；在 2003 年 6 月 30 日前，上市公司董事会成员中至少包括 1/3 的独立董事，其中一名为会计专业人员。

第五章

独立董事制度的运行机制

独立董事制度作为改革和复兴公司董事会的一项重要举措，在全球范围内得到了各国政府和有关组织的支持，也确实取得了一定的成效和较大的进展。而独立性是独立董事制度赖以建立和存在的基础，是独立董事制度的根本属性。如同中国香港地区学者何美欢指出的，尽管有外来的、非执行的、独立的各种修饰语，但重点仍在于这一带有价值判断的用语"独立"上[①]。实践中，世界各国对独立董事的"独立性"规定得不尽一致，而且也都一直在探讨如何进一步保证独立董事的独立性问题。本章主要论述中国独立董事"独立性"的界定标准之设计及其制度保障等有关问题。

一　独立董事的灵魂：独立性

（一）独立性的含义

独立性的含义一般是指：设 A、B 是两事件，如果满足等式 $P(AB) = P(A)P(B)$，则称事件 A、B 相互独立，简称 A、B 独立。具体分析如下：

---

① 何美欢：《公众公司及其股权证券》，北京大学出版社 1999 年版，第 515 页。

第一，从哲学上讲，所谓独立性包括主观和客观两个因素：在主观方面，独立性意味着主体的自由意志，即主体可以根据自己内心判断、意愿和理性做出决定、采取行动。而相对于客观方面的独立性，根本上意味着主体能够在不受他人阻碍、指令的情况下，有自由活动的广阔空间。因此，杜绝、禁止客观存在的各种外在干预方式是哲学方面独立性的含义[①]。具体到独立董事的独立性，则是主观和客观的结合，独立董事在保持与公司客观独立的前提下，根据自身的知识结构、实践经验及所掌握的企业信息做出独立的判断。

第二，从经济学上讲，独立性可以划分为三个层次，它们是：一般独立性、特殊独立性 I （或称利益独立性）、特殊独立性 II （或称判断独立性）。一般独立性描述一个具有对称信息、完全流动性的经济主体（个人或企业）根据自身的偏好目标，选择进入或退出某一契约的自然状态。所谓对称信息是指缔约双方对订立契约所需要的条件、所造成的结果有着全面的、一致的了解。非对称信息是指缔约一方具有另一方不了解的私人信息，利用这一优势，具有私人信息的一方可以对缔约过程进行操纵，从而取得对自身更为有利的结果。完全流动性是指缔约方进入或退出某一契约不会受到任何条件的限制。不完全流动则是指缔约方进入或者退出缔约要受到临界条件的限制，只有在支付一定成本的情况下，才能进入或退出契约[②]。

在一般独立性的前提下，独立董事具有关于公司运作的所有信息，能够对公司的所有决策活动进行判断，进而做出决策。但

---

① 官欣荣：《独立董事制度与公司治理：法理与实践》，中国检察出版社 2003 年版，第 169 页。

② 同上。

由于企业是建立在委托—代理基础上，信息的流动呈非对称性，因此，独立董事的独立性表现为特殊独立性，即利益独立性和判断独立性，进入上市公司董事会受任职资格、自身声誉等条件的限制。

第三，从法学上讲，法学上对独立性的理解，是通过立法和其他非官方的治理原则予以详细规定，各国依据国情作了不同界定。美国证券交易委员会（SEC）把独立董事界定为与公司没有重大关系的董事。所谓"没有重大关系"是指以下情形：（1）不是公司以前的执行董事，并且与公司没有职业上的关系；（2）不是一个重要的消费者或供应商；（3）不是以个人关系为基础被推荐或任命；（4）与任何执行董事没有密切的私人关系；（5）不具有大额的股份或代表任何重要的股东利益等①。

全美公司董事联合会（NACD）认为一位董事同时满足以下条件时具有独立性：（1）从未是该公司或其任何一家子公司的雇员；（2）并非公司任何雇员的亲戚；（3）不向公司提供任何服务；（4）未受雇向该公司提供主要服务的任何企业；（5）除董事劳务费以外，不从公司获取任何报酬②。

英国著名的 Cabury 报告解释，在阐述非执行董事应独立于公司时，除董事事务费和股份外，应独立于公司经营层，与任何的业务和关系无关，而这种业务或关系会实质性地影响到他们的独立判断③。

---

① 罗培新、毛玲玲：《论独立董事制度》，http：//www.cninfo.com.cn/articles/0004tm，February，2001-07。

② 梁能：《公司治理结构：中国的实践与美国的经验》，人民出版社 2000 年版，第 259 页。

③ The committee on the Financial Aspects of Corporate（Cadbury Code），December 1992，Gee and Co.，Ltd. Form：//www.ecgn.ulb.ac.be/codes.htm.

在我国香港地区，判断独立董事独立性要考虑以下因素：（1）对发行人持有发行总股本不超过1%的股份，一般不影响独立性，但如果该董事从某相关人那里作为礼物或其他财务帮助接受这些股份，那么这说明他不是独立的；（2）作为一个独立的标志，董事通常在其发行人公司或其附属公司的业务中没有过去的或现在的经济或其他利益关系［在（1）规定的范围内持股或作为董事会专业顾问除外］，并且除作为专业顾问外，与发行人的相关人员没有过去的或现在的会影响其独立判断的任何联系；（3）联交所认为独立董事不应该在集团担任任何管理职责。

我国《关于在上市公司建立独立董事制度的指导意见》规定，下列人员不得担任独立董事：（1）在上市公司或者其附属企业任职的人员及其直系亲属、主要社会关系（直系亲属是指配偶、父母、子女等；主要社会关系是指兄弟姐妹、岳父母、儿媳女婿、兄弟姐妹的配偶、配偶的兄弟姐妹等）；（2）直接或间接持有上市公司已发行股份1%以上或者是上市公司前十名股东中的自然人股东及其直系亲属；（3）在直接或间接持有上市公司已发行股份5%以上的股东单位或者在上市公司前5名股东单位任职的人员及其直系亲属；（4）最近一年内曾经具有前三项所列举情形的人员；（5）为上市公司或者其附属企业提供财务、法律、咨询等服务的人员；（6）公司章程规定的其他人员；（7）中国证监会认定的其他人员。

（二）独立董事独立性分析

综合上述阐释，对独立董事之"独立性"界定的标准和依据千差万别，受界定主体、界定主体的视角、界定目的以及各个国家法律文化背景和思维习惯等影响，因此，对"独立性"给出一个明确的定义将是不可能的，但我们可结合各制度的形式、结构、功能、作用方式等系统框架，清晰建构独立董事"独立性"标准，理清独立性的核心内容。

第一，对象独立。指影响独立董事独立性的主体，在不同国家不同的股权结构下，独立董事的独立对象是截然不同的。对象独立有时受文化影响，不易察觉，因此，很难用列举法穷尽地列举出来的，只能采用概括法，或概括与列举相结合、概括为主列举为辅加以说明，具体见第一章的概念解释。它要求独立董事与公司、公司经营层以及足以影响公司的主要利益关系人，没有任何足以影响独立董事独立客观判断的重要关系。

第二，内容独立。指独立董事与上市公司之间不存在足以影响其做出独立客观判断的经济利益关系。现颁布的公司治理准则中不同程度地对独立董事与所在公司之间的经济利益关系作了限定，如不是上市公司的大供应商或客户、没有受雇为公司专业顾问或律师、与公司或其附属机构或最高经营者之间无个人服务合同关系等①。

从独立性的对象看，独立董事究竟要与谁独立，即独立的对象主体是谁。一般来说，独立的对象主体包括三个层面：（1）与公司利益独立；（2）与股东尤其是大股东独立；（3）与经营管理团队独立。就第一个层面来说，显然其独立性是最高的，而且也是目前在国内被广泛接受和宣传的版本。但事实上，这种所谓的高度独立性难以在现实的上市公司治理过程中有效地发挥作用，无论是国外还是国内，概莫能外。就理论上而言，独立董事一方面要与公司利益保持独立，同时又希望其能有效地发挥监督职能，试问独立董事的动力源泉是什么？他为什么要花费自己的

---

① 谭劲松：《独立董事"独立性"研究》，《中国工业经济》2003 年第 10 期。

时间、精力在与其回报不对称的事务上面？唯一的解释就是市场本身对独立董事的信誉约束，但这显然无法阻止行为人不选择担任独立董事，而这个问题的解决则只好依赖于担任独立董事对行为人可以带来较高的精神享受和信誉增值。然而，我国目前市场经济下的逐利激励和信用的缺失会使得那些与公司利益相独立的董事不可避免地会成为公司治理中的"花瓶"。为了从经济上保持独立性，部分国家对上市公司支付给独立董事薪酬作了明确规定。如美国《1934 年证券交易法》指出"非雇员董事"不能从公司或母公司或公司分支机构直接或间接地接受报酬，若领取报酬，则在扣除董事劳务费后需要按 S—K 规则必须予以披露的数额；"外部董事"除领取董事劳务费外，不能从公司领取其他报酬①。著名的 Hermes 投资基金管理公司在其 1998 年《公司治理声明》中，强调独立董事不可参与公司的股票期权计划或与公司业绩相关的报酬计划，不得从公司获取除独立董事劳务费之外的收入②。就第二个层面看，独立董事保持与股东尤其是大股东的独立，显然对于独立董事有效地发挥其职能无疑是有益的。由于大股东拥有控股地位、信息优势以及拥有公司重大决策的控制权，这为他们与上市公司进行不合理的关联交易创造了条件。近几年来，我国上市公司中已经暴露了很多大股东通过关联交易损害上市公司和中小股东利益的现象。但目前有一种观点认为，独立董事应独立于大股东，而且应成为中小股东利益的捍卫者。事实上这种观点是极其片面的，我们不能因为中小股东处于劣势，就把维护他们利益的重任赋予独立董事，独立董事从根本上讲与

---

① 全美公司董事联合会（NACD）对独立性的界定中亦规定独立董事除董事劳务费外，不从公司获取任何报酬。

② Richard Smerdon. A Practical Guide to Corporate Governance. 1998：p. 60.

其他董事是一样的，即必须对公司利益以及全体股东负责，而不仅仅是中小股东。股东作为一个整体，其利益只是构成公司利益的一个重要层面，但显然不是全部。也就是说，保障公司的利益就一定能确保股东的利益不受损害，但维护股东的利益却不一定能保证公司的利益。公司的委托—代理关系一个核心问题就是委托人与高级经营管理团队之间的关系。经营管理者由于不持有或持有较少的股份，而与公司委托人的利益并不总是一致，于是就导致了代理成本。而且由于高级经营管理团队拥有信息和在公司发展问题上话语权优势，决定了对其监督是相对困难的，尤其是在缺乏一个与之相对独立的监督主体时更是如此。因此，独立董事与高级经营管理团队独立的设计就可以在一定程度上弥补这种监督上的不足，这也是独立的第三个层次。

在明确了上述独立性的层次后，结合我国证监会的规定，我们认为，独立董事具有如下特征：一是不在上市公司担任除董事以外的其他职务；二是与股东尤其是大股东以及高级经营管理团队保持必要的独立性。具体来说包括以下几个方面：（1）在过去的5年中以及当前均不是公司的高级职员或员工；（2）独立董事的独立对象主体是股东尤其是大股东以及高级经营管理团队（以不损害其做出独立客观判断为最低限度）；（3）不能是公司董事、监事、高级管理人员的直系血亲或三代以内的旁系血亲以及生意上的合伙人，不能是与公司有业务关系的公司（如公司聘任的会计师事务所、律师事务所或咨询公司等）的成员，不能是公司的重要供应商或客户；（4）不能拥有公司超过一定份额的股份；（5）拥有商业、法律或财务等方面至少3年的工作经验，必须是董事会的积极参与者，而不是被动参与者。

二　独立董事制度的运行机制

独立性界定的是独立董事个体的独立性，它从基础上保证每一位独立董事能独立行使权力。独立董事肩负完善公司治理的重任，但董事会是公司的决策机构和公司的代表，董事会的决策质量提高成为独立董事履行使命的前提。为此，要求独立董事在董事会中占有多数地位，主导整个董事会的决策过程，而不只是依附于执行董事，在董事会决策过程中只担当参谋、咨询和影响角色。

独立董事在董事会中占有多数地位，即独立董事整体的独立，避免了单个独立董事个体声音在董事会上会被执行董事们的声音湮没的可能性。基于这样的原因，英、美等国上市公司独立董事在董事会中通常都占有一半以上的席位，而通用汽车公司的董事会中，CEO 是惟一的内部董事。

虽然独立董事在董事会中占多数（绝对多数或相对多数）地位是确保独立董事整体独立性的重要基础和前提条件，但并不意味着占比越大，董事会独立性越强。实际上，很多上市公司虽然独立董事占了董事会的绝大部分，但最终还是未能避免问题出现。这是因为独立董事要主导董事会的决策过程，还需要其他很多配合措施，包括独立董事工作努力程度、信息获取的难易程度、与企业经营层和主要利益关系人有无关系等。

归纳起来，独立性是一个相对的概念，没有绝对的独立性，因此，只要求独立董事与影响其做出独立客观判断的主体之间保持人格和经济独立即可。可是，有些影响因素不明显或尚未公开，所以，在判断独立性时，必须注意潜在的和未明示的影响因素。

独立性界定从形式上保证了独立董事的独立，要达到实质独立，就需要完善独立董事制度的具体运行机制。独立董事在董事会中占多数是实质独立的一个方面，它保障了独立董事的整体独立；独立董事选聘机制的建立则从"源头"上把握了独立董事的对象独立；恰当有效的独立董事激励机制的建立，既可补偿独立董事的劳动付出，又不至于使独立董事对收入产生依赖，保持了应有的独立性。

（一）独立董事的选聘机制

尽管独立董事独立性受到独立董事的数量、工作努力程度、信息获取的难易程度等诸多因素的影响，但独立董事独立性大小，关键在于其被谁提名、被谁选举任命，这将决定着他们最终站在谁的立场上，因此，必须在如何构建独立董事选聘机制上下功夫。

在英、美国家，为避免独立董事的选聘流于形式，一般采用三种方法。第一，独立董事必须由股东大会选举产生，不得由董事会任命；第二，由股东大会和董事会指定某一符合独立董事最低限度条件的董事为独立董事，同时两者均有对此独立董事的罢免权；第三，设立由独立董事组成的提名委员会负责独立董事的提名和任命。这是建立在分散的股权结构及完善的经理人市场之上的，基本保证了独立董事在董事会中的整体独立性。

在股权集中的国家，独立董事若由董事会或股东大会选拔任命，存在较大的问题。这是因为，由于股权集中，董事会和股东大会易受大股东的操纵，如此产生的独立董事将与其他内部董事实质并无二致，与独立董事最初职能定位明显相悖。那么，如何从选聘机制确保独立董事的实质独立就成为必须解决的问题。

独立董事选聘机制能从"源头"上保证独立董事的对象独

立。虽然各国国情不同，但如何构建选聘机制均涉及两个方面：一是任职资格；另一是提名任免。任职资格从形式上保障了满足何种条件人士可以成为独立董事候选人，是提名任免的前提条件；提名任免程序从提名、选举任命、罢免三个环节保证独立董事的实质独立于公司、公司经营层以及足以影响公司主要利益的关系人。

1. 独立董事的任职资格

任职资格亦即身份资格、品行条件，指担任独立董事应符合的条件，主要解决特定自然人是否可以出任特定公司独立董事的问题，有积极资格和消极资格之说。

（1）积极资格

积极资格是指担任独立董事所必须具备的条件，是确保独立董事实现对公司经营管理的监督、提高公司业绩、保护股东权益三大基本功能的能力保障[1]。因此，独立董事除具备董事所应具备的条件外，还要求其是某一方面的专家，具备财务、企业战略绩效管理、法律等专业知识和经验，以帮助董事会进行战略决策，监督经营层的经营业绩，保护全体股东的权益。也有些国家从时间精力对独立董事做了资格限定，如泰国证券交易所《准则》规定，非执行董事的候选人只有当本人能够确保有足够的时间和精力履行职责时才能接受任命[2]。由于法律法规难以对独立董事积极资格做出正面的规定，因此各国法律法规更多地从反面对影响独立性的情形作了界定，即独立董事消极资格。

（2）消极资格

消极资格指的是担任独立董事所不得具有的情形。从具体内

---

① 孔翔：《独立董事制度研究》，中国金融出版社 2001 年版，第 109—162 页。

② 谢朝斌：《股份公司独立董事制度》，《中州学刊》2004 年第 4 期。

容上看，主要体现在几个方面。

第一，是否存在雇用关系。一般认为人是有感情的动物，独立董事与所在上市公司之间存在或曾经存在雇用关系的情况下，其独立决策和监督功能的发挥或多或少的会受到经营层或控股股东的影响。因此，有些国家将雇用关系作为独立董事消极资格的一个内容，不仅规定独立董事现在或过去不是公司的雇员，而且规定现在或过去不是公司子公司、公司的重要客户或公司重要服务提供商的高级经营人员或雇员。如美国《密歇根州公司法》规定独立董事在过去 3 年内不是本公司或子公司的高级经营人员或雇员；澳大利亚 1995 年《公司行为指南》规定独立董事最近几年没有在该公司担任执行性职务；通用汽车公司治理章程规定独立董事近 5 年不在公司或附属机构担任执行性职务①。

第二，是否存在交易关系。如果一个独立董事与某家公司之间有重大交易关系，则独立董事对公司经营层的监督权和参与决策权可能成为换取对自己有利的交易合同的工具，与公司经营层形成利益共同体，为此，许多国家将与公司间存在重大交易关系作为独立董事消极资格的一个内容。如英国伦敦证券交易所就规定独立董事与公司之间要没有实质性影响其独立判断的任何商业关系或其他联系②；法国 1998 年《维也纳报告》指出，独立董事与该公司或其集团应没有会损害其自由判断的任何关系③；美国全美公司董事会规定，独立董事不能为该公司提供服务；澳大利亚投资总经理协会规定，独立董事不能是该公司或集团成员公司的主要客户或供应商，或不能与这些主要客户或供应商具有直

　　①　朱羿锟：《公司控制权配置论——制度与效率分析》，经济管理出版社 2001 年版，第 368—370 页。

　　②　李士连：《独立董事制度的比较与选择》，《广西社会科学》2003 年第 9 期。

　　③　赵西巨：《欧盟法中的商标权权利穷竭原则》，《法学论坛》2003 年第 2 期。

接或间接关系①。

第三，是否存在亲属关系。基于婚姻、血缘和法律拟制而形成的亲属关系会严重制约着独立董事职能的发挥。为此，多数国家对独立董事与公司主要雇员之间的亲属关系进行了限定，如美国全国公司董事协会规定，独立董事不得是公司雇员的亲属；美国加州公职人员退休基金的治理原则和指南规定，独立董事不得是公司雇员及与公司有业务关系人员的家庭成员；通用汽车公司治理章程规定，独立董事不得是公司雇员及与公司有业务关系人员的配偶、父母及子女②。

第四，其他规定。比如：是否可持有上市公司股票，是否可接受股权类薪酬激励。英国 Hermes 投资基金管理公司规定独立董事不得参加公司的股票期权计划或与公司业绩相关的报酬计划③；爱尔兰投资经理协会也规定独立董事不得参与公司的股票期权计划；中国香港联交所明确规定独立董事只能持有不超过上市公司总股本 1% 的股份；美国上市公司则普遍采用股票期权计划以激励独立董事勤勉工作。

2. 独立董事的提名任免

任职资格保证了独立董事的基本能力和道德，是担任独立董事的最低要求，只有具备此身份条件的人士才有可能被提名为独立董事人选。然而，并非只要达到独立董事任职资格要求的标准，就可担任独立董事，需视独立董事提名任免结果而定。由谁提名、如何提名；由谁选举，如何选举；由谁罢免，如何罢免；

---

① 李维安等：《美国的公司治理：马奇诺防线》，中国财政经济出版社 2003 年版，第 19—20 页。

② 谢朝斌：《独立董事法律制度研究》，法律出版社 2004 年版，第 34 页。

③ 王天习：《公司治理与独立董事制度研究》，中国法制出版社 2005 年版，第 130 页。

这些问题使独立董事在对公司行为做出判断时可能会具有一定的倾向性。

(1) 独立董事提名

上市公司任命某人出任独立董事第一步就是提出独立董事的候选人，它虽不能最终决定独立董事的聘任，但是选拔独立董事的重要一步，从某种意义上说，其甚至具有与选举任命相抗衡的作用。这是因为，提名权行使的主体掌握着独立董事选任程序的主动权，由于"经济人"的利益驱动，行使这一权力者总是倾向于提名有利于自己的人士作为公司独立董事的候选人，如自己熟悉的人或者和自己具有相同理念的人士，这些人在对公司事务做出判断时和自己的观点趋于一致，从而有利于自己利益的实现，正如布莱恩·R. 柴芬斯所说："传统上，董事长决定谁被提名并且选择他认识的人。"①

第一，独立董事提名现状。在英、美成熟的市场机制下，公司的治理结构相对完善，独立董事通常由董事会下设的主要由独立董事组成的提名委员会提名。在这一程序中，提名委员会根据公司现状和公司章程中对独立董事的要求，考虑公司正在出现或潜在的机遇和挑战，通过招聘或者委托猎头公司物色符合条件的人选，经过对其年龄、资历、知识结构以及其他特征的分析，提出独立董事候选人初选名单，提交董事会，由董事会经过进一步的考察了解（甚至初步与候选人接触），并征得被提名人同意后，拟定最终的独立董事候选人名单②。这样做的前提是提名委员会独立、客观、公正，而且提名委员会的成员中独立董事必须

① ［加拿大］布莱恩·R. 柴芬斯著：《公司法：理论、结构和运作》，林华伟等译，法律出版社 2001 年版，第 656 页。

② 田根成：《独立董事任免制度比较研究》，华东政法学院硕士学位论文，2005 年，第 31 页。

占多数，并由独立董事担任主席①。在美国，95% 的董事候选人都明显地由提名委员会提名。如通用电气提名委员会所有成员由独立董事组成，负责为董事会选择董事候选人；美国电力提名委员会职责之一是就董事候选人的挑选规则提出意见，对董事候选人的任职资格进行独立调查，当董事会出现空缺时，向董事会推荐一个或多个候选人②。

第二，独立董事提名研究评述。有学者建议，由成立的独立董事中介机构——独立董事协会，负责向上市公司提名独立董事，从而避免大股东对提名权的控制③，我们认为这违反了公司法的基本常识，因为上市公司以股东的有限责任为基础，从股份平等原则出发，每一股份上所附着的权利义务是同样的，具体到提名权上，每一股份享有一份提名权。因此，由独立董事中介机构提名独立董事无法律依据。

"单层制"公司治理模式，由于股权分散，基于股份平等原则，由股东提名独立董事一般不会造成权利的滥用，但在股权相对集中的"双层制"治理模式下，股权的高度集中，控股股东就可利用资本多数决策原则控制独立董事的提名人选。为此，部分学者建议排除大股东的提名权，以保护中小股东的权益④，我们认为这与公司与股东之间基于股东身份而发生关系的股东平等这一公司法基本原则相违背，按照这一原则，所有股东享有正当的提名权。

---

① 于东智：《董事会与公司治理》，清华大学出版社 2004 年版，第 24—57 页。

② 廖理：《公司治理与独立董事最新案例》，中国计划经济出版社 2002 年版，第 90—124 页。

③ 卢以品：《独立董事选聘制度初探》，《广西社会科学》2002 年第 1 期。

④ 伍坚：《完善独立董事制度的若干法律问题研究》，顾功耘：《公司法律评论》，上海人民出版社 2002 年版，第 49 页。

第三，独立董事提名主体重新界定。从原则上讲，独立董事制度的受益人才是提名独立董事的合格人选。虽然各国普遍把公司和股东作为独立董事制度的受益人，但公司是一个拟制人，其提名权行使有许多法律和实务上的障碍，因此，股东理所当然地成为独立董事制度的直接受益人，成为独立董事提名的主体。民法的基本理论指出，民事主体在行使其民事权利时，应尊重他人、国家和社会的利益，不得滥用民事权利。实际上，人们享有利益是有一定的限度的，在这限度内，权利主体可以依自己的意志去实现某种利益，如果民事主体实现利益的范围超出了这一限度，或者侵犯了其他人的合法权益，法律是不会保护的。这一原则应用到公司治理中，就要求大股东"行使权力的时候，必须是基于对公司整体利益的考虑，不得构成对中小股东和公司利益的欺诈"[①]。

综上所述，股东享有独立董事的提名权无可置疑，但需视上市公司的股权结构，确定符合企业自身需求的提名主体。具体而言，在英、美"单层制"公司治理模式下，可加强现有提名委员会的独立性，不断完善由董事会下设提名委员会的提名制度；在德、日"双层制"公司治理模式下，可对控股股东享有的提名权作适当的限制，如股权集中度（第一大股东享有的股权份额）达50%以上的上市公司提名独立董事时，可限制第一大股东可提名独立董事的数量，亦可由第二、三大股东联合其他中小股东提出一定数量的独立董事；如果股权较集中于若干大股东，应平均分配独立董事的提名数量，通过股东之间的博弈选出适合的独立董事。

---

① 伍坚：《完善独立董事制度的若干法律问题研究》，顾功耘：《公司法律评论》，上海人民出版社2002年版，第49页。

（2）独立董事选举任命

在提出独立董事候选人之后，需在候选人中选举产生公司的独立董事，即独立董事的选举任命。独立董事选举任命涉及主体和程序两个方面，即由谁选举和按何种方式选举。

第一，独立董事选举任命主体。在英、美等国家，提名委员会拟定最终的独立董事候选人名单后，提交股东大会选举[①]，在股东大会召开时，由选票达到法律规定或章程规定的候选人当选独立董事。然后由董事会代表公司履行与当选者之间的聘任手续。当两次股东大会之间独立董事人数比例不能满足相关要求时，除非公司章程禁止，董事会有权增加公司独立董事人数，只不过通过董事会选任的独立董事必须在下一年度的股东大会上退职[②]。

由股东大会选举产生独立董事符合委托—代理理论。按照委托—代理理论，董事会由股东大会选举产生，董事包括独立董事是股东的代理人，代表股东的利益，理由也只能由股东大会选举产生。因此，在国内外，大都规定独立董事应当由股东大会选举产生。

第二，累积投票制和表决权回避制。累积投票制是股东投票的一种方式。依此方式，一个股东在选举董事时可以投的总票数，等于他所持有的股份总数乘以待选董事人数。股东可以将其总票数投给少于待选董事总数，而集中投给一个或几个董事候选人。这种方式有助于中小股东的代表当选为董事。1870年美国伊利诺伊州最早在州宪法中规定公司应采取累积投票制。

在英、美国家，最初为了发扬股东民主，保护小股东利益，

---

①　小约翰·科利等著：《公司治理》，李维安等译，中国经济出版社2004年版，第70—76页。

②　郑学军：《独立董事制度研究》，厦门大学硕士学位论文，2001年，第22页。

各州纷纷效仿美国伊利诺伊州在宪法中规定公司应采取累积投票制，这符合当时美国上市公司的特点——股权比较集中，大股东常常利用其控股权优势来控制董事会，并利用后者的业务执行权为自己谋取私利。累积投票权的采用帮助了中小股东，抑制了大股东的操纵行为。但是，20 世纪 50 年代以来，美国的上市公司治理结构已从"股东会中心主义"经由"董事会中心主义"转变为"总经理中心主义"，股份比较分散，大股东即使持有较多的股份，占公司股份总额的比率一般也较小，一般不会出现大股东控制董事会，进而侵害中小股东权益的现象。美国强行采用累积投票权的州越来越少，只有 7 个州强制采用累积投票制，14个州允许实行累积投票制，另有 30 个州不允许累积投票，除非该公司选择接受。此外，22 个州的公司法要求股东在采用累积投票制前必须通知董事会①。

另外，在国外不乏对股东的投票权进行某些限制立法，运用比较普遍的是关联交易中有利害关系之内部人的表决权回避制度。它依据的是大陆法系的公司法，认为当股东大会表决的议题与某些股东（特别是控股股东）有利害关系时，该股东或其代理人不能以其所持表决权参与表决，又被称为"表决权排除制度"②。理论上，为了满足股东对公司经营层和监管层控制的需要，股东就享有选择董事、监事的权利，而这种权利的实现以股东表决权的行使为前提，若限制或剥夺股东的表决权将难以捍卫基于股东地位享有的合法权利。实践中，采用表决权回避制度的

---

① 以上数据摘自美国投资者责任中心《公司治理结构：美国各州立法的异同》（选录），载梁能主编《公司治理结构：中国的实践与美国的经验》，人民出版社2000 年版，第 386 页；转引自李建伟《独立董事制度研究》，中国人民大学出版社2004 年版，第 341 页。

② 刘俊海：《股份有限公司股东权的保护》，法律出版社 1997 年版，第 164 页。

德、日等国，也仅限于股东与公司之间的自我交易等场合，而并不适用于选举董、监事场合。并且，由于遭到许多大公司大股东的强烈排斥，在实质上沦为形式，导致德、日两国分别于 1937 年、1981 年放弃了该制度[①]。

第三，独立董事选举任命重新建构。从选举任命主体和两种选举权的分析中，我们可以重新建构独立董事的选举任命机制。无论站在股权平等还是股份平等原则上，股东大会无疑是唯一合适的任命主体，但在特殊情况下，如股东大会休会期间，不可排除董事会代替股东大会行使任命权。在股东大会选举任命过程中，究竟采用何种投票制度，则需视上市公司的股权结构而定。我认为，股权分散的上市公司，单一股东难以对独立董事的任命发挥主导作用，可采用简单的"一股一票"制；股权集中的上市公司，在保护大股东的合法权益前提下，建议强制采用累积投票权以抑制大股东对独立董事任命的操控。

（二）独立董事的激励机制

独立性之内容要求独立董事与上市公司之间不存在足以影响其做出独立客观判断的经济利益关系，这能否表示独立董事不能从上市公司领取薪酬呢？

我们从委托—代理理论分析，独立董事受股东大会的委托监督经理层，在股东大会和独立董事的第一层委托—代理关系中，独立董事的工作日和出席会议次数虽可直接观察，但工作的投入度呈隐性，具有相当程度的不可观察性，形成了二者之间的信息不对称。就独立董事自身而言，更愿意以较低的风险获取较高的

---

① 李建伟：《独立董事制度研究》，中国人民大学出版社 2004 年版，第 330—331 页。

声誉，进一步转化为较高的经济收益，这与股东大会要求其发挥
战略决策、监督经营层的职能定位有所出入。在独立董事与经营
层的第二层委托—代理关系中，独立董事可能出于风险与收益的
权衡，选择是否与经营层合谋，侵害股东的利益。以上的分析说
明，为了避免独立董事的道德风险和逆向选择，必须对独立董事
建立一套恰当而有效的激励措施，让独立董事尽职尽责地投入工
作并始终如一地保持独立。这些内容将在第七章进行分析。

（三）独立董事退出机制

独立董事提名、选举任命制度是独立董事任职的开始，独立
董事退出制度是独立董事任职的结束。独立董事退出包括以下几
种情况：任期届满、主动辞职、罢免。其中任期届满和主动辞职
是独立董事的正常退出，罢免就成为独立董事的非正常退出。

1. 独立董事正常退出

任期届满指的是独立董事从当选开始，连续任职（包括连
选连任）直至任期届满，它保证了独立董事制度的连续性和稳
定性。主动辞职是独立董事的一种单方行为，一般在独立董事认
为自己不再适合担任独立董事的情形下发生，如出于时间、精
力、任职资格的考虑。此外，许多独立董事的意见如果不为经营
层采纳，做出的反应常常不是抗争而是辞职。

一般独立董事辞职无义务说明理由，但对有必要引起公司股
东大会或债权人注意的辞职，独立董事必须说明辞职缘由。国外
公司法则规定，辞职需提出书面申请，公司收到辞职通知之日辞
职即生效①。如果在两次股东大会年会之间独立董事职位出现空

---

① 王保树、崔勤之：《中国公司法原理》，社会科学文献出版社 2006 年版，第
208 页。

缺，该空缺职位可以由股东或董事会来任命补缺。被选任的独立董事任期至下次股东年会时自动终止。

2. 独立董事非正常退出

国内外相关法律均对独立董事的罢免做出了相关规定。在国外，根据规定，一般由董事会、监事会、股东会召集人或特定股东提出罢免议案[①]，股东大会（特殊情况下董事会）可以无任何理由行使罢免权利，但出于独立董事特殊地位的考虑，各国立法规定了罢免独立董事的正当程序。如 1990 年美国《模范公司法》修正案第 8.08 条规定，除非公司设立章程中规定罢免必须说明原因，股东们可以在不说明原因的情况下罢免独立董事。同时也对股东大会拥有的此项权利做出了程序上的限制性规定：如果一名独立董事是由一个股东投票团体所选出，则罢免该独立董事时还必须由该投票团体参加投票；在授权采用累积投票制时，如果依照累积投票所得票数足以支持他当选并反对罢免职务，那么就不得罢免他；独立董事只能在股东会议上才能被罢免，会议通知必须载明罢免独立董事是本次会议目的之一[②]。而英国 1985 年公司法则规定正当程序的标准为：公司必须在股东大会前向该将被罢免的独立董事做出特别通知；独立董事有权倾听这次会议并在这次会议上做出书面陈述[③]。

具体到我国，则鲜有法律法规对独立董事罢免事项做出详细

---

① 德国公司法规定监事会可以因重大原因撤换董事。日本规定持股 3% 以上的股东或者法院可罢免独立董事，英国则规定国务大臣、接管人、清算人、公司或公司曾任、现任员工，甚至公司的利害关系人（如公司债权人），均有权向法院提出罢免公司独立董事。

② 刘连煜：《累积投票制与应选董事人数之缩减》，《公司法理论与判决研究》，法律出版社 2002 年版。

③ 肖俊涛：《英美独立董事任免机制研究》，《湖北汽车工业学院学报》2004 年第 3 期。

而明确规定的。仅《公司法》规定股东大会有权"选举和更换董事"、"董事在任期届满前，股东大会不得无故解除其职务"；《指导意见》规定独立董事连续 3 次未亲自出席董事会会议的，由董事会提请股东大会予以撤换。除出现上述情况及《公司法》中规定的不得担任董事的情形外，独立董事任期届满前不得无故被罢免。提前罢免的，上市公司应将其作为特别披露事项予以披露，被罢免的独立董事认为公司的免职理由不当的，可以做出公开的声明。由上述规定可见，似乎只有在独立董事连续 3 次未亲自出席董事会会议情况下，董事会才提出独立董事罢免议案，股东大会做出罢免表决，这与 2004 年乐电、伊利等上市公司的独立董事先后被公司罢免事实有很大出入。

3. 独立董事退出完善

独立董事退出是独立董事选聘的最后一个环节，也是下一届选聘的开始。我们认为股东大会有权罢免不符合要求的独立董事，但要建立正规的罢免程序。应建立独立董事罢免披露制度，包括：披露独立董事被罢免的事由，披露独立董事就罢免事由发表的声明；建立相应的赔偿机制，以补偿罢免给独立董事带来的损失；在股权集中的上市公司罢免独立董事时，强制其以累积投票方式表决通过罢免议案，防止大股东借罢免之名行自己利益之实。

第六章

我国独立董事制度运行机制
有效性的实证检验

　　独立董事制度引入公司治理结构具有很强的目的性,并成为一种全球流行趋势。它的有效性成为人们关注的重要问题之一。本章将通过问卷调查,对我国上市公司独立董事制度的运行状况作出一个总体的判断与分析,然后,采用统计分析方法对独立董事制度运行机制的有效性进行实证检验。

一　我国独立董事制度运行现状分析

　　制度间观念的移植是一个极度复杂的过程,因此,尽管世界各国公司治理改革的目的在表面上趋同,但任何一种特定的制度下改革的轨迹和终点都是由强烈的当地力量所决定的[①]。所以,本节基于河北省上市公司的调查数据[②],对我国上市公司实行独立董事制度的现状进行考察。

　　我们根据各种文献资料和先期的实地调查与访谈,最终确定

---

　　①　吴敬琏:《比较》第 16 辑,中信出版社 2005 年版,第 179 页。
　　②　由于取得全国统一数据比较困难,所以本书选取河北省上市公司作为调查对象进行了问卷调查。主要理由是河北省无论地域(山、海、坝)的构成、市场意识还是经济发达程度(沿海、平原和贫困山区)都是全国的缩影。

了问卷调查的内容及其形式（详细见附录1），并于2006年7月15日至9月5日期间，向担任河北省36家上市公司的104名独立董事随机发放，收回了来自34家沪深证券交易所上市公司的有效问卷59份①。对河北省34家上市公司的独立董事制度的现状调查的内容涉及独立董事制度的基本情况、独立董事制度的运行机制和独立董事与监事会之间协调现状三部分。

（一）独立董事制度基本情况分析

我们将独立董事制度的基本情况界定为独立董事配备情况、独立董事的专业背景和行业背景、独立董事的履职情况、独立董事出席会议情况、独立董事发表意见及披露情况五个方面。

1. 独立董事配备情况分析

来自34家上市公司的调查结果表明，每个公司的独立董事平均人数为3.06人，独立董事占董事会成员比例为34.64%，上市公司独立董事的配备情况基本符合《指导意见》的要求，但是，仍有13.89%的上市公司独立董事配备情况不能满足证监会规定的要求。根据学者们的研究结论，独立董事数量越多，在董事人数中占的比例越大，独立董事及董事会的独立性就越强。如果独立董事数量达不到制度要求的最低标准，那么，独立董事对董事会的监督作用和约束力将受到限制，此时，我们就有理由质疑董事会的行为与股东利益目标一致性的程度，董事会在多大程度上在为实现股东利益或公司利益最大化而行动，公司的其他利益相关者的利益在多大程度上受到了保护，进而可以质疑公司治理的有效性及其效率。

---

① 本部分数据来源于2006年河北省科技攻关计划项目"河北省上市公司实施独立董事制度问题研究"（项目编号：06457296）。

2. 独立董事专业背景、行业背景分析

从专业结构看，同行业技术类、财会类、经济类人才构成了独立董事主体。基于有关规定①，独立董事专业背景中财会类占比最大，为 26%。同行业技术背景占 24%，经济类占 17%，法律类占 10%，金融保险类占 9%，经营管理类占 7%，其他类如退休公务员等占 7%（见图 6-1）。

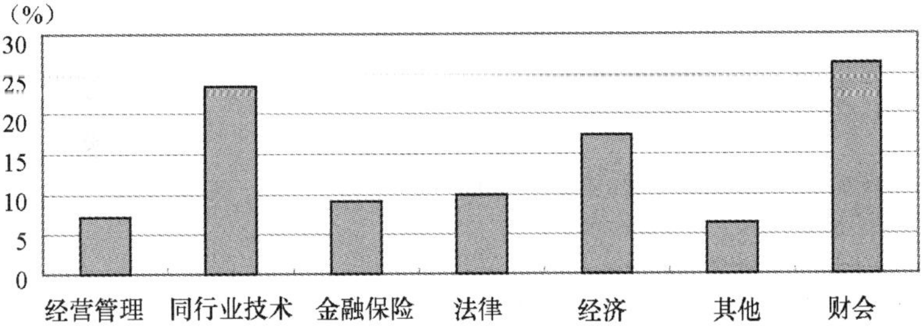

图 6-1 独立董事专业背景

企业的财务政策是其核心政策之一，它的制定、实施与效果的评价在很大程度上依赖于企业的财务报告。财务报告是使用者了解企业进行决策的主要信息来源之一，它反映了企业的财务状况和经营成果，具有一定的专业性，需要专业财务人员的分析才能从中获得深层的与决策更为相关的信息，而非专业人员从中解读的信息将是有限的。独立董事对财务报告能够科学的解读具有两个方面的意义：第一，可以提高独立董事对企业进行准确评估的能力，以便独立董事为董事会"献计献策"；第二，可以更好地行使其监督职能，履行委托人——股东所赋予的义务。所以，上市公司的独立董事有财务会计专业人员，才能使独立董事作为

_____

① 《指导意见》规定上市公司至少聘请包括一名会计专业人士的独立董事。

一个团队履行其职责。在董事会独立董事的构成中，缺乏财务专业人员将会极大地削弱独立董事职能的行使。

《指导意见》就独立董事任职条件作了规定：独立董事应具备上市公司运作的基本知识，熟悉相关法律、行政法规、规章及规则；具有5年以上法律、经济或者其他履行职责所必需的工作经验。接受调查独立董事专业结构基本涵盖《指导意见》要求，7%具有经营管理经验，36%来自高校和科研院所，17%来自行业协会，17%具有其他行业背景（见图6-2）。出现这种情况的原因可能是我国尚未建立经理人市场，难以像国外上市公司一样主要由职业经理人担任公司独立董事。虽然来自高校和科研院所的人士比较缺乏有关上市公司的经营管理经验，但由于这一群体有着较高的学历和较深厚的专业知识，成为现阶段上市公司聘请独立董事的首选。

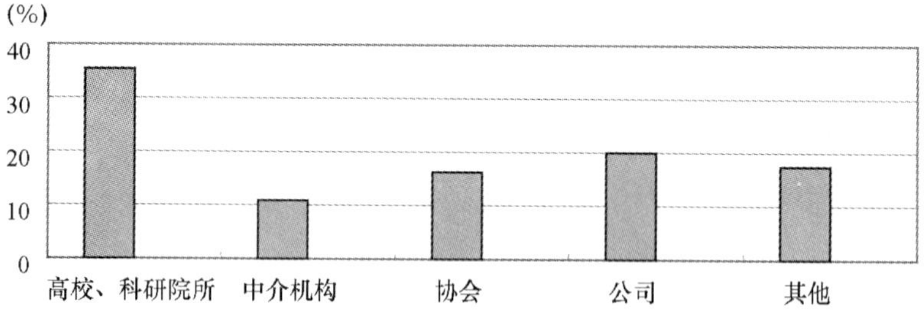

图6-2 独立董事职业背景

3. 独立董事履职情况分析

为了充分发挥独立董事的作用，独立董事除了享有《公司法》和其他相关法律、法规赋予董事的职权外，《指导意见》规定，上市公司还需赋予独立董事一系列特别职权。这些职权的实际履行情况如何？受访者中，7%的独立董事非常好地履行了职责，58% 的按规则要求完全履行了职责，35% 的基本履行了职责（见图 6 - 3）。

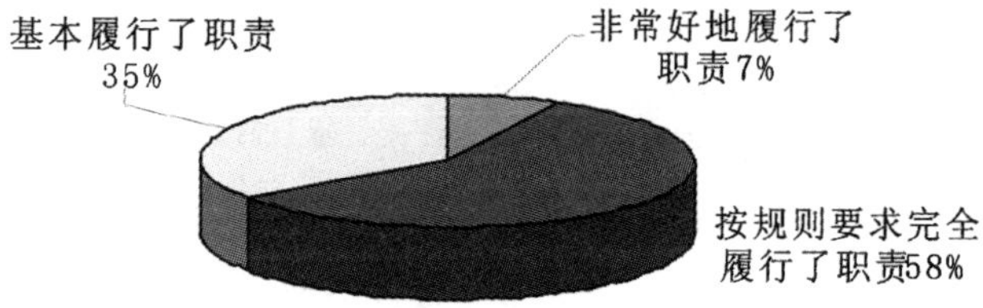

图 6 - 3 独立董事自身是否非常好地履行了职责

为了验证上述结果的可信性，调查问卷设计了独立董事履职情况互评问题。从图 6 - 4 的结果看，独立董事自评结果与互评结果基本符合，但有 2% 的独立董事部分地履行了职责，2% 的基本没有履行职责。

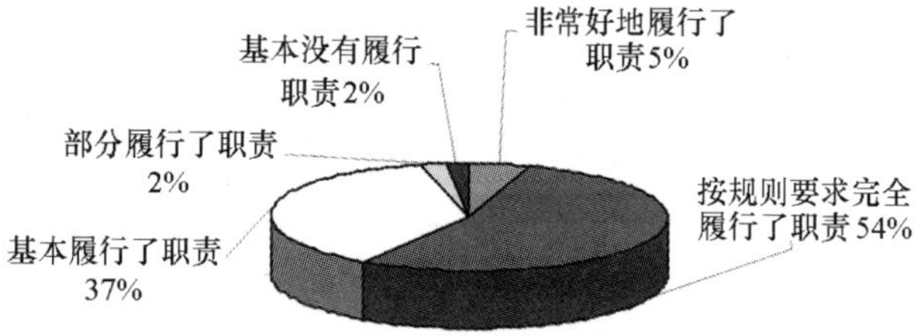

图 6 - 4 其他独立董事是否很好地履行了职责

4% 的独立董事出于什么因素部分履行或者基本没有履行职权？由图 6 - 5 可知，67% 的独立董事表示所在上市公司运作规范，没有必要行使特别的职权，15% 表示行使职权的相关信息不足，9% 表示本人行使职权受到其他独立董事的影响。

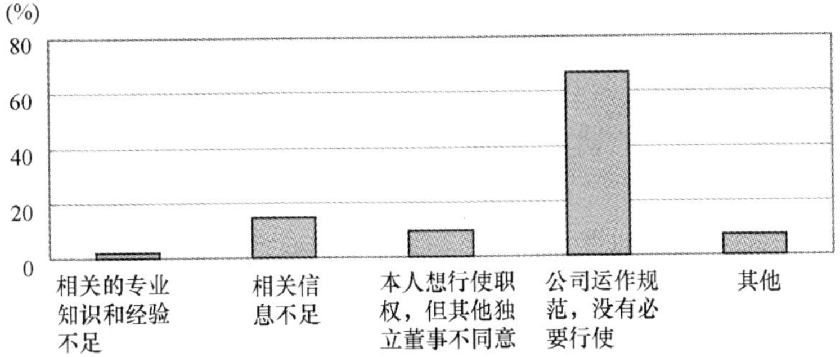

图 6-5　独立董事不行使职权的原因

　　独立董事履行职责的效果如何，直接关系到独立董事在上市公司治理中的作用，独立董事只有切实地履行了法律法规赋予的责任，才可以较好地保护中小股东的权益不受控股股东的侵害。总体上来看，我们调查的上市公司的独立董事履职情况还是令人满意的，他们大多数能履行其职责。

　　4. 独立董事出席会议情况分析

　　调查结果显示，独立董事为履行其职责而亲自出席董事会会议的人次占应到会议人次的 92%，符合《上市公司治理准则》的规定。《上市公司治理准则》规定，为了确保独立董事勤勉尽责，同时兼顾其兼职身份，独立董事可以委托其他独立董事出席董事会会议，但每年至少应当亲自出席董事会会议总数的 2/3。《指导意见》亦指出独立董事连续 3 次未亲自出席董事会会议的，由董事会提请股东大会予以撤换。调查结果说明独立董事出席董事会的总体情况良好，履行职责的基本要求已经达到。但是也发现一些独立董事没有很好地履行职责，多次委托出席或缺席董事会会议，0.85% 的独立董事未能亲自出席所有董事会。

5. 独立董事发表意见及披露情况分析

《指导意见》赋予了独立董事一系列特别职权，包括一些需要独立董事发表独立意见的事项。独立董事发表的独立意见按内容可分为两类：一类是未表示异议。《指导意见》中指出："独立董事应对以下事项向董事会或股东大会发表独立意见：（1）提名、任免董事；（2）聘任或解聘高级经营人员；（3）公司董事、高级经营人员的薪酬；（4）上市公司的股东、实际控制人及其关联企业对上市公司现有或新发生的总额高于 300 万元或高于上市公司最近经审计净资产的 5% 的借款或其他资金往来，以及公司是否采取有效措施回收欠款；（5）独立董事认为可能损害中小股东权益的事项；（6）公司章程规定的其他事项。《关于规范上市公司与关联方资金往来及上市公司对外担保若干问题的通知》中规定："上市公司独立董事应在年度报告中，对上市公司累计和当期对外担保情况、执行上述规定情况进行专项说明，并发表独立意见"；另一类是对上市公司持有异议的重大事项发表的独立意见。这是独立董事在规定的职权内，是否积极参与公司决策过程，发挥法规赋予职能的集中体现（王建春、张卫东，2003）[①]。

调查结果表明，独立董事对这些需要发表独立意见的事项行使权力和应尽义务的比例存在巨大差异：31% 的独立董事行使过重大关联交易事前审查权；14% 行使过股东大会召开前的征集投票权；12% 分别行使过提议聘任或解聘会计师事务所、提议和任免董事、提出审议可能损害中小股东权益的事项的权利。

---

① 王建春、张卫东：《沪市上市公司独立董事制度现状分析》，上海证券交易所研究中心、复旦大学出版社 2004 年版。

对独立董事难以行使的特别职权的调查结果显示，20%的独立董事表示难以行使提名、任免董事的权利，15%的独立董事表示难以行使对重大关联交易的事前审查权，且上市公司对独立董事发表意见进行披露的只占到30.56%，披露方式和详实程度不同，有的在董事会报告部分单独予以披露，有的则在独立董事履职情况部分与其他重大事项共同进行披露。

这可能是出于两种原因：一是独立董事的意见可能不利于投资者的决定，上市公司没有按照有关规定披露独立董事的意见；二是独立董事本身根本没有发表意见。相对发表独立意见的独立董事，持异议的独立董事只占2.78%，可谓微乎其微。这种附和之声多、独立之言鲜见的情况，与目前相当一部分上市公司不规范、问题突出的实际显然有着巨大的反差。

（二）独立董事具体运行机制分析

1. 独立董事职能及代理对象定位分析

在我国，由于特殊的股权结构，控股股东侵害中小股东利益和经营者控制损害股东利益两种情况同时并存，独立董事明确其职能用代理对象（即其委托人是谁）决定了独立董事在公司治理中的行动。在独立董事职能定位的调查中，57%的调查对象认为独立董事在公司治理中履行着监督的职能；30%表示独立董事的职能是制衡公司治理中的权力主体；11%认为独立董事具有战略决策的职能；还有剩下2%的人认为独立董事承担了裁判职能。在代理对象的调查中，58%的调查对象认为独立董事应代表全体股东的利益，34%的认为应代表中小股东的利益，随着相关利益者理论被普遍接受，5%的独立董事认为自己代表的是相关利益者的利益。其中有2%认为自己代表的是提名方的利益，1%认为自己代表公司员工的利益。

2. 独立董事选聘机制分析

（1）独立董事来源渠道分析

表 6-1 是独立董事来源调查结果汇总表，从中可以看出，上市公司独立董事 78% 是由熟人引荐，这可能是由中国传统文化特征，如重视人情、爱面子等因素引起的，其后果可能会削弱独立董事的独立性。独立董事实际来源的渠道与"应然"的来源渠道存在着相当大的差异。从"应然"渠道上来看，31% 表示应从独立董事人才库中搜索人才，20% 建议由成立的独立董事中介机构推荐人选，16% 表示向市场公开招聘人选，14% 建议由中国证监会委派。产生这种差异的原因是值得我们思考的一个问题。

表 6-1   独立董事来源渠道

分类	独立董事人选应该从哪些渠道产生？（%）	独立董事人选的实际产生渠道有哪些？（%）
由熟人引荐	17	78
向市场公开招聘	16	0
由中国证监会委派	14	0
独立董事人才库中搜索	31	6
成立独立董事中介机构推荐	20	0
其他	2	16

（2）独立董事提名分析

《指导意见》中规定，上市公司董事会、监事会、单独或者合并持有当时公司已发行股份 1% 以上的股东可以提出独立董事候选人，并经股东大会选举决定。调查显示（见表 6-2），62% 的独立董事由董事会提名，27% 由控股股东提名，由监事会、中

小股东、其他非控制性股东提名的情况微乎其微。这可能源于我
国上市公司特殊的治理结构和股权结构。我国上市公司存在明显
的"一股独大"现象，公司董事会由控股股东控制，上市公司
董事会缺乏规范的运作程序，董事会成为大股东的"橡皮图
章"，可以说，独立董事的提名实际上被控股股东所掌控。从这
个意义上来看，公司实际控制权人提名的董事已达到了 88%，
这表明事实上独立董事在履行监督职能时可能已经不再独立了。

表 6 - 2 独立董事提名情况

您所在上市公司独立董事由谁提名？	（%）	您认为独立董事应由谁提名？	（%）
董事会	62	大股东特别是控股股东	12
监事会	2	中小股东	16
控股股东	27	董事会	34
其他非控性大股东	8	提名委员会	26
中小股东	1	高级管理层	0
—	—	监事会	0
—	—	成立的独立董事中介机构	12

在"您认为独立董事应由谁提名"一栏中，34%的人认为
应由董事会提名，12%表示由大股东特别是控股股东提名，两者
占到了 46%，这说明以董事会为核心的公司治理结构在人们的
观念中根深蒂固。值得注意的是，26%的调查对象主张独立董事
应该由提名委员会提名；16%表示应由中小股东提名；还有
12%认为应成立独立董事中介机构提名，三者合计占 54%。这
表明：（1）人们在客观上认为提名人应多元化；（2）人们更加
主张由一个相对中立的或公司治理中较弱一方提名。独立董事认
为的提名者与实际的提名者存在着的这种差异，很可能与人们对

公司中代理问题的认识和独立董事的监督职能更为相关。一方面，从中立的立场上看，出于公正或保护公司中弱势群体利益的思考，人们普遍主张由一个相对独立的或公司中较弱一方提名独立董事；另一方面，公司中的控制权人认识到了独立董事的监督作用，可能会妨碍其在公司的"机会主义行为"，所以，更多地采用了"自己"提名，使独立董事成为"自己的人"。这实际上反映了公司中的控制权人与其他非控制权人之间在公司中利益的冲突。

（3）独立董事选举任命分析

《指导意见》中指出独立董事的选举由股东大会决定通过。调查分析的结果基本与《指导意见》规定相符（见表 6 - 3）。在上市公司独立董事的实际任命过程中，73% 由股东任命，27% 由董事会任命。这可能是由我国上市公司的股权结构决定的。在我国，股权结构相对集中，一股独大，董事会基本就等于股东的派出机构，即使独立董事的任命权由董事会行使，代表的也是大股东特别是控股股东的利益。

独立董事建议的任命方式出现了多元化倾向（见表 6 - 3），提名委员会和高级管理层任命分别占到 5%，股东大会任命上升为 81%，董事会的任命降为 9%，这可能是由于股东大会为非控股股东和广大中小股东提供了表达建议的机会，能选择符合其利益代表的独立董事，同时，股东大会作为最终法定权力机关，做出的决定更具有法律约束力。董事会只是股东大会决议的执行机构，若由大股东特别是控股股东控制的董事会直接任命独立董事，独立董事独立性可能受到影响。由提名委员会和高级经理层任命独立董事的建议分别占到 5%，为此做出的解释可能是提名委员会成员绝大部分由独立董事构成，提名委员会选出并任命的独立董事能更少地受股东和公司管理层的影响，更独立地履行职责。由高级管理层任命独立董事则可能多出现于高级管理层控制的上市公司，进而影响独立董事的任命。

表 6 - 3　　　　　　独立董事选举任命情况分析

分类	您认为独立董事应由谁任命？（%）	您担任独立董事最终由谁任命？（%）
股东大会	81	73
提名委员会	5	0
高级管理层	5	0
董事会	9	27

（4）独立董事退出机制分析

退出机制的安排是独立董事制度有效运作的必备条件之一。依据《指导意见》规定，独立董事的退出可以分为三种：任期已满、主动辞职和被动离职。金信证券研究所所作的《独立董事退出现象研究》得出的结论指出非正常退出的独立董事占整个退出人次的50%左右[1]。我们在此次问卷中针对这一问题进行了调查（见图6-6）。73%的独立董事表示在任期已满的时候退出上市公司，这一结果显示了我国的独立董事在公司基本能够正常履职，与上市公司的股东及管理层能有效沟通，发挥了制度设计的作用。但这也不能因此排除独立董事与大股东或董事会合谋的可能性。20%的独立董事基于降低自身风险、所承担风险与所得薪酬不对等、自身状况等原因选择主动辞职，另有7%出于独立性要求，被动离职。

---

① 李康、叶雅、张明坤：《独立董事退出现象研究》，http://www.e521.com/ztjj/duli/600001/0809082937.htm，2003.2006-11-18。

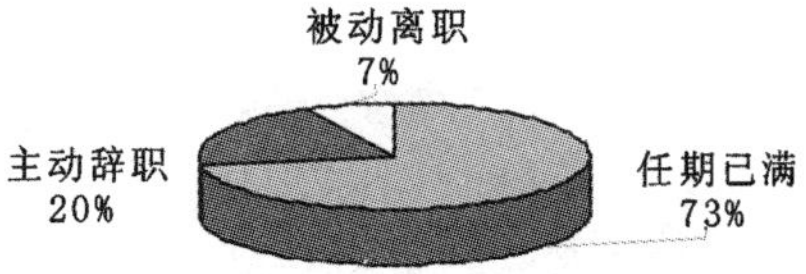

图 6 - 6　独立董事辞职原因

3. 独立董事激励机制分析

由图 6 - 7 知，70% 的独立董事表示现行的激励机制有一定的合理性，16% 认为很不合理，只有 14% 对其表示满意。这一结果说明现行的独立董事激励机制并没有最大程度地激发独立董事工作的积极性。究竟是什么原因呢？我们分别从声誉和物质对独立董事的激励两个方面做了进一步调查。

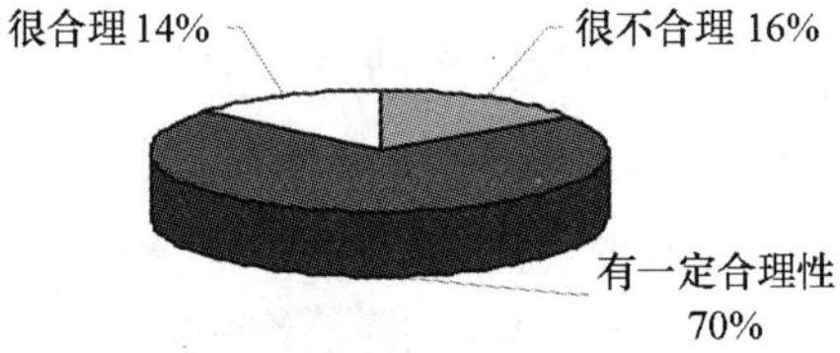

图 6 - 7　现行独立董事薪酬制度的合理性

调查显示（见图 6 - 8），61% 的独立董事珍惜自身的声誉，他们出于声誉的考虑，在上市公司中会表现出应有的独立性和客观性，这在某种程度上可避免独立董事与经理人员、执行董事之间的合谋。但也有 15% 的独立董事并不注重声誉。独立董事是现实的"经济人"，分文不取，既不符合按劳取酬的分配原则，也可能使他们没有足够的动力来有效发挥职能，更无法让其承担相应的民事赔偿责任。

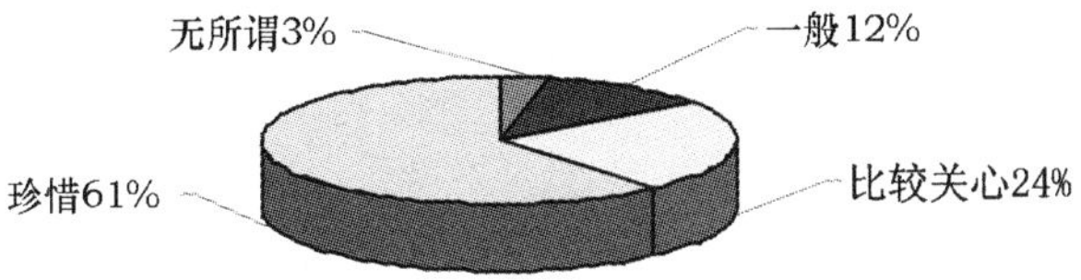

无所谓3%　　　　　　　　　一般12%

珍惜61%　　　　　　　　　　比较关心24%

图6-8　独立董事对声誉关注程度

在物质激励方面,《指导意见》规定,上市公司应该给予独立董事适当的津贴,但不应从所在上市公司及其主要股东或有利害关系的机构和人员取得额外的、未予披露的其他利益。上市公司独立董事年薪有固定津贴、与履行职责相关的车马费和会议费以及部分上市公司为独立董事购买的责任保险三种形式。图6-9显示,60%的独立董事表示领取的津贴与付出劳动及承担风险对等;25%表示领取的津贴不足弥补付出的劳动;12%表示领取的津贴根本不够弥补其付出的劳动。

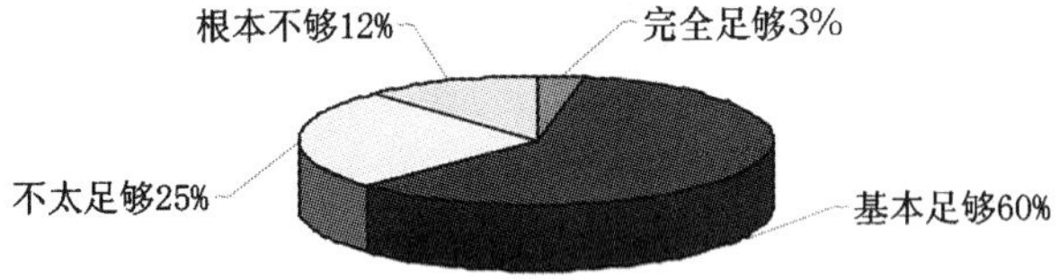

根本不够12%　　　　　　完全足够3%

不太足够25%　　　　　　　基本足够60%

图6-9　独立董事领取的津贴与付出劳动及承担风险的关系

为了保持独立性,独立董事在上市公司领取津贴不应成为其收入的主要来源,为此,我们就独立董事在上市公司领取的津贴与其除津贴之外的年均收入进行了对比分析(图6-10)。86%的独立董事领取的年度津贴在2万—5万元,津贴在2万元以下的占8%,津贴在6万—10万元和10万元以上的分别占到了3%。然而,就独立董事个人年均收入而言,6万—10万元的占

45%，10 万—14 万元的占 27%，14 万元以上的占 28%。

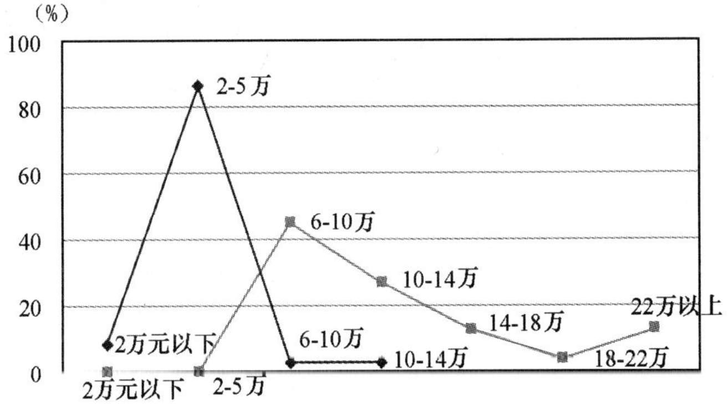

图 6 - 10　独立董事年度津贴与年均收入对比图（单位：万元）

对于那些认为年度津贴不足的独立董事，98% 表示当上市公司增加年度津贴的数量时，自身会更勤勉地工作；92% 的独立董事表示上市公司向自己支付更多的年度津贴并不会造成独立性的丧失（见表 6 - 4）。

表 6 - 4　　　　　　　　独立董事津贴对其工作的影响

分　类	会更勤勉地在独立董事 这个职位上工作吗？（%）	是否会对独立性有影响？（%）
会	98	8
不会	2	92

我国学者杜胜利（2004）①、夏冬林（2005）② 研究指出，

———————

① 杜胜利、张杰：《独立董事薪酬影响因素的实证分析》，《会计研究》2004 年第 9 期。

② 夏冬林、朱松：《独立董事报酬的决定因素与公司治理特征》，《南开管理评论》2005 年第 4 期。

独立董事年度津贴的制定需考虑独立董事本人的声誉、劳动付出、公司高管薪酬、独立董事总收入、公司规模、行业、独立董事在董事会的比例、董事会会议次数等因素。实际执行过程中，91%的独立董事表示年度津贴与上市公司的绩效没有挂钩，84%表示年度津贴与工作绩效没有挂钩（见表6-5）。

表6-5　独立董事年度津贴是否与工作业绩、公司业绩挂钩

分　类	津贴中有无与公司 绩效挂钩部分？（%）	津贴中有无与工作 绩效挂钩部分？（%）
有	9	16
没有	91	84

谈到对此问题的看法时，有36%的独立董事表示上市公司应当建立与工作绩效挂钩的年度津贴制度，25%的独立董事表示上市公司应当建立与公司绩效挂钩的年度津贴制度，44%的表示在条件成熟时，上市公司应参照独立董事的工作业绩和上市公司业绩建立年度津贴（见表6-6）。

表6-6　独立董事津贴与工作业绩、公司业绩挂钩必要性

分　类	与公司绩效挂钩（%）	与工作绩效挂钩（%）
必要	25	36
不必要	31	20
在条件成熟时必要	44	44

4. 独立董事责任保险制度分析

随着上市公司民事赔偿责任制度的确定，上市公司董事给公司和股东造成损失的，要承担民事赔偿责任，追究董事个人赔偿

责任。独立董事作为公司有效治理的重要保障,在享受薪金的同时也承担着重大的责任和风险。《指导意见》中指出,上市公司可以建立必要的独立董事责任保险制度,以降低独立董事正常履行职责可能引致的风险。调查结果显示,95%的上市公司没有为独立董事购买责任保险。这说明,上市公司为独立董事购买责任保险的依然很少,与独立董事的期望有着较大的差距。在调查的对象中,64%的希望上市公司建立独立董事赔偿和保险机制,31%的表示在以后条件成熟时建立相应的赔偿和保险机制(见表6-7)。综合两个方面看,在我国独立董事承担民事赔偿责任风险的能力非常有限,其根本原因可能在于公司与独立董事谁更应该承担赔偿责任的分歧上。为此我们又进行了表6-8的调查。

表6-7　　　　　　　　独立董事责任保险制度的建立

分类	上市公司是否为您购买了责任保险?(%)	上市公司是否应建立独立董事保险机制?(%)
是	5	64
否	95	5
以后条件成熟时建立	—	31

表6-8的数据显示,在为独立董事购买了责任保险的上市公司中,73%表示责任保险的金额不能弥补其承担的法律责任,27%表示购买的责任保险金额与承担的风险相匹配。就独立董事的过失赔偿应由谁承担这一问题,独立董事的看法存在着很大的差异。57%表示应由保险公司与独立董事共同承担,43%表示完全由保险公司承担。这说明在承担风险的主体上,不仅公司与独立董事之间存在分歧,而且,在独立董事个人之间也有观念上的差异。这需要相关的法律法规对风险主体的承担者予以强制性界定。

表 6 - 8 　　　　独立董事责任保险的金额与支付主体

独立董事责任保险的金额足够吗？	（%）	独立董事的过失赔偿应由谁支付？	（%）
不足	73	保险公司承担	43
正好	27	保险公司与独立董事承担	57
超出所需	0	上市公司承担	0

（三）独立董事制度与监事会制度分析

1. 监事会制度基本情况分析

通过对 2005 年上市公司年报的分析，河北省上市公司均依法设立了监事会。但仍有 1 家上市公司监事会人数未达标[①]；3家上市公司没有设置职工监事[②]。职工监事通过职工民主选举产生，但现行《公司法》并没有规定职工监事的比例，这就给予了公司很大的自主权，大股东通过削弱职工监事的比例，以达到削弱其监督能力的目的。同时，职工监事在行政关系上隶属于或受雇于被监督对象，《公司法》也没有为职工监事提供立法上的行权保障，这使得职工监事很难起到监督作用。

监事会成员学历较低，多以大专、本科居多，占 80%，而且几乎没有会计专业人士。监事任职资格在知识、专业层面没有规定，这将在一定程度上影响监事会行权。

2. 监事会监督作用分析

我国监事会权力得到了立法保障，然而，在实际上远未产生相应的功效。受访者中，虽有 12% 表示发挥了很大作用，27% 表示比较有作用，但仍有 41% 表示监事会发挥作用一般，17% 认为作用很小，3% 认为没有作用（见图 6 - 11）。

---

① 《公司法》规定，上市公司监事会至少由 3 人组成。
② 《公司法》规定，上市公司监事会由股东监事和职工监事组成。

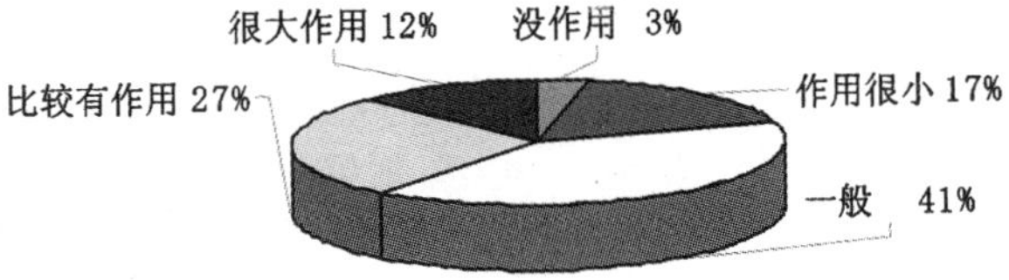

图 6 - 11   监事会监督作用分析

也许正是由于监事会难以发挥制度设计的作用,英、美国家
独立董事制度建立为我国的立法机构提供了另一个可资借鉴的监
督机制,外部独立董事的引入对现有的监事会能造成什么样的影
响呢? 63%的受访者表示,监事会发挥作用没有改变,32%的表示
监事会的作用加强了,5%的表示监事会作用削弱了(见图 6 - 12)。

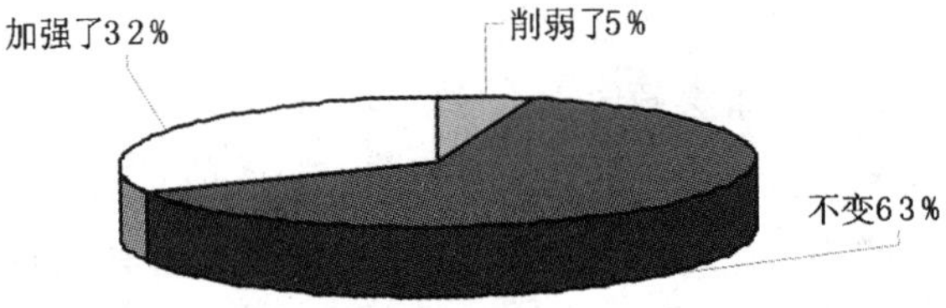

图 6 - 12   引入独立董事制度对监事会作用的影响

3. 监事会与独立董事制度职能分析

监事会和独立董事的目标均在于解决公司治理问题,降低公
司治理成本,以保证投资人和公司的利益。可以说,在基本职能
和作用方面,两大制度事实上具有同质性[1]。受访者中,27%的
表示二者的财务监督职能存在交叉,26%的表示二者对董事及高
管监督职能存在交叉,22%的表示二者在信息披露监督方面存在

---

① 高晋康、汤火箭:《中国移植独立董事制度的若干思考》,《中国商发年刊》
(创刊号),上海人民出版社 2002 年版,第 228 页。

交叉；19%的表示二者在财务以外其他的业务监督职能存在交叉；6%的认为存在其他的职能交叉形式（见图6-13）。

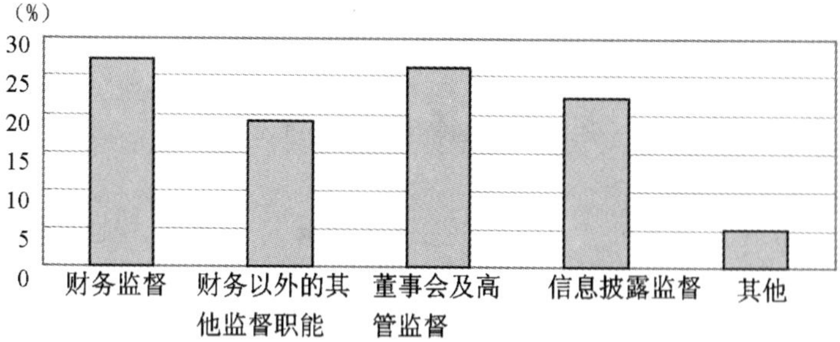

图6-13　独立董事与监事会存在的交叉职能

既然独立董事和监事会在监督职能上存在着交叉现象，如何区别看待法律法规赋予的职能呢？48%的表示独立董事是外部监督力量，监事会是内部监督力量；21%的表示独立董事倾向于事前和事中监督，监事会倾向于事后监督；17%的表示独立董事倾向于业务监督，监事会倾向于财务监督；11%的对独立董事和监事会职能分辨不清；3%的则表示在职责安排上有其他看法（见图6-14）。

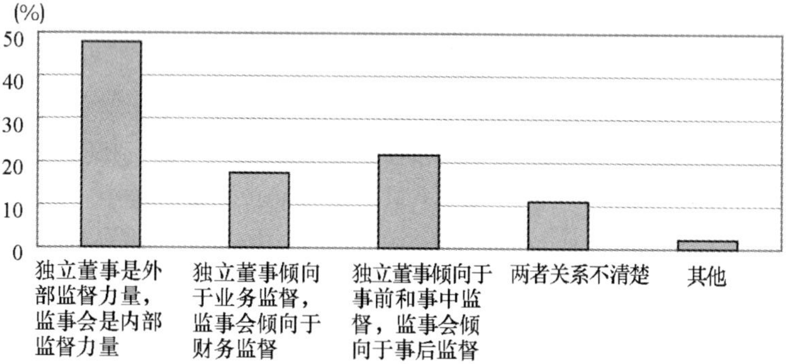

图6-14　监事会与独立董事监督职能的区别

　　监事会制度在实际中由于种种原因没有最大限度的发挥监督作用，引入的独立董事制度在监督职能方面与原有的监事会制度又存在着交叉，如何重构独立董事制度和监事会制度，使这两种公司内部监督机制发挥所长呢？受调查者中（见图 6 - 15），10% 建议取消监事会制度，90% 表示独立董事制度与监事会制度并存，但应合理划分监事会与独立董事的监督职责。至于学术界有人建议取消独立董事制度的提法①，受访的独立董事无人持赞同意见。

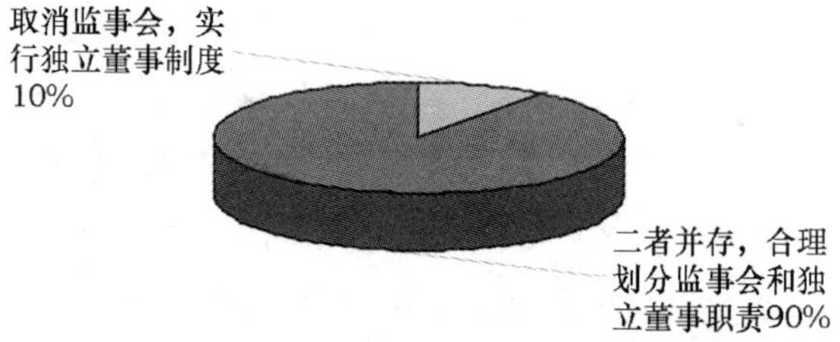

取消监事会，实行独立董事制度 10%

二者并存，合理划分监事会和独立董事职责90%

图 6 - 15　监事会与独立董事制度的重构分析

二　独立董事制度运行机制有效性的界定

　　评价某一个机制或制度是否有效，实质上是要检验该机制或制度是否能正常发挥其功能，通过功能的发挥实现该机制或制度设计的目标。

　　独立董事制度作为公司治理结构中一种独特的制度，源于对英国、美国等国家公司治理中存在的代理问题，之后，又在全球范围内被不同的国家移植到本国公司治理中，作为解决本国公司

---

　　①　周友苏：《公司法通论》，四川人民出版社 2002 年版，第 569—571 页。

治理中代理问题的机制。这表明独立董事制度有其独特的功能与特定的目标。

（一）独立董事制度的功能

由于各国实施独立董事制度的内外部环境千差万别，各国对其的功能定位也存在一定的差异，这些差异表现为基本职能的衍生职能不同。从渊源来看，独立董事是为解决公司中的代理问题而产生的，有其基本的职能，归纳起来主要包括：

1. 监督职能

监督职能是独立董事制度的基本职能，也是独立董事制度产生的初始理由。这一职能的产生与公司所有权和经营权的分离密切相关。现代公司中所有权与经营权分离产生了代理问题，股东（委托人）与管理层（代理人）在公司的框架内存在不同的利益目标与追求方式，导致管理层为追求自身利益最大化而做出偏离股东利益最大化目标的决策，甚至为了自身利益最大化，以"公司为赌注"冒险做出事关企业存亡的重大决策，这样会使股东利益受到极大的损害。虽然董事会作为股东的代表，拥有对公司管理层的监督权。但是，在公司治理中，董事会往往由执行董事控制，这就产生一个问题：董事负责自己监督自己的绩效。加之董事会工作复杂多变，人力资本很难观察，也使得董事会对管理层的监督效率大打折扣。严重的会导致监督的缺失，于是，公司失败的风险就会加大，股东的价值难以提升。在公司治理结构中植入独立董事制度的一个重要作用就是扮演"法官"的角色，对情况做出客观评价、对各种方案提出清晰的估测。

法玛和詹森（1983）指出，独立董事的介入，会降低公司管理层和董事合谋的可能性，董事会的活力会得到加强。独立董事在这个过程中，其作用是刺激和监督公司管理者之间的竞争，作为专职的调停人和监督人，从而有效地降低管理者对剩余要求人权益的侵害。

基于此，英、美、法国家赋予独立董事的主要功能，就是监督公司管理层。独立董事独立于公司管理层，与公司没有直接的物质经济利益，能够做出独立的、公正的判断，在一定程度上解决了谁来监督"监督者"的问题。较之于内部董事，这种监督应该更加大胆、更加有效。因为独立的外部董事不像兼任经营班子工作的内部董事那样担心受打击报复，或者身陷其中希望自己最好不受监督，他也不会因碍于情面而不对经营者进行监督。

2. 战略决策参与功能

独立董事制度的战略决策参与功能主要是指通过建立独立董事制度确保董事会独立地参与公司的战略管理和战略决策。独立董事制度引入公司治理结构以后，独立董事除了履行监督的职能外，还能够从不同角度审视公司的问题，在战略决策过程中导入他们的独立判断，提出建设性的意见和指出正确的方向，促进公司的长期发展。这一点我们可以从两个方面来理解：

（1）独立董事的专业知识背景

一般来说，担任公司独立董事者都是某一方面的专家，来自于不同的行业，具有丰富的专业经验或（和）良好的专业知识背景，并与公司具有相对的利益独立性。

在企业决策所需要的知识越来越多，对知识的要求越来越高的知识经济社会中，独立董事参与董事会的决策，能带来在本企业内部难以得到的信息、思维和创意。可以帮助公司抓住市场机会，获得更多有价值的资源。提供公司可能没有的技能和经验，提高在制定公司战略时对环境变化的预测能力，从而有助于董事会拓宽视野，帮助董事会对公司所处的经营领域和行业状况有更深刻的了解和认识，有助于董事会对公司经理人员提出的建议进行分析、检查和修正，使公司战略规划更具有科学性和合理性。如同威廉和布朗（William&Brown，1996）所说的"独立董事往往是某一领域的专家，甚至一些独立董事本身就是其他公司的高级管理人员，有着许多宝贵的管理经验，他们能为当前公司提供许多有益的建议和咨询，改善公司的经营管理"。

（2）独立董事可以发挥"外部窗口"的作用

由于独立董事还存在大量的在不同公司兼任的现象，这样还可以帮助公司与其他企业建立战略同盟关系。李、罗森斯坦和怀亚特（Lee，Rosenstein & Wyatt，1999)[①] 指出，来自投资银行、商业银行、保险公司的独立董事在提供金融财务方面的咨询和建议上对上市公司特别有益，这些独立董事甚至还能够利用他们在金融界的各种社会资源为公司提供金融服务。英国首相顾问大卫·西蒙曾说过，公司除了要致力于经营包括信息披露必须透明真实外，还须有良好的社会形象。而独立董事以相对独立的特殊身份介入公司治理恰恰为公司董事会打开了一个"形象窗口"。独立董事通过他们个人的关系，将董事会和最高管理层同有潜在使用价值的人和组织联系在一起。当一个公司成为一个具有"社会"的公司时，当公司遇到了财务问题，需要重建金融市场对它的信任时，或公司在市场上发生了产品或服务问题，需要重建客户的信用时，独立董事的名誉、地位和可信赖性对一个董事会来说是相当重要的，他们无疑对公司是有价值的。

3. 对弱势利益相关者的保护功能

对公司弱势利益相关者的保护功能实际上是独立董事监督功

---

① Lee, Y. S., Rosenstein, S., Wyatt, J. G. The value of financial outside directors on corporate boards International Review of Economic and Finance, 1999, (8): pp. 421 –431.

能的延伸，它要求独立董事在公司的弱势利益相关者受到强势主体的损害时，能够说句"公道话"，制止这种损害的发生。

传统上，公司治理理论以股权分散作为公司治理的逻辑起点，在勾勒股东与经理之间的委托—代理关系时，把经理看作这一关系中的强势主体，而股东与经理之间的利益目标又不一致，甚至存在着利益冲突，股东为了使经理人员的决策符合自身的利益并激励他们努力工作，把自身的一部分利益让渡给经理人员，实现股东利益与经理利益的兼容。也就是说，在理论上，经理的决策具有严格的利益倾向，股东和经理人员自身利益是决策的价值取向。由于股东并不直接参与公司具体的决策活动，董事作为股东的信托人，通过某种制度安排使得经理的决策符合股东的利益。随着传统的股东主权的治理理念逐步被利益相关者理念取代（魏明，2003），人们逐步认识到公司不仅仅是为股东所有的公司，公司是各种不同利益相关者利益的连接点，公司应对所有的利益相关者都承担一定责任，公司决策应体现所有利益相关者的利益，而不仅仅反映股东与经理的利益，即公司决策应在一定程度上独立于股东和经理，或者说兼容所有利益相关者的利益，体现应有的公正性。独立董事制度的重要功能就是保证公司决策的独立性和公正性，使得公司利益群体中弱势群体的利益免受侵害。通过在董事会中引入独立于公司经理和控股股东的独立董事，订立能够公正对待所有利益相关者的决策，以界定公司行动的范围。

我国《指导意见》要求独立董事对公司及任何股东负有诚信与勤勉的义务，独立董事应按相关的要求，认真履行职责，维护公司整体利益，尤其要关注中小股东的利益，首要任务是防止"大股东控制"所滋生出来的"代理人控制"，在寻求国家大股东、中小股东和公司整体利益一致的原则下，避免国家利益和中小股东利益可能受到侵害。

在研究和实践中，人们对我国《指导意见》中独立董事功能的理解呈现多样化特征。郑慕智（2002）① 将独立董事的功能（角色）界定为四个方面：参与制定公司策略、监督管理、立场独立和确保全体股东的利益。刘纪鹏（2002）② 更是将我国独立董事的基本目标锁定为保护中小投资者利益。鲁桐（2002）③ 认为在现阶段公司独立董事数量有限的情况下，我国独立董事制度的功能应集中定位于对控股股东和经营管理人员的监督、审查和对公司信息披露的监督上。

总之，在我国独立董事功能的定位表现在以下几个方面：保护公司和全体股东权益；监督控股股东和经营管理层；提高公司经营绩效；促进公司规范经营；改善董事会素质结构，提升决策的科学性和民主化等。

（二）独立董事制度有效性的内容

将独立董事制度引入公司治理结构后，赋予了独立董事制度一些基本的功能，通过这些功能我们可以推理出独立董事制度要实现两大基本目标。

1. 提高公司价值

独立董事无论在公司中发挥监督职能，还是战略决策参与职能，最终都将对公司的价值提升产生积极影响。法玛和詹森（1986）强调独立董事的主要功能就是发挥监督功能，减少经理人和股东之间的利益冲突，缓解现代企业所面临的代理问题，减

---

① 鲁桐：《公司治理及改革：中国与世界》，经济管理出版社 2002 年版，第161—202 页。

② 同上。

③ 同上。

少代理成本，增进企业效益。独立董事通过参与公司的战略决策，可以提高董事会的决策效率，从而提高公司的治理效率，最终改善公司业绩，提升公司价值，实现企业的目标。

2. 保护公司弱势利益相关者的利益

在公司的委托—代理关系中，委托人往往是公司利益相关者的弱势群体，其利益容易受到伤害，如果这种伤害达到无法忍受的程度，他们就会退出公司，公司强势群体将失去博弈对手，公司将无存在的价值，市场秩序、社会经济秩序将无法维持，整个社会经济将无法健康运转，所以，保护弱势利益群体是非常必要的。事实上，各个国家制定相关法规强制性规定在公司治理中引入独立董事制度也正是基于此。

在我国经济转型期，公司尤其是国有企业的公司治理中，缺乏对董事会监督和对管理层的控制已严重威胁到我国上市公司的持续健康发展。由于特殊的历史原因，我国国有企业的改制和上市形成了股权高度集中，"一股独大"的现象严重。在这种股权结构下，许多上市公司的监事会形同虚设，董事会几乎无人监督，"内部人控制"问题严重，中小股东利益被侵犯的事件频繁发生。为了完善我国上市公司的治理结构，人们自然而然地就会把目光投向市场经济国家中运作比较成功的独立董事制度。所以，在我国的公司治理结构中引入独立董事制度，更有保护中小股东利益的目标在其中。

三 独立董事制度有效性检验的设计

检验独立董事制度是否有效，就是检验独立董事制度的运行是否能够实现制度设计的目标，所以，本节将从公司价值和中小股东利益的保护两个方面检验独立董事保障制度的有效性。

（一）待检验假设

独立董事制度设立的最终目标之一是通过公司治理结构的改善，提高公司的绩效，以提升公司价值。独立董事制度如果提高了公司的绩效，表明在公司治理中引入独立董事具有有效性；否则，独立董事制度的有效性将受到质疑，需要分析妨碍独立董事制度有效性的问题并完善之。

根据上面对任职独立董事背景的调查，独立董事大多由具有某方面特长的经济学家、行业技术专家、退休的政府官员和具有丰富管理经验的在职或离职的经理人员、董事担任。他们具有不同专业知识、从业经验和社会关系背景，能从不同的角度对公司经营战略决策提供意见，对保证公司战略决策的正确性能产生重大影响，能保证公司经营战略决策的有效实施，提升公司价值。

另外，由于独立董事的独立性，独立董事还能对公司"内部人"进行有效地监督，在一定程度上起到了降低代理成本，保护中小股东（委托人）的利益的作用。

总之，独立董事制度在解决公司决策提升公司价值和监督代理人保护中小股东两个方面发挥作用。如果公司没有设立独立董事制度，将不存在这些优势。所以，有如下假设：

假设1：有独立董事的公司的价值比无独立董事的公司价值高；有独立董事公司的中小股东比没有独立董事的公司的中小股东受到更好的保护。

虽然独立董事作为公司治理中对内部董事的一个制衡力量，但是，在董事会决策中还是要按照"少数服从多数"的原则进行。独立董事要实现其独立的诉求，不仅需要有表决权，而且还要有足够的表决权，于是，在按照"少数服从多数"的原则决定公司战略时，独立董事在董事会中所占的比例显得尤为重要。

独立董事比例的提高有利于加强董事会和委员会的客观性和独立性，使得独立董事在董事会具有一定的影响力，进而影响董事会的决策。但是，独立董事与执行董事在公司治理中的角色与地位是不同的，应在董事会中有适当比例的执行董事和非执行董事，并让他们从事适合其身份和角色的职责，这样既能发挥执行董事在掌握企业内部信息和执行董事会决议等方面的优势，又能发挥非执行董事监督的独立性，以及拥有投资、财务、法律、管理等专业知识方面的特长。相反，清一色的执行董事或非执行董事组成的董事会，在结构和功能上未必是最好的执行董事、非执行董事在履行的职责上出现角色错位，也会严重影响董事会的功能发挥。所以，有如下假设：

假设2：公司价值与独立董事比例呈倒"U"形关系。

假设3：中小股东利益的保护与独立董事比例呈倒"U"形关系。

中国证监会《关于在上市公司建立独立董事制度的指导意见》对独立董事选聘程序的规定为：独立董事由上市公司董事会、监事会、单独或者合并持有上市公司已发行股份1%以上的股东提名并经股东大会选举决定。

由于我国上市公司中的股权高度集中，公司可以划分为具有利益冲突的两个群体：具有强势的大股东（委托人）和处于弱势的中小股东。中小投资者的利益常常受到大股东的侵害，这样公司中的主要代理问题是大股东与中小股东之间的代理问题。防止大股东对中小股东利益的损害，保护中小投资者，是我国独立董事制度设计的基本目标之一。独立董事由谁提名决定着他们将代表着谁的利益，以何种立场去做出判断和行事，所以，确立合理的选聘方式，何人拥有提名权至关重要。根据《指导意见》我们可以将独立董事提名权分为两大类：一类是由董事会、监事会和第一大股东提名。因为，上市公司中高度集中的股权直接后果就是董事会、监事会直接为大股东所控制，而大股东在选择独立董事时可能会强调过多的个别偏好和利益的倾向，所以，由董事会、监督会以及第一大股东提名的独立董事代表大股东的利益；另一类为单独或者合并持有上市公司发行股份1%非第一大股东提名。由于其他股东对大股东有制衡作用，所以，由他们提名的独立董事可能会更好地维护中小股东的利益。独立董事代表提名者的利益倾向也可以从表6-2的调查结果推理出来。

另外，在"一股一票"的"多数表决"原则下，"合并持有上市公司已发行股份1%以上的股东提名"具有累积投票制的效果，可以有效地避免大股东利用资本优势操纵股东大会，保障少数股东在采取一致立场的基础上将代表其利益和意志的代言人选进董事会，以充分保证独立董事相对于控股股东的独立性。

所以，再有以下假设：

假设4：由单独或合并持有1%以上非第一大股东提名独立董事的公司比董事会、监事会或第一大股东提名独立董事的公司，对中小股东利益的保护更好。

独立董事制度是公司治理的一项重要举措，独立性是它的核心和灵魂，恰当的激励和约束机制是确保独立董事独立性的重要因素。如何激励独立董事，一直是独立董事制度的一大难题，在理论界和企业界也一直有争议。独立董事参加董事会的决策过程，是自己人力资本的运用过程，要让他们充分有效地利用自己的人力资本，必须建立起相应的激励机制。从理论上来看，独立董事也是现实的"经济人"，而且正因为独立董事一般都是在某一领域内有一定成就或影响的专家，他们的时间价值就比较高。因此，如果不给予独立董事一定的薪酬或薪酬太低，由于机会成本的存在，独立董事对于投入大量时间、精力为公司出谋划策的动力和参加董事会履行其职责的积极性将大大降低。只有具有吸引力的薪酬，才能吸引一流的人才担任独立董事。在激励机制上，薪酬是最主要的手段。赫马林和魏兹巴赫（Hermalin & Weisbach，1988）的研究结果也表明，与公司业绩相联系的以激励为基础的薪酬制度能提高独立董事监督企业经营的效率。固然某些研究者认为，独立董事的功能更多地是被定位于监督经营者，而且我国目前独立董事的薪酬仍然以固定津贴为主，所以不应与企业业绩挂钩（娄芳和原红旗，2002）。但是这并不意味着国内上市公司在制定独立董事薪酬方案时不考虑企业业绩和长期价值创造能力因素的影响。

因此，有以下假设：

假设5：公司价值与独立董事薪酬之间存在正相关关系，即独立董事薪酬越高，公司绩效越好。

假设6：中小股东保护与独立董事薪酬之间存在正相关关系，即独立董事薪酬越高，对中小股东保护越好。

（二）变量设计、回归模型与样本取得

1. 变量设计

检验独立董事运行机制是否有效，就是要检验独立董事运行机制是否能对公司的价值和中小股东的保护有积极的意义。具体实证分析涉及被解释变量和解释变量（独立董事的运行机制）。

（1）被解释变量

从本书研究的问题来看，被解释变量是能够体现独立董事制度运行效果的变量，从本章的讨论来看，就是独立董事制度运行对提升公司的价值与保护中小股东利益是否起到作用，即检验公司价值与中小股东保护与独立董事制度之间的关系。所以，公司价值与中小股东保护成为本章检验的两个被解释变量，然而，由

于这两个变量很难直接量化，需要在实证检验过程中寻找替代变量。

第一，公司价值替代变量。

衡量企业价值的指标通常有两类：会计指标和公允价值指标。会计指标是指根据会计准则和会计制度，按照会计程序与方法确认、计量会计要素，最后得到的一些指标，如企业的净利润、每股收益、权益报酬率、资产报酬率等。公允价值是非历史成本价值，它的计量是非常复杂的，从国内外一些研究来看，相当一部分人采用公司的市场价值或公司资产的重置价值来衡量公司的价值，还有一部分学者用相对公允价值来衡量公司价值，如托宾 Q 值。由于我国资本市场属于新兴的市场，市场属于弱有效市场，发现价格的功能较弱，使得上市公司的股票价格远远偏离其价值，另外，公司债券市场也不健全，公司债券缺乏完善的市场价格，从而也就无法通过市场确定公司的价值。在我国，除了资本市场之外的其他市场，如生产要素市场等也不完善，甚至缺失，导致公司资产的重置价值也难以估算。因此，本书的研究将使用会计指标来确定公司的价值。

我们将选择每股收益和资产报酬率作为公司价值的替代变量。原因有三：一是相对数的财务指标可以消除公司规模不同产生的影响，从而使公司之间的价值可以比较。二是每股收益是投资者在投资时考虑的主要指标之一，且为上市公司要求披露的重要指标。在新的会计准则中将该指标纳入了表内指标予以报告。

每股收益为基本每股收益，它只考虑当期实际发行在外的普通股股份，按照归属于普通股股东的当期净利润除以当期实际发行在外普通股的加权平均数计算。

第二，中小股东保护替代变量。

对于中小股东保护的替代变量，学者们也各抒己见，用不同的指标来表示对中小股东的保护程度：一是股票市场的价值。认为对中小股东的法律保护越好，股票市场越有价值[①]。二是上市公司的数量。认为对中小股东的法律保护越好，上市公司的数量越多[②]。三是上市公司的销售规模和资产规模。认为对中小股东的法律保护越好，上市公司的销售规模和资产规模越大[③]。四是公司资产的溢价。认为对中小股东的法律保护越好，上市公司相对于资产的溢价越大[④]。五是现金股利。认为对中小股东的法律保护越好，上市公司分红越多[⑤]。六是股权集中度与控制度。认为对中小股东的法律保护越好，越有较低的股权集中度和控制度[⑥]。

我们将选择现金股利作为对中小股东保护的替代变量。这源于"股东保护法律论"。根据这一理论，现金股利是对中小股东法律有效保护的结果。法律对中小股东权益保护越好，公司支付的现金股利越高，大股东可用于利益侵占的现金越少；中小股东法律保护越差，公司支付的现金股利越低，大股东借以进行利益

---

① La Porta, R. , F. Lopez – de – Silanes, A. Shleifer, and R. Vishny, Legal Determinants of External Finance, The Journal of Finance. 1997, (52): pp. 1131 –1150.

② Zwiebel, J. , Dynamic capital structure under managerial entrenchment. American Economic Review. 1996, (86): pp. 1197 – 1215.

③ La Porta, R. , F. Lopez – de – Silanes, A. Shleifer, and R. Vishny, Legal Determinants of External Finance, The Journal of Finance. 1997, (52): pp. 1131 –1150.

④ Claessens, S. , Djankov, S. , Fan, . J. and Lang, L. Expropriation of minority shareholders in East Asia, Unpublished Working Paper. The World Bank Washington, DC. 1999.

⑤ La Porta, R. , F. Lopez – de – Silanes, A. Shleifer, and R. Vishny, Investor protection and corporate governance. The Journal of Financial Economics, 2000, (58), pp. 3 – 27.

⑥ Claessens, S. , Djankov S. and Lang, L. H. P. , The Separation of Ownership and Control in East Asian Corporations. *Journal of Financial Economics*, 2000, (58): pp. 81 – 112、128 – 178.

侵占获取私人收益的机会越多。这是因为，在一个有效的法律保护体系下，小股东可以凭借法律赋予他们的权利迫使公司"吐出"现金，以阻止"内部人"（包括大股东）将公司中太多的现金用于自利性消费。另外，有效的小股东法律保护可以提高大股东利益侵占的法律风险，从而增加大股东利益侵占的成本。这里强调的权利不是小股东对现金股利本身有特殊需要的权利，而是强调他们享有更广泛的诸如对董事任免的投票表决权、股票任意出售权以及对利益侵占的公司提起诉讼权等保护其财富免于被侵占的权利。因此，在其他条件不变的情况下，法律保护越好，小股东的权利越大，他们从公司中"榨出"的现金股利就越多。独立董事制度引入公司治理结构也是一项法律保护制度，尤其是对中小股东这些在公司中缺少话语权的利益相关者。如果现金股利是对中小股东法律保护的结果，那么，独立董事制度越有效，公司就应该支付越多的现金股利。

我国政策的制定者们也显然赞同这样的观点。证监会分别在2001年3月28日颁布的《上市公司新股发行管理办法》和2001年5月颁布的《中国证监会发行审核委员会关于上市公司新股发行审核工作的指导意见》中规定，上市公司在股票市场再融资时，须考察其近三年派现情况。很显然，他们把现金股利政策看作上市公司对中小股东利益保护的一个重要参考。

我们将用现金股利支付率具体表示公司的现金股利政策。

现金股利支付率＝公司每股现金股利/每股净利润。

（2）解释变量

第一，独立董事在董事会中占的比例。

独立董事的比例是独立董事制度的核心内容之一，是独立董事制度有效性的基础性环节。其比例的大小，直接关系到大股东支配提案权的受制约程度，在保证独立董事整体独立性、发挥独立董事群体效应方面起到决定性作用。所以，独立董事比例是关系到独立董事制度能否有效发挥作用的重要影响因素。几乎所有实行独立董事制度的国家在这方面都作了规定，我国证监会在《指导意见》中规定，在 2002 年 6 月 30 日之前，在公司董事会中至少有两名独立董事。后来又修改了这一规定，要求上市公司在 2003 年 6 月 30 日之前，独立董事在董事会中占的比例应至少为 1/3。

本书的独立董事比例 = 独立董事人员数/董事会成员数。

第二，独立董事的提名。

独立董事的提名权是我国独立董事产生的首道程序，它对独立董事的独立性会产生至关重要的影响。我国独立董事制度设立的一个主要目的是保护中小股东的权益，这在候选人的推荐上也有所体现，已允许合并持股大的股东提出候选人，并在股东大会上允许引入累积投票权，有利于中小股东选出自己的候选人。在独立董事被推荐后，其最终产生方式都经过股东大会通过，这符合国际社会的普遍做法，有利于保证独立董事的独立性。但是，由于我国上市公司治理中存在着大股东或"内部人"控制的缺陷，致使无论是在股东大会，还是在董事会和监事会，大股东都处于优势地位，在系列的程序中，大股东及其代理人完全可以把自己的独立董事候选人当选为独立董事，客观上把公司对独立董事的选任合法转化为大股东对独立董事的任命，最终，导致独立董事任命程序在保证独立董事独立性作用上的"虚化"。所以，相比较而言，独立董事的提名在独立董事产生机制中的作用更显突出。

本书根据《指导意见》可以将独立董事提名权分为两大类，一类是由董事会、监事会和第一大股东提名。另一类为单独或者合并持有上市公司发行股份 1% 非第一大股东提名。如果上市公司的独立董事的提名属于第一类，赋值为 0；如果属于第二类，赋值为 1。

第三，独立董事的薪酬。

独立董事本质也是代理人，是现实中的"经济人"，所以给予适当的报酬、保持报酬与职责的对等是激励其更好发挥作用的重要保证。独立董事为认真履行其职责，需要花费大量的时间和精力，付给相应的报酬是理所应当的。独立董事领取了报酬，也就承担了责任。但独立董事的报酬安排应考虑他们的自身利益与独立性之间的平衡。薪金拿少了，很难保证其会拿出足够的时间和精力去处理公司事务；薪金拿多了，独立董事又受制于能够决定聘用他的人，出于对保住其职位的考虑，就可能减少对管理层的质询和提出反对意见。但是只有有吸引力的报酬才能吸引到一流的人才来担任独立董事，才能起到建立独立董事的目的。

在国外，一般不对独立董事的薪酬作专门的规定，但从实践看，美国公司也开始使用股票期权等多种方式来激励独立董事。我国的《指导意见》则认为独立董事应该领取津贴，除津贴外，独立董事不应该从上市公司及其主要股东或有利害关系的机构和人员那里取得额外、未予披露的其他收益。具体支付多少薪酬《指导意见》没有给予明确的规定。

美国许多大公司采取付给独立董事很少的报酬或不付报酬，依靠声誉机制来激励的方式。但是在我国上市公司经理人绝大部分都是由政府委派的，自由竞争机制尚未建立，声誉体系几乎不存在。若仅依靠社会舆论、自身道德来激励一个拥有巨大监督权的独立董事明显难以奏效。

鉴于以上分析，本书在检验独立董事报酬与独立董事制度有效性之间关系时，只考虑物质报酬，不考虑声誉对独立董事的影响。

第四，控制变量。

由于公司价值和中小股东保护程度除了受独立董事制度的影

响之外，还会受到许多因素的影响，所以，本书还设计了一部分控制变量：公司规模（以资产负债表中资产账面价值总额的自然对数表示）、资产负债率、第一大股东与其他大股东（第二至第五大股东）持股比例、是否设审计委员会、监事会规模等。

2. 回归模型

（1）公司价值回归模型

$$EPS = \alpha_0 + \alpha_1 X_1 + \alpha_2 X_2 + \alpha_3 X_3 + \alpha_4 X_4 + \alpha_5 X_5 + \alpha_6 X_6 + \varepsilon$$

式中，EPS 表示公司的每股收益；X_1、X_2、X_3、X_4、X_5 和 X_6 分别表示独立董事比例、独立董事提名类型（如果由董事会、监事会或第一大股东提名，赋值为 1，由其他人提名赋值为 0）、独立董事薪酬、第一大股东与其他大股东的持股比例、公司规模、资产负债率。

（2）中小股东保护回归模型

$$PAYMENT = \beta_0 + \beta_1 X_1 + \beta_2 X_2 + \beta_3 X_3 + \beta_4 X_4 + \beta_5 Y_5 + \beta_6 Y_6 + \varepsilon$$

式中，$PAYMENT$ 表示公司的现金股利支付率；X_1、X_2、X_3 和 X_4 与公司价值回归模型中的含义相同；Y_5 分别表示是否设审计委员会，如果设有审计委员会，赋值为 1，没设审计委员会，赋值为 0；Y_6 表示监事会规模。

3. 样本的选取与数据来源

本书以上海和深圳证券交易所上市的公司为基础样本，剔除以下公司：（1）在 2000 年 1 月 1 日至 2008 年 1 月 1 日被特殊处理（ST 或 PT）的上市公司；（2）每股收益小于零和没有支付现金股利的上市公司；（3）金融上市公司；（4）数据不全的公司。最终，本研究选定的样本公司数为 775 家。

我们选取样本的时间区间为 2000 年 1 月 1 日至 2008 年 1 月 1 日的数据。样本数据主要来源于深圳国泰公司 CSMAR 数据库，对于一些 CSMAR 数据库不能提供完整数据的，通过中国证监会指定的信息披露网站——巨潮资网数据中心、《中国证券报》、中国银河网上交易系统（双子星软件2.1版）等进行了查询。

本书的计算过程全部利用社会科学统计软件包（SPSS13.0）完成。

四 独立董事制度有效性检验结果分析

（一）描述性统计

为了对所研究的相关问题有一个大体上的认识，我们对变量进行了一个描述性统计。

通过表6-9可以看到，在我们的样本中，从2000年至2008年，我国上市公司的每股收益平均为0.281元，最高每股收益为4.201元，最低为0.005元，标准差为0.210元；现金股利支付率均值为0.391，最大值是0.950，最小值为0.010，标准差为0.153。这表明上市公司之间的每股收益和现金股利支付率相差悬殊，参差不齐，这种差异是否与独立董事制度的有效性有关？也就是说，独立董事在不同的公司可能发挥了不同的作用。

在描述性统计中，有三个指标的数值值得关注：（1）独立董事比例，均值为0.343。这很可能说明大多数公司的独立董事比例刚好满足《指导意见》中规定的1/3的比例要求。（2）独立董事薪酬。最高值与最低值相差悬殊，这不能不让人对独立董事的职能是否在公司中充分发挥产生怀疑。因为，独立董事履行其职责时，需要花费大量的精力和时间等，为什么有的独立董事的薪酬仅为2000元，这与独立董事履行其职责花费的精力与时间等极不相称。（3）第一大股东与其他大股东持股比例。均值为22.195的数值，进一步彰显了在我国上市公司治理中引入独立董事制度的必要性。

表6-9 各变量描述性统计

分类	N	Mean	Std. Deviation	Minimum	Maximum
EPS 每股收益(元)	775	0.281	0.210	0.005	4.201
PAYMENT 股利支付率(%)	775	0.391	0.153	0.010	0.950
X_1 独立董事比例(%)	775	0.343	0.06	0.30	0.60
X_2 独立董事提名类型	775	0.375	0.565	0	1
X_3 独立董事薪酬(万元)	775	3.577	1.800	0.200	16.000
X_4 第一大股东与其他大股东持股比例	775	22.195	58.722	0.343	1248.167
X_5 公司规模(LN 资产账面价值)	775	21.221	0.953	17.885	26.855
X_6 资产负债率	775	0.418	0.260	0.0273	7.152
Y_5 是否设审计委员会	775	0.442	0.497	0	1
Y_6 监事会规模(人)	775	4.13	1.29	2	10

(二) 差异 T 检验

1. 是否设有独立董事的公司价值与中小股东保护差异 T 检验

该差异检验是对假设 1 的检验:有独立董事的公司的价值比无独立董事的公司价值高;有独立董事公司的中小股东比没有独立董事的公司受到更好的保护。具体到变量就是要检验有独立董事公司的每股收益和现金股利支付率在统计上显著高于无独立董事公司。为此,我们将样本上市公司分为没设立独立董事与设立独立董事两组。由于中国证券管理委员会于 2001 年8 月 16 日发布《关于在上市公司建立独立董事制度的指导意见》,要求在上市公司的治理结构中引入独立董事制度,并在 2003 年 6 月 30 日前独立董事占董事会人数的 1/3 以上。由于上市公司设立独立董事具有强制性的色彩且带有很强的时间阶段性,所以,在整个样本取值期间,同一个公司在2003年之前被纳入了没有设立独立董事样本组,而在2003年之后又被纳入了设立独立董事样本组。

两组样本的T检验如表6-10所示。

表6-10   是否设有独立董事公司的每股收益和现金股利

支付率的均值比较与差异T检验结果

指标	组别	N	Mean	Grouped Median	Std. Deviation	Std. Error of Mean	Minimum	Maximum
每股收益	设立独立董事	775	0.34	0.36	0.15	4.30E-02	0.003	4.20
	没设独立董事	647	0.29	0.30	0.13	2.13E-02	0.03	3.78
	T检验值	$t = -21.667$, $P = 0.0001$						
现金股利支付率	设立独立董事	775	0.39	0.37	0.23	7.23E-03	0.01	0.95
	没设独立董事	647	0.23	0.25	0.14	6.23E-03	0.01	0.67
	T检验值	$t = -13.544$, $P = 0.0000$						

从表6-10可以看到,两组不同的样本公司中,独立董事制度对公司价值影响的差异T检验结果表明:设有独立董事公司的现金股利支付率大于没有设立独立董事公司的每股收益,且两组存在着显著差异;设有独立董事公司的现金股利支付率大于没有设立独立董事公司的现金股利支付率,且两组存在着显著差异。许多学者的研究表明,每股收益越大公司的价值就越大;现金股利支付率越高表明公司对中小股东的保护越好。所以,独立

董事制度对公司价值影响的差异 T 检验结果支持了假设 1。

2. 独立董事提名差异 T 检验

本差异 T 检验要检验假设 4：由单独或合并持有 1% 以上非第一大股东提名独立董事的公司比董事会、监事会或第一大股东提名独立董事的公司，对中小股东利益的保护更好。

我们将设立独立董事的上市公司按其提名类型分为两组，由董事会、监事会和第一大股东提名独立董事的为第一组，该组共有 689 个样本；由单独或者合并持有上市公司发行股份 1% 非第一大股东提名独立董事的为第二组，该组共有 86 个样本。两组差异 T 检验结果见表 6 - 11。

表 6 - 11　　　　　　独立董事提名差异 T 检验

指标	组别	N	Mean	Grouped Median	Std. Deviation	Std. Error of Mean	Min	Max
现金股利支付率	第一类提名	689	0.29	0.27	0.33	5.89E - 03	0.01	0.59
	第二类提名	86	0.37	0.39	0.14	7.33E - 03	0.09	0.67
	T 检验值	t = - 13.544，P = 0.0000						

注：第一类提名是指公司的独立董事由董事会、监事会和第一大股东提名。第二类为单独或者合并持有上市公司发行股份 1% 非第一大股东提名。

表 6 - 11 表明，由董事会、监事会和第一大股东提名独立董事的公司，其现金股利支付率均值为 0.29；由单独或者合并持有上市公司发行股份 1% 非第一大股东提名独立董事的公司，其现金股利支付率为 0.37。两组间的差异是显著的。检验结果支持假设 4。说明由单独或合并持有 1% 以上非第一大股东提名独

立董事的公司比董事会、监事会或第一大股东提名独立董事的公司，对中小股东利益的保护更好。这说明非控股股东更倾向于让上市公司以现金股利的形式"吐出"现金，避免上市公司留有过多的现金被第一大股东侵占，以保护自己的利益。

（三）公司价值模型与中小股东保护模型回归分析

1. 公司价值模型回归分析

公司价值模型回归分析主要检验假设 2 和假设 5，即公司价值与独立董事比例呈倒"U"形关系；公司价值与独立董事薪酬之间存在正相关关系，即独立董事薪酬越高，公司绩效越好。其检验结果如表 6 – 12 所示。

表 6 – 12　　　　　　　　公司价值模型回归

$$(EPS = \alpha_0 + \alpha_1 X_1^2 + \alpha_2 X_2 + \alpha_3 X_3 + \alpha_4 X_4 + \alpha_5 X_5 + \alpha_6 X_6 + \varepsilon)$$

Eq	(1)		(2)		(3)	
	Coeef	t	Coeef	t	Coeef	t
X_1	0.044	1.993	0.101	4.090	0.120	2.961 *
X_1^2			0.449	0.893 ***	0.332	3.629 ***
X_2					− 0.121	2.094
X_3					0.234	4.395 **
X_4	0.120	1.289 ***	0.133	3.498 **	0.191	3.466
X_5	0.266	3.332 **	0.210	2.466 **	0.180	2.277 **
X_6	0.191	4.130 ***	0.117	3.980 ***	0.089	4.096 ***
Obs	775		775		775	
Adj. R^2	0.160		0.526		0.665	

注：*、**、*** 分别表示在 10%、5%、1% 的水平上显著。

从表 6 - 12 可以看出，方程 1 将 X_1、X_4、X_5 和 X_6 纳入回归，发现上市公司的独立董事比例虽然与公司价值正相关，但是，并不显著。该方程的 Adj. R^2 值为 0.160，拟合优度也不理想。这说明公司价值与独立董事比例并不是线性相关关系。于是，我们将 X_1^2 纳入回归模型形成方程 2，回归结果表明，变量的 X_1^2 回归系数为正数，且在 1% 的水平上显著，该方程的 Adj. R^2 值为 0.526，拟合优度比较理想。将 X_1、X_1^2、X_2、X_3、X_4、X_5 和 X_6 纳入方程形成方程 3，该方程的 Adj. R^2 值为 0.665，拟合优度得到进一步改善。对其回归结果表明，X_1 的系数为正，在 10% 的水平上显著；X_1^2 的系数为正，在 1% 的水平上显著，支持假设 2。从独立董事报酬与公司价值的关系上来看，两者之间呈正相关关系，且在 5% 的统计水平上显著，支持假设 5。这表明独立董事的薪酬越高可能会提高公司的价值，在一定程度上履行了其战略决策的参与功能。结合表 6.2 的调查结果可以看出，上市公司的大多数独立董事是由第一大股东、董事会或监事会来提名并聘任的，他们可能更加关注独立董事在公司价值提升方面所发挥的作用，更多地利用了独立董事的专业知识、社会关系、工作经验等方面的特长，使独立董事实现了战略决策参与功能。公司价值与独立董事的提名类型之间的负相关关系（虽然并不显著）从反面印证了这一点。表 6 - 12 回归结果显示，独立董事的提名类型与公司价值呈负相关关系，但是并不显著，这表明单独或者合并持有上市公司发行股份 1% 非第一大股东提名的独立董事的公司的价值并不比由董事会、监事会和第一大股东提名独立董事的公司价值高。这一结果也从侧面说明，小股东提名的独立董事可能并无助于公司的价值提高。这可能因为，小股东与大股东提名独立董事的出发点有所差异，小股东比大股东更关心其利益是否受到侵害，而大股东可能更关心公司价值的提升。

2. 中小股东保护回归分析

该回归分析是要检验假设 3 和假设 6：中小股东利益的保护与独立董事比例呈倒 "U" 形关系；中小股东保护与独立董事薪酬之间存在正相关关系，即独立董事薪酬越高，中小股东法律保护越好。回归结果见表 6 – 13。

表 6 – 13 中方程（1）的回归结果显示，中小股东的保护与独立董事比例之间并没有显著的线性关系，而与独立董事比例的平方正相关（方程（2）和（3））且在 1% 的统计水平上显著，表明中小股东保护与公司独立董事比例呈现出一倒 "U" 形关系。回归结果支持假设 3。中小股东保护与独立董事薪酬之间呈正相关关系，但是这种相关关系并不显著。结果不支持假设 6。

表 6 – 13　　　　　　　　中小股东保护回归

($PAYMENT = \beta_0 + \beta_1 X_1^2 + \beta_2 X_2 + \beta_3 X_3 + \beta_4 X_4 + \beta_5 Y_5 + \beta_6 Y_6 + \varepsilon$)

Eq	(1)		(2)		(3)	
	Coeef	t	Coeef	t	Coeef	t
X_1	0.091	1.887	0.110	2.797 **	0.211	3.443 **
X_1^2			0.390	3.009 ***	0.326	2.967 ***
X_2					0.141	2.774 **
X_3					0.161	2.199
X_4	0.115	2.432 **	0.136	2.111 **	0.124	4.449 ***
Y_5	0.198	3.030 **	0.209	2.696 **	0.212	3.266 **
Y_6	0.077	2.888	0.112	2.018	0.162	4.906
Obs	775		775		775	
Adj. R^2	0.111		0.329		0.475	

公司独立董事提名类型与公司的中小股东保护呈正相关关

系，且在 5％ 的统计水平上显著。这表明由单独或者合并持有上市公司发行股份 1％ 非第一大股东提名的独立董事的公司对中小股东的保护好于由董事会、监事会和第一大股东提名独立董事的公司对中小股东的保护，进一步印证了假设 4。

值得注意的是（1）独立董事薪酬与公司价值显著正相关，而与中小股东保护无显著相关性；（2）独立董事比例与公司价值无显著相关关系，而与中小股东保护呈显著相关关系；（3）上市公司独立董事的提名与公司价值并无显著的负相关性，而与中小股东的保护呈显著正相关关系。

（四）稳健性检验

我们使用了每股收益作为公司价值的替代变量，现金股利支付率作为中小股东保护的替代变量，检验了独立董事制度的有效性。那么这两个变量的检验结果是否具有稳健性呢？即这两个变量检验的结果是否具有可信性。为此，需要做了一个稳健性检验。

我们使用资产报酬率和上市公司信息披露水平分别作为公司价值与中小股东保护的替代变量——被解释变量，检验独立董事制度的有效性。

以资产报酬率替换每股收益是考虑到我国上市公司的治理状况，这一指标更能体现公司利益相关者利益最大化的财务目标，而不仅是股东利益最大化。该指标把企业一定期间的净利与企业的资产相比较，可以衡量企业资产综合利用的效果。这是因为，企业的资产是由投资人投入或举债形成的，净利润的多少与企业资产的多少、资产结构、经营管理水平有着密切的关系。资产报酬率，用 ROA 表示，ROA ＝净利润/总资产。

以上市公司信息披露水平替换现金股利支付率是因为该指标

反映了上市公司的控制权人对公司其他利益相关者负责任的程度。一般来讲，在公司中，中小股东是信息弱势者，而信息上的弱势往往使得中小股东更容易受到伤害。

该指标数据来源于深沪两个交易所网站对上市公司信息披露的总体评估，其评估结果分为：不及格、及格、良好和优秀四种结果。在实证检验过程中，这四种结果的赋值分别为：0、1、2、3。

我们做了与每股收益和现金股利支付率相同的检验，结果并没有实质性的差别。所以，我们认为本书的研究结果是正确的。

第七章

独立董事激励契约与防范合谋契约的设计

第六章的实证检验结果表明独立董事制度在对公司价值的提升与中小股东保护上并不是简单的同向变化关系，制度运行过程中需要在公司价值与中小股东保护之间做出平衡。尤其在独立董事的激励与代理关系的处理上。独立董事的报酬过高可能会激发独立董事的工作积极性，发挥专业特长，努力工作提升公司价值，但是，也会产生独立董事对薪酬的依赖性，从而与管理层合谋，降低对中小股东的保护水平。本章主要研究公司应该如何设计契约以激励独立董事发挥监督积极性和防范独立董事与管理层（或控股股东）的合谋。

一 独立董事激励契约的设计

在股权集中度不同的公司中，独立董事的角色存在着差异：在股权分散的公司中主要是全体股东与管理层之间的利益冲突，独立董事受全体股东的委托监督管理层；在股权集中的公司中主要是中小股东与控股股东之间的利益冲突，独立董事受中小股东的委托监督控股股东。这种差异如图 7-1 所示：

通过图 7-1 可以看到，由于独立董事的介入使得公司中的委托—代理关系变得复杂。一方面，委托人（全体股东或中小

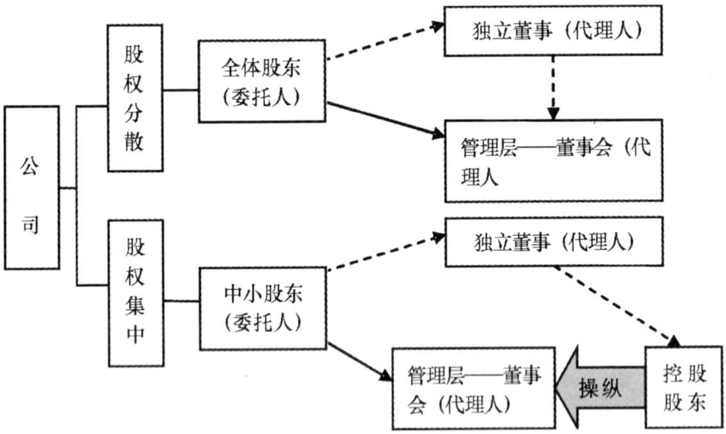

图 7-1 不同股权结构下独立董事角色的差异

股东）委托管理层（或控股股东）经营企业；另一方面，委托独立董事监督管理层（或控股股东）。由于公司中委托人同时具有两个平行的代理人——管理层（或控股股东）和独立董事，并且管理层（或控股股东）又是公司的实际控制权人。

独立董事与股东之间存在典型的委托—代理关系，其中独立董事为代理人，股东为委托人。由于两者之间的利益不一致性，可能存在代理问题。作为股东的委托人要解决的问题是，如何设计一个报酬支付契约以激励独立董事按照股东的利益目标选择行动，以最大化股东的利益。由于独立董事选择行为具有不可观察性，股东在设计激励契约时只能运用一些可观察的替代变量间接考核独立董事，这样，导致了股东由这些替代变量推断出的独立董事的行为成为一种不完全信息。因此，股东的基本问题演变为如何根据这些可观察的替代变量所产生的不完全信息来设计支付契约以激励独立董事，使其选择有利于股东利益最大化的行为。股东对独立董事的激励来自两个方面：一个是报酬（物质）激励，如支付给独立董事的货币报酬；另一个是无形激励，如独立董事声誉等。在激励（被激励）的过程中，股东和独立董事都必须权衡的另外一个因素是他们各自应承担的风险。本部分主要研究股东如何设计独立董事的物质激励和声誉激励契约。其内容结构是首先给出了分析问题的两个基本模型；其次，讨论了风险在股东与独立董事之间的分担，以及风险在激励契约中的作用；再次，讨论了报酬激励契约设计；最后，讨论了在激励过程中声誉机制的作用。

（一）设计独立董事激励契约的目标模型

虽然独立董事的努力水平是不可观察的，但是，股东可以从他所采取了某一具体行动的结果中推断独立董事的努力水平。事实上，独立董事的行动结果除了自身的努力之外，还会受到一些不可控因素的影响。所以，独立董事的一个可观测的结果为 $x(\alpha,\theta)$ 和一个货币产出为 $\pi(\alpha,\theta)$（这个"产出"归股东所有）是由 α 和 θ 共同决定的。其中，α 表示独立董事的努力水平，也就是他所采取的某一具体行动，用 A 表示独立董事所有可能努力水平的集合，且 $\alpha \in A$。θ 表示独立董事不能控制的随机外生变量（又被称为"自然状态"），其取值范围为 Θ，$G(\theta)$ 和 $g(\theta)$ 是 θ 在 Θ 上的分布函数和密度函数。此时，股东的问题是设计一个激励合同 $s(x)$，根据观测到的 x 对独立董事进行奖惩。该问题的研究基于以下假定：

（1）在 θ 已定的情况下，独立董事工作越努力，产出越高，但努力的边际产出率递减，即 π 是 α 的严格递增的凹函数，π 是 θ 的严格增函数。

（2）股东和独立董事都是风险规避者或风险中性者，努力的边际负效用是递增的，即 $v' > 0, v'' \leq 0; u' > 0, u'' \leq 0; c' > 0, c'' > 0$。

（3）$\partial \pi / \partial \alpha > 0$ 和 $c' > 0$。这是因为股东和独立董事之间天然存在着利益冲突，股东在雇用独立董事后希望独立董事尽最大努力为其工作，而独立董事存在着"偷懒"动机，希望以较少的工作换来较高的报酬，如果股东不能给予独立董事足够的激励，那么，独立董事不会如股东希望的那样努力工作。

（4）股东向独立董事支付报酬和独立董事选择努力水平（行动）都以最大化自己的效用为目标。

我们令 $v(\pi - s(x))$ 和 $u(s(\pi) - c(\alpha))$ 分别是股东和独立董事的 $V - N - M$ 期望效用函数。在股东与独立董事信息对称的情况下，$G(\theta)$、$x(\alpha, \theta)$ 和 $\pi(\alpha, \theta)$ 以及效用函数 $v(\pi - s(x))$ 和 $u(s(\pi) - c(\alpha))$ 都是共同知识。其中 $x(\alpha, \theta)$ 是共同知识意味着，如果股东能观测到 θ，就可以知道 α，反之亦然。因此，股东的期望效用函数如下：

$$(P) \int v(\pi(\alpha, \theta) - s(x(\alpha, \theta))) g(\theta) d\theta$$

股东的目标就是设计并选择 α 和 $s(x)$，以最大化上述期望效用函数，但是，股东在最大化期望效用过程中受到来自独立董事的两个约束：参与约束和激励相容约束。参与约束（Participation constraint）又被称为最低保留效用约束，其含义是独立董事接受股东设计的契约后，从执行该契约中所得到的期望效用应该不小于他在拒绝股东的契约后，可以在市场提供的其他机会中获得一个最低效用（即保留效用，用 $\bar{u}$ 表示）。因此，参与约束可以表述为：

$$(IR) \int u(s(x(\alpha, \theta))) g(\theta) d\theta - c(\alpha) \geq \bar{u}$$

激励相容约束（Incentive compatibility constraint）的含义是，独立董事可以任意选择一个努力水平为 α'，且 $\alpha' \in A$，以最大化自己的期望效用（即选择一个能最大化自己期望效用的契约），如果股东希望独立董事的努力水平为 α ，那么，只有当独立董事从选择 α 中得到的期望效用不小于从选择 α' 中得到的期望效用时，独立董事才会选择 α 。这一条件可以表述如下：

$$(IC)\int u(s(x(\alpha,\theta)))g(\theta)d\theta - c(\alpha) \geq \int u(s(x(\alpha',\theta)))$$
$$g(\theta)d\theta - c(\alpha'), \forall \alpha' \in A$$

所以，股东设计独立董事激励契约的目标是：在满足参与约束（IR）和激励相容约束（IC）的情况下，在激励契约 $s(x)$ 中设计一个合适的 u 以最大化期望效用函数（P），即：

$$\max \int v(\pi(\alpha,\theta) - s(x(\alpha,\theta)))g(\theta)d\theta$$

$$s.t. (IR)\int u(s(x(\alpha,\theta)))g(\theta)d\theta - c(\alpha) \geq \bar{u}$$

$$(IC)\int u(s(x(\alpha,\theta)))g(\theta)d\theta - c(\alpha) \geq \int u(s(x(\alpha',\theta)))$$
$$g(\theta)d\theta - c(\alpha'), \forall \alpha' \in A$$

这一模型被称为"状态空间模型"（State – space Formulation）。最初使用这种模型的是威尔逊（Wilson, 1969）、斯宾塞、泽克豪森（Spence & Zeckhauser, 1971）和罗斯（Ross, 1973）。为了更加方便地说明问题，莫里斯（Mirrlees, 1974, 1976）和霍姆斯姆（Holmstrom, 1979）开始使用"分布函数的参数化模型"（Parameterized Distribution Formulation）。该模型的基本原理是将自然状态 θ 的分布函数转换为 x 和 π 的分布函数。当 θ 的分布函数 $G(\theta)$ 给定后，与每一个努力水平 α 相对应，都存在一个 x 和 π 的分布函数，这个新的分布函数通过 $x(\alpha,\theta)$ 和 $\pi(\alpha,\theta)$ 从原分布函数 $G(\theta)$ 导出。我们用 $F(x,\pi,\alpha)$ 和 $f(x,\pi,\alpha)$ 分别代表所导出的分布函数和对应的密度函数。在状态空间模型中，效用函数对自然状态 θ 取期望值，而在参数化模型中，效用函数对观测变量 x 取期望值。于是，股东的契约设计目标可以表述如下：

$$\max_{\alpha, s(x)} \int v(\pi - s(x)) f(x, \pi, \alpha) \, dx$$

$$s.t. \ (IR) \int u(s(x)) f(x, \pi, \alpha) dx - c(\alpha) \geqslant \bar{u}$$

$$(IC) \int u(s(x)) f(x, \pi, \alpha) dx - c(\alpha) \geqslant \int u(s((x))) f(x, \pi, \alpha') dx - c(\alpha'), \forall \alpha' \in A$$

分布函数的参数化模型已成为标准模型。在以后的分析中，我们也将主要使用该模型，并假定产出是可观测变量，并且只有 π 是可观测的，因此 $x = \pi$。此时，股东对独立董事的奖惩只能根据观测的产出 π 做出，股东设计独立董事激励契约的目标变为：

$$\max_{\alpha, s(\pi)} \int v(\pi - s(x)) f(\pi, \alpha) d\pi$$

$$s.t. \ (IR) \int u(s(\pi)) f(\pi, \alpha) d\pi - c(\alpha) \geqslant \bar{u}$$

$$(IC) \int u(s(\pi)) f(\pi, \alpha) d\pi - c(\alpha) \geqslant \int u(s(\pi)) f(\pi, \alpha') d\pi - c(\alpha')$$

（二）独立董事报酬激励契约的设计

所谓静态是指在股东与独立董事的关系是一次性、一个股东只面对一个独立董事、每个独立董事只从事一项工作、可写入契约的信息是给定的和股东的作用是不说自明的等情况下的一种状态。本部分将研究在这种状态情况下，股东应该如何设计对独立董事的激励契约。

1. 对称信息情况下的最优激励契约

现实世界中股东与独立董事关于契约的签订、执行以及执行结果的信息是不对称的，从而使股东与独立董事在契约的签订、执行上存在着很多障碍。为了说明在现实状态下（即信息不对称的情况下）激励契约的特征，本部分先分析在信息对称情况下激励契约的特征。

（1）激励契约风险的分担

契约风险的分担是影响股东与独立董事行为的一个重要因素。首先使用参数化模型来讨论在契约努力水平 α 一定的情况下，股东与独立董事如何分担契约风险。

当信息对称时，股东完全可以根据观测到的独立董事的努力水平 α 对其实行奖惩，即股东对独立董事的激励契约完全可以建立在他所观察到的独立董事行动上。这时，如果独立董事选择的努力水平为 α^*，股东将按此支付给独立董事报酬 $s(\alpha^*) = s^*$，否则股东将支付给独立董事的报酬 $s < s^*$，进而使下列条件成立：

$$\int u(s(\alpha^*))f(x,\pi,\alpha^*)dx - c(\alpha^*) > \int u(s(\alpha))f(x,\pi,\alpha),$$

$\forall \alpha \in A$

只要 s 足够小，超出了独立董事所能承受的范围，独立董事绝对不会选择一个 $\alpha \neq \alpha^*$ 的努力水平，大于或小于 α^* 的努力水平都不会使独立董事效用最大化。因此，在这种情况下，激励相容约束变得多余了。

在契约中给定独立董事的努力水平 α 后，契约的产出 π 成为一个简单的随机变量，存在着不确定性，因此，在股东与独立董事之间的委托—代理问题中产生了一个契约风险分担的问题。当 α 给定且 π 是可观察时，股东的风险分担问题便简化为选择

$s(\pi)$ 解下列最优化问题：

$$\max_{s(\pi)} \int v(\pi - s(\pi)) f(\pi,\alpha) d\pi$$

$$s.t. (IR) \int u(s(\pi)) f(\pi,\alpha) d\pi - c(\alpha) \geqslant \bar{u}$$

构造拉格朗日函数如下：

$$L(s(\pi)) = \int v(\pi - s(\pi)) f(\pi,\alpha) d\pi + \lambda \left[\int u(s(\pi)) f(\pi, \alpha) d\pi - c(\alpha) - \bar{u} \right]$$

最优化的一阶条件是：

$$-v'(\pi - s^*(\pi)) + \lambda u'(s^*(\pi)) = 0$$

即：

$$\lambda = \frac{v'(\pi - s^*(\pi))}{u'(s^*(\pi))} \qquad (7\text{—}1)$$

因为参与约束的等式条件被满足，所以，此时的拉格朗日乘数 λ 是严格正的常数。这意味着，股东和独立董事收入的边际效用之比应该等于一个常数，与产出 π（和状态变量 θ）无关。如果 π_1 和 π_2 是任意的两个收入水平，那么，下列等式应该得到满足：

$$\frac{v'(\pi_1 - s(\pi_1))}{u'(s(\pi_1))} = \frac{v'(\pi_2 - s(\pi_2))}{u'(s(\pi_2))} \Rightarrow \frac{v'(\pi_1 - s(\pi_1))}{v'(\pi_2 - s(\pi_2))} = \frac{u'(s(\pi_1))}{u'(s(\pi_2))} \qquad (7\text{—}2)$$

这是典型的帕累托最优条件，在最优条件下，不同收入状态下的边际替代率对股东和独立董事是相同的。

讨论：

A. 风险偏好与风险分担

当 $v'' < 0, u'' < 0$ 时，意味着股东和独立董事都是严格的风险规避者，这时，激励契约中应该要求股东与独立董事都承担一定

的风险可能是最优的。当 $v'' = 0$ 且 $u'' < 0$ 时，意味着股东是风险中性者而独立董事是风险规避者，激励契约的最优约定应该是契约风险全部由股东承担，而独立董事不承担任何风险，即此时股东的边际效用恒定不变（不失一般性假定 $v' \equiv 1$），最优化条件（7—1）变为：

$$\lambda = \frac{1}{u'(s(\pi))} \qquad (7\text{—}3)$$

由于拉格朗日乘数 λ 是一个严格的正常数，u' 随着 s 的减少而递减，所以，满足条件（7—3）的唯一的支付契约 $s(n)$ 必须是一个恒值，即 $s(\pi) \equiv s^0$，这意味着对独立董事的支付与产出 π 相互独立，股东对独立董事的激励并不能提高或减少契约的产出，股东也不能希望以提高对独立董事的激励来增加其价值。当 $v'' < 0$ 且 $u'' = 0$ 时，意味着股东是严格风险规避者，而独立董事是风险中性者，股东的最优激励契约应该是让股东得到一个固定的收入（即 $\pi - s(\pi) = y^0$），契约风险全部由独立董事承担（即 $s(\pi) = \pi - y^0$）。当 $v'' = u'' = 0$ 时，也就是说股东和独立董事都是风险中性者，最优的激励契约应规定契约风险由股东和独立董事共同承担，且股东因承担风险而获得的收入与独立董事因承担风险而获得的收入相等。

B. 风险规避度对契约支付和契约产出的影响

通过对条件（7—1）的讨论，我们看到了由它所定义的最优激励契约 $s^*(\pi)$，由于股东和独立董事的偏好不同，契约要求他们对风险的分担也不同。那么，股东与独立董事对风险的规避程度与股东的支付激励契约之间存在什么关系呢？为此，我们用 $\rho_p = -\dfrac{v''}{v'}$；$\rho_A = -\dfrac{u''}{u'}$ 分别代表股东和独立董事的阿罗—帕拉特绝对风险规避度量（Arrow - Pratt Measure of absolute risk aversion)，并对条件（7—1）求 π 的导数，得：

$$-v''(1 - \frac{ds^*}{d\pi}) + \lambda u'' \frac{ds^*}{d\pi} = 0$$

将 $\lambda = v'/u'$ 代入上式解得：

$$\frac{ds^*}{d\pi} = \frac{\rho_p}{\rho_A + \rho_p} \tag{7—4}$$

从（7—4）中可以看出，股东与独立董事对风险的规避程度完全决定了股东支付给独立董事的报酬 s^* 与契约产出 π 的关系。$\rho_p > 0, \rho_A > 0$ 意味着股东与独立董事都是风险规避者，股东支付给独立董事的报酬 s^* 随着 π 的增加而增加，但是 s^* 增加的幅度小于 π 增加的幅度。$\rho_p = 0$ 意味着股东是风险中性者，此时 $ds^*/d\pi = 0$ 意味着 s^* 与 π 无关，即股东支付的报酬与契约产出相互独立；$\rho_A = 0$ 意味着独立董事是风险中性者，这时 $ds^*/d\pi = 1$ 意味着 s^* 与 π 呈等比例增长。

更多的情况是，随着股东和独立董事收入的增加，他们规避风险的程度（ρ_p 和 ρ_A）将减少，也就是说，他们各自的收入越高，越乐意为此承担更多的风险，收入与风险规避度正相关。

总之，最优合同 $s^*(\pi)$ 是非线性的，其具体形式依赖于风险规避度的相对变化。但是，也可能存在着一种非常特殊而少见的情况：如果 ρ_p 和 ρ_A 是一个非零的恒值，即如果股东与独立董事的风险规避程度与他们各自的收入水平无关，那么最优风险契约将是线性的。

（2）激励契约最优努力水平的设计

在给定独立董事努力水平 α 的情况下，股东设计激励契约面临的主要问题是如何分担契约风险。当契约风险已经给定时，股东设计契约面临的问题是如何设计一个契约努力水平 α，以最大化各自的效用。我们使用状态空间模型来讨论这一问题。在信息对称的情况下，α 具有可观测性，这使得股东可以强制独立董事选择任意的 α，激励相容约束条件也变得多余了，于是，股东的问题是选择 α 和 $s(\pi)$ 使得：

$$\max_{\alpha, s(\pi)} \int v(\pi(\alpha, \theta) - s(\pi(\alpha, \theta)))g(\theta)d\theta$$

$$s.t(IR) \int u(s(\pi(\alpha, \theta)))g(\theta)d\theta - c(\alpha) \geqslant \bar{u}$$

构造一个拉格朗日函数：

$$L(\alpha, S(\pi)) = \int v(\pi(\alpha, \theta) - s(\pi(\alpha, \theta)))g(\theta)d\theta + \lambda \left[\int u(s(\pi(\alpha, \theta)))g(\theta)d\theta - c(\alpha) - \bar{u} \right]，$$ 这个函数最优化的两个一阶条件分别为：

$$-v' + \lambda u' = 0$$

和

$$\int v'\left(\frac{\partial \pi}{\partial \alpha} - \frac{\partial s}{\partial \pi} \frac{\partial \pi}{\partial \alpha} \right)g(\theta)d\theta + \lambda \left[\int u' \frac{\partial s}{\partial \pi} \frac{\partial \pi}{\partial \alpha}g(\theta)d\theta - \frac{\partial c}{\partial \alpha} \right] = 0$$

其中，第一个等式是 $s(\pi)$ 的一阶条件（与（7—1）相同），第二个等式是 α 的一阶条件。使用第一个一阶条件 $\lambda = v'/u'$，第二个一阶条件可以化简为：

$$\int v' \frac{\partial \pi}{\partial \alpha}g(\theta)d\theta - \lambda \frac{\partial c}{\partial \alpha} = 0$$

或用期望值算子 E，

$$E\left[v' \frac{\partial \pi}{\partial \alpha} - \lambda \frac{\partial c}{\partial \alpha} \right] = 0 \Rightarrow Ev'\left[\frac{\partial \pi}{\partial \alpha} - \frac{1}{u'} \frac{\partial c}{\partial \alpha} \right] = 0 \qquad (7—5)$$

其中，$v' \partial \pi / \partial \alpha$ 是股东在实现其效用最大化过程中，通过独立董事的努力水平 α 而产生的边际收益，$\lambda \partial c / \partial \alpha$ 则是发生的边际成本。努力的期望边际收益等于期望边际成本，因此，条件（7—5）是一个典型的帕累托最优条件，即当 α 可以被股东观测时，帕累托最优是可以达到的。

讨论：

A. 股东的最优支付

如果 $v'' = 0, v' = 1$，那么股东是风险中性者，最优风险分担意味着 u' 应该是一个常数，于是条件（7—5）变为：

$$E \frac{\partial \pi}{\partial \alpha} = \frac{1}{u'} \frac{\partial c}{\partial \pi} \qquad (7—6)$$

其中 $E \frac{\partial \pi}{\partial \alpha} = \frac{\partial}{\partial \alpha} \int \pi(\alpha, \theta) g(\theta) d\theta$ 是契约的边际期望产出，$\frac{1}{u'}$ $\frac{\partial c}{\partial \pi}$ 是独立董事在货币收入和努力水平之间的边际替代率。在契约设计了一个最优的努力水平 α^* ① 后，股东就可以根据 $\int u(s^*) g(\theta) d\theta = u(s^*)$ 确定出最优的支付函数为 $u(s^*) = \bar{u} + c(\alpha^*)$。

B. 独立董事的收入

当 $u'' = 0, u' = 1$ 时，独立董事是风险中性者，最优风险分担意味着股东保留一个固定收入水平 y^0，而独立董事承担全部风险，条件（7—5）变成：

$$v' E \frac{\partial \pi}{\partial \alpha} = \frac{\partial c}{\partial \alpha}$$

即努力的边际收益等于努力的边际成本。此时独立董事的收入为 $\pi(\alpha^*, \theta) - y^0$。

（3）基本结论

通过对信息对称情况下股东激励契约的分析可以得出一个基本结论：当独立董事的努力水平能够被股东观测时，股东在设计对独立董事的激励契约过程中所产生的风险问题和激励（支付）

---

① 因为在信息对称的情况下，努力水平可以观察，股东完全可以在契约中设计一个最优努力水平。

问题可以独立解决，帕累托最优契约风险分担和帕累托最优契约努力水平可以同时实现，最优合同可以表述如下：

$$s = \begin{cases} s^*(\pi) = s^*(\pi(\alpha^*, \theta)), \alpha \geqslant \alpha^* \\ \underline{s}, \alpha < \alpha^* \end{cases}$$

如果独立董事的努力水平是可观察的，股东在其契约中便可设计一个最大化其效用的独立董事的努力水平 α^* 供独立董事选择，若独立董事选择的努力水平不小于 α^*（即 $\alpha \geqslant \alpha^*$），则股东可根据 $s^*(\pi(\alpha^*, \theta))$ 向独立董事支付报酬；若独立董事选择的努力水平小于 α^*（即 $\alpha < \alpha^*$），则股东可向独立董事支付 $\underline{s}$ 的报酬。因为独立董事的效用水平是努力水平 α 的递减函数，独立董事在任何情况下都不会选择 $\alpha > \alpha^*$，这意味着只要 $\underline{s}$ 足够小，独立董事最佳选择的努力水平为 α^*（即 $\alpha = \alpha^*$），从这个意义上来看，当独立董事的努力水平可观察时，股东的最优契约 $s(\pi)$ 类似于一个强制性契约。

2. 信息不对称情况下激励契约的设计

在信息不对称的情况下，股东不能观察独立董事的努力水平（采取的行动）α 和外生变量 θ，只能观察到契约的产出 π。在这种情况下，无论股东如何奖惩独立董事，独立董事总是会选择最大化自己效用的努力水平，股东不可能使用"强制合同"（Forcing contract）来迫使独立董事选择股东希望的努力水平，而只能通过激励契约 $s(\pi)$ 诱使独立董事选择股东希望的努力水平。所以，此时独立董事的激励相容约束（IC）将起作用，股东面临的问题是：在满足独立董事参与约束和激励相容约束下，如何设计独立董事的激励契约 $s(\pi)$，以最大化自己的期望效用。

本部分首先揭示在信息不对称情况下，激励契约面临的道德风险问题；然后，分析在独立董事只有两种努力水平（行动）可供选择时激励契约的设计；最后，分析更具有普遍性的连续努力水平（行动）下激励契约的设计。

（1）信息不对称情况下契约的激励问题：道德风险

在信息对称的情况下，由于独立董事的努力水平是可观察的，所以，股东设计的激励契约可实现帕累托最优。但是，在信息非对称的情况下，独立董事的努力水平 α 和外生变量 θ 将无法观察，股东契约的设计将无法实现信息对称条件下的帕累托最优。

激励契约的产出受到努力水平 α 和外生变量 θ 的影响。在信息不对称条件下，股东并不能观测到独立董事的努力水平，也无法证实 α 和 θ 对契约产出的贡献份额，同时，对给定 $s^*(\pi)$ 而言，实现股东效用最大的 α 对独立董事未必最优，因此，独立董事将选择 $\alpha < \alpha^*$ 的努力水平以改进自己的福利水平，并将低产出的原因归咎于不利的外生变量 θ 的影响，从而逃避股东的指责。这便出现了契约执行中的"道德风险"问题。在激励契约执行中存在道德风险的情况下，股东设计的最优激励契约应该要求独立董事承担比对称信息情况下更大的风险，下面将对这一观点进行证明。

如果股东给定 $s^*(\pi(\alpha,\theta))$，那么，独立董事将选择努力水平 α 使：

$$\max_{\alpha} \int u(s^*(\alpha,\theta))g(\theta)d\theta g - c(\alpha)$$

其最优化的一阶条件是：

$$E\left[u'\frac{\partial s^*}{\partial \pi}\frac{\partial \pi}{\partial \alpha} - \frac{\partial c}{\partial \alpha}\right] = 0 \Rightarrow Eu'\left[\frac{\partial s^*}{\partial \pi}\frac{\partial \pi}{\partial \alpha} - \frac{1}{u'}\frac{\partial c}{\partial \alpha}\right] = 0 \quad (7-7)$$

假定式（7—7）的解为 α^+，比较条件式（7—7）和式

（7—5）的括号内部分，会发现因为 $\partial s^* / \partial \pi < 1$（根据式（7—4）），$\partial^2 c / \partial \alpha^2 > 0$（根据假定），从而使 α^+ 小于 α^*，即独立董事选择的努力水平小于帕累托最优努力水平。如果股东也是风险中性者，他所设计的帕累托最优风险分担契约将满足 $s^*(\pi) = s^0$，从式（7—6）可知，$\alpha^* > 0$。给定 $s^*(\pi) = s^0$，条件式（7—7）意味着 $\alpha^+ = 0$，即独立董事的收入与其努力程度无关，契约的帕累托最优不能实现。

但是，如果独立董事是风险中性者，帕累托最优风险分担意味着 $\partial s^* / \partial \pi = 1$，此时，$u'$ 和 v' 都是常数，条件式（7—5）和条件式（7—7）都简化为：

$$E \frac{\partial \pi}{\partial \alpha} = \frac{\partial c}{\partial \alpha}$$

可得到 $\alpha^+ = \alpha^*$，即独立董事选择的努力水平与帕累托最优的努力水平是相同的。也就是说，当独立董事承担全部风险时，没有外部效应存在，独立董事就如同为自己工作一样，不存在道德风险问题。并且，因为代理人是风险中性者，其风险成本为零，不存在最低保留效用与激励之间的矛盾。

所以，在激励契约执行中存在道德风险的情况下，股东设计的契约不能实现帕累托最优，要想使激励契约得到帕累托改进，应该要求独立董事承担比对称信息情况下更大的风险。

（2）双选模型下激励契约设计

在股东与独立董事签订契约时，股东可以设计一系列的努力水平供独立董事选择，为了更好地分析一般意义上的激励契约，我们先从双选契约的设计开始。为此，我们假定：

首先，假定独立董事只能选择的努力水平（行动）α 有两种："偷懒"和"勤奋"，分别用 L 和 H 来代表；

其次，对于所有的 $\pi \in [\underline{\pi}, \bar{\pi}]$，$F_H(\pi) \leqslant F_L(\pi)$ [①] 成立。这个假设意味着，当 α 是连续变量且 $F(\pi, \alpha)$ 对 α 可微时，$\partial F / \partial \alpha < 0$，即独立董事因勤奋工作而获得高利润的概率大于偷懒所产生高利润的概率（π 大于任何给定的 $\bar{\pi}$ 的概率为 $1 - F(\bar{\pi})$）。同时，假定勤奋工作的成本比偷懒的成本高，即 $c(H) > c(L)$。

基于上面的两个假定，如果股东只想使独立董事选择低的努力水平 L，他可以简单地设计一个激励契约 $s(\cdot) \equiv s$ 即可，因为当 $s(\cdot) \equiv s$ 时，偷懒是独立董事的最优选择。而事实上，股东更希望独立董事选择"勤奋"工作，因此，股东会努力设计一个能够使独立董事有足够积极性自动选择 $\alpha = H$ 的激励契约。这时，独立董事的激励相容约束意味着 $\partial s / \partial \pi \neq 0$，股东必须放弃帕累托最优风险分担契约。

于是，股东面临的问题是如何设计一个激励契约 $s(\pi)$，以使：

$$\max_{s(\pi)} \int v(\pi - s(\pi)) f_H(\pi) d\pi$$

$$s.t. \ (IR) \int u(s(\pi)) f_H(\pi) d\pi - c(H) \geqslant \bar{u}$$

$$(IC) \int u(s(\pi)) f_H(\pi) d\pi - c(H) \geqslant \int u(s(\pi)) f_L(\pi) d\pi - c(L)$$

令 λ 和 μ 分别为参与约束 IR 和激励相容约束 IC 的拉格朗日乘数。那么，上述最优化问题的一阶条件为：

---

① $F_L(\pi)$ 和 $f_L(\pi)$ 分别表示独立董事选择"偷懒"（即 $\alpha = L$）时，π 的分布函数和分布密度；$F_H(\pi)$ 和 $f_H(\pi)$ 分别为独立董事选择"勤奋"（即 $\alpha = H$）时，π 分布函数和分布密度。另外，当我们将 π 本身作为一个随机变量时，在激励契约的目标模型中的假定 "$\pi(\alpha, \theta)$ 是 α 的增函数，即独立董事越努力，产出越高"就可以重新表述为现在的假定。

$$- vf_H(\pi) + \lambda u' f_H(\pi) + \mu u' f_H(\pi) - \mu u' f_L(\pi) = 0$$

整理得：

$$\frac{v'(\pi - s(\pi))}{u'(s(\pi))} = \lambda + \mu \left(1 - \frac{f_L}{f_H}\right) \tag{7—8}$$

这就是所谓的"莫里斯—霍姆斯特姆条件"（Mirrlees - Holmstrom Condition）。

讨论：

A. 股东支付独立董事报酬水平的选择

在式（7—8）中 $\mu > 0$ [1]，激励相容约束 IC 将起作用，这样，非对称信息情况下的最优激励契约与对称信息情况下的最优激励契约不同，股东支付给独立董事报酬 $s(\pi)$ 随似然率（Likelihood）f_L/f_H 的变化而变化，从而使股东支付给独立董事的报酬在非对称信息下比对称信息下具有更大的不确定性 [2]。这一点并不难被证明。用 $s_\lambda(\pi)$ 表示由条件式（7—1）决定的最优风险分担契约，$s(\pi)$ 表示满足条件式（7—8）的激励契约。那么，比较式（7—8）和式（7—1）可知：如果 $f_L(\pi) \geqslant f_H(\pi)$，则 $s(\pi) \leqslant s_\lambda(\pi)$；如果 $f_L(\pi) < f_H(\pi)$，则 $s(\pi) > s_\lambda(\pi)$。这一结果反映了似然率 f_L/f_H 所包含的统计学上的信息含量：较高的似然率意味着 π 有较大的可能性来自分布 f_L；当似然率等于 1 时，π 来自 f_L 和 f_H 可能性相同，股东不能得到任何新的信息量。

实际上，股东设计最优激励合同 $s(\pi)$ 恰恰反映了这种统计推断的原则。股东根据观测的契约产出 π，推断独立董事是选择了偷懒（L）还是选择了勤奋工作（H），进而决定支付给

---

[1]　霍姆斯特姆在 1979 年给出了在非对称信息条件下 $\mu > 0$ 的证明。

[2]　比如说，如果股东是风险中性者（$v' = 1$），在对称信息下，帕累托最优风险分担意味着股东支付给独立董事一个固定的收入，不要求独立董事承担任何风险，但是在非对称信息下，股东会要求独立董事必须承担一些风险。

独立董事的报酬水平：如果股东推断独立董事选择 L 的可能性较大，就会对独立董事支付一个较低的报酬水平，使 $s(\pi) < s_\lambda(\pi)$；如果股东推断独立董事选择 H 的可能性更大，就支付一个较高的报酬水平，使 $s(\pi) > s_\lambda(\pi)$。

B. 股东对独立董事支付报酬的后验概率的修正

股东在激励契约中确定了独立董事报酬的支付水平后，还会根据不断的观察结果对最初推断的独立董事采取行动类型（"偷懒"还是勤奋工作）的概率进行修正，从而对激励报酬契约中的支付水平做出修正，以更好地实现其效用最大化。股东对后验概率的修正过程可以通过贝叶斯法则予以说明。

我们假定股东认为独立董事选择勤奋工作的先验概率为 $\gamma = prob(H)$，股东在观测到契约的产出 π 后，推断独立董事选择勤奋工作的概率——后验概率为 $\tilde{\gamma}(\pi) = prob(H \mid \pi)$，则根据贝叶斯法则可得：

$$\tilde{\gamma}(\pi) = \frac{f_H \gamma}{f_H \gamma + f_L (1 - \gamma)}$$

进而，

$$\frac{f_L}{f_H} = \frac{\gamma - \gamma \tilde{\gamma}(\pi)}{\tilde{\gamma}(\pi)(1 - \gamma)}$$

将上式代入（7—8）得

$$\frac{v'(\pi - s(\pi))}{u'(s(\pi))} = \lambda + \mu \left[\frac{\tilde{\gamma}(\pi) - \gamma}{\tilde{\gamma}(\pi)(1 - \gamma)} \right] \quad (7—9)$$

如果股东观测到的实际产出 π 低于最初契约设计的产出，那么，股东就会推断独立董事选择勤奋工作的概率会降低（即 $\tilde{\gamma}(\pi) < \gamma$）。于是：

$$\frac{v'(\pi - s(\pi))}{u'(s(\pi))} = \lambda + \mu \left[1 - \frac{f_L(\pi)}{f_H(\pi)} \right] < \lambda \Rightarrow s(\pi) < s_\lambda(\pi),$$

股东会惩罚独立董事。

如果股东观测到的实际产出 π 大于契约设计的产出，那么，股东就会推断独立董事选择勤奋工作的概率提高（即 $\tilde{\gamma}(\pi) > \gamma$）。于是：

$$\frac{v'(\pi - s(\pi))}{u'(s(\pi))} = \lambda + \mu\left[1 - \frac{f_L(\pi)}{f_H(\pi)}\right] > \lambda \Rightarrow s(\pi) > s_\lambda(\pi),$$

股东会奖励独立董事。

根据贝叶斯法则分析的结果可知，股东对独立董事的奖惩取决于他根据所观察的产出 π 而推断的独立董事选择勤奋（或"偷懒"）的后验概率 $\tilde{\gamma}(\pi)$（或 $1 - \tilde{\gamma}(\pi)$）。也就是说，独立董事的收入 $s(\pi)$，最终依赖于 π。值得注意的是 $s(\pi)$ 依赖于 π，并不是依赖于 π 本身的物质价值，而是依赖于 π 所传递的信息含量，这使得条件式（7—8）甚至不能完全保证 $s(\pi)$ 是单调的[①]，即较高的 π 不一定意味着独立董事得到较高的报酬 s。而从条件式（7—8）又可知，最优激励契约 $s(\pi)$ 只是对似然率 f_L/f_H 是单调的：f_L/f_H 越大，$s(\pi)$ 越小。因此，为了保证 $s(\pi)$ 对 π 的单调性，即较高的 π 能够传递较高的独立董事选择了 $\alpha = H$ 的概率，必须假定 f_L/f_H 对 π 是单调的。现实生活中，我们观测到的绝大多数激励契约恰恰满足这种单调性，所以，股东可以根据所观察的 π 对独立董事进行奖惩。

（3）连续努力水平变量模型下激励契约的设计

双选模型使我们看到了在最简单的情况下，股东应该如何设计对独立董事的激励契约。但是，现实中这并不是最为普遍的模型，现实中最为一般的情况是独立董事常常会面临着一系列的可选择的努力水平。当独立董事的努力水平 α 是一个系列的连续变

[①]　张维迎：《博弈论与信息经济学》，上海人民出版社 2002 年版。

量时，由于 $F_\alpha(\pi,\alpha) = \partial F/\partial \alpha < 0$，所以，对所有的 π，都会有 $\alpha > \alpha', F(\pi,\alpha) < F(\pi,\alpha')$。此时，股东设计激励契约时面临的技术上的主要问题是如何处理独立董事的激励相容约束 IC。

独立董事面对股东已经给定的激励契约 $s(\pi)$，总是会选择最大化其期望效用函数 $\int u(s(\pi))f(\pi,\alpha)d\pi - c(\alpha)$ 的努力水平。根据"分布函数的参数化模型"，激励相容约束（IC）可以用下列一阶条件替代：

$$\int u(s(\pi))f_\alpha(\pi,\alpha)d\pi = c'(\alpha) \tag{7—10}$$

于是，股东的问题转化为：

$$\max_{s(\pi)} \int v(\pi - s(\pi))f(\pi,\alpha)d\pi$$

$$s.t.\ (IR) \int u(s(\pi))f(\pi,\alpha)d\pi - c(\alpha) \geqslant \bar{u}$$

$$(IC) \int u(s(\pi))f_\alpha(\pi,\alpha)d\pi = c'(\alpha)$$

假定参与约束 IR 和激励相容约束 IC 的拉格朗日乘数分别为 λ 和 μ，则上述最优化问题的一阶条件变为：

$$\frac{v'(\pi - s(\pi))}{u'(s(\pi))} = \lambda + \mu \frac{f_\alpha(\pi,\alpha)}{f(\pi,\alpha)} \tag{7—11}$$

不难发现，$f_\alpha(\pi,\alpha)/f(\pi,\alpha)$ 是似然率 $f_L(\pi)/f_H(\pi)$ 的对应，条件式（7—11）实际上成为条件式（7—7）的一般化形式，对公式（7—11）做出类似于公式（7—7）的解释。再将公式（7—11）与帕累托最优风险分担条件式（7—1）进行比较，也可以得出一个基本的结论：对公式（7—11）而言，因为 $\mu > 0$，当独立董事的努力水平 α 不能为股东所观察时，风险分担的帕累托最优不可能实现。股东要想使独立董事积极努力的工作，必须让独立董事现在就承担更大的契约风险。如果 $\dfrac{f_\alpha(\pi,\alpha)}{f(\pi,\alpha)} < 0$ ，则

$s(\pi) < s_\lambda(\pi)$ ；如果 $\dfrac{f_\alpha(\pi,\alpha)}{f(\pi,\alpha)} > 0$ ，则 $s(\pi) > s_\lambda(\pi)$ 。一般而言，一旦单调似然率特征成立，那么，$f_\alpha(\pi,\alpha)/f(\pi,\alpha)$ 就是 π 的单调增函数，进而 $\partial s(\pi)/\partial \pi > 0$ ，即最优激励契约 $s(\pi)$ 也一定是 π 的单调递增函数，对独立董事而言，其努力水平越高，产出 π 越高，获得的报酬也应该越高。

但是，股东在设计这样一个激励契约时面临着一个技术问题：根据公式（7—10），当股东给定一个契约 $s(\pi)$ 时，独立董事可能有多个努力水平可以选择，而每一个努力水平都能够最大化其效用。这意味着，最优化条件式（7—11）并不能保证解是最优的。但是，格鲁斯曼和哈特（Grossman & Hart, 1983）[1] 与罗杰森（Rogerson, 1985）[2] 导出了保证采用这种方法设计有效激励契约的条件：如果分布函数满足单调似然率特征和凸函数条件（CDFC, convexity of distribution function condition），最优化条件式（7—10）是适用的。

3. 参数化模型分析——一个总结

这一部分将利用参数化模型来进一步明确股东与独立董事之间的契约关系及激励契约的设计，并对信息对称与信息不对称条件下激励契约的设计做一个小结。这个参数化的模型主要是在霍姆斯特姆和米尔格兰（Holmmerton & Milgrom, 1987）[3] 模型的

---

[1]　Grossman, Sanford J. , Hart, Oliver D. Takeover Bids, The Free Rider Problem, and the Theory of the Corporation, Bell Journal of Economics, 1980, (11): pp. 253 – 270.

[2]　Rogerson, W. , The first – order approach to principal – agent problems. Econometrica, 1985, (53): 1357 – 1388.

[3]　Holmstrom, B. , Moral hazard and observability. *Bell Journal of Economics*, 1979, 10: pp. 74 – 91.

基础上进行了简化与扩张。

假定独立董事的努力水平 α 是一个连续的一维变量,其产出为线性函数 $\pi = \alpha + \theta$,其中,θ 是代理外生不确定性因素的变量,服从正态分布。于是,独立董事的努力水平决定产出的均值,但不影响产出的方差,下列等式也就成立:

$$E\pi = E(\alpha + \theta) = \alpha , \; Var(\pi) = \delta^2$$

假定股东是风险中性者,代理人是风险规避者,我们不妨将激励契约设计为线性的:$s(\pi) = a + \beta\pi$,其中,a 是股东支付给独立董事的与 π 无关的固定报酬,β 是股东支付给独立董事的契约产出中份额,即每增加一个单位的产出 π,股东应该对付给独立董事的报酬增加 β 单位。$\beta = 0$ 意味着独立董事不承担任何风险,$\beta = 1$ 意味着独立董事承担全部风险。因为股东是风险中性的,给定 $s(\pi) = a + \beta\pi$,股东的期望效用等于期望收入:

$$Ev(\pi - s(\pi)) = E(\pi - a - \beta\pi) = -a + E(1 - \beta)\pi = -a + (1 - \beta)\alpha$$

假定独立董事的效用函数 $u = -e^{-\rho\omega}$ 具有不变绝对风险规避特征,其中 ρ 是绝对风险规避度量,ω 是实际货币收入。为简化起见,假定独立董事付出某一努力水平的成本为 $c(\alpha) = b\alpha^2/2$,且这一成本可以为货币成本,其中,$b > 0$,代表独立董事的努力水平成本系数:对独立董事而言,b 越大,同样努力水平 α 为其带来的负效用越大。于是,独立董事的实际收入为:

$$\omega = s(\pi) - c(\alpha) = a + \beta(\alpha + \theta) - \frac{b}{2}\alpha^2$$

确定性等价收入 (Certainty Equivalence) 为:

$$E\omega - \frac{1}{2}\rho\beta^2\delta^2 = a + \beta\alpha - \frac{1}{2}\rho\beta^2\delta^2 - \frac{b}{2}\alpha^2$$

其中,$E\omega$ 是独立董事的期望收入,$\frac{1}{2}\rho\beta^2\delta^2$ 是独立董事的风

险成本；当 $\beta = 0$ 时，风险成本为零。独立董事最大化期望效用函数 $Eu = -Ee^{-\rho\omega}$ 等价于最大化上述确定性等价收入。

令 $\bar{\omega}$ 为独立董事的保留效用水平。那么，如果确定性等价收入小于 $\bar{\omega}$，独立董事将不接受合同。因此，独立董事的参与约束可以表述如下：

$$a + \alpha\beta - \frac{1}{2}\rho\beta^2\delta^2 - \frac{b}{2}\alpha^2 \geq \bar{\omega}$$

结论：

A. 独立董事努力水平可观察时的最优激励契约

当股东可以观测到独立董事的努力水平 α 时，契约的激励相容约束 IC 将不起作用，只有参与约束条件成立，任何努力水平 α 都可以通过满足参与约束 IR 的强制合同实现。因此，股东应该选择 (α, β) 和 α 以最大化下列目标函数：

$$\max_{\alpha, \beta, \alpha} Ev = -a + (1-\beta)\alpha$$

$$s.t. \ (IR) \ a + \beta\alpha - \frac{1}{2}\rho\beta^2\delta^2 - \frac{b}{2}\alpha^2 \geq \bar{\omega}$$

此时，股东没有必要支付给独立董事更多的报酬，所以，将参与约束通过固定项 a 代入目标函数，股东的最优化问题转化为：

$$\max_{\alpha, \beta, \alpha}[\alpha - \frac{1}{2}\rho\beta^2\delta^2 - \frac{b}{2}\alpha^2 - \bar{\omega}]$$

因为 $\bar{\omega}$ 是给定的，这一表述意味着股东利益的最大化实际上是股东努力实现确定性等价收入减去努力成本的最大化，其最优一阶条件为：

$$\alpha^* = \frac{1}{b}; \beta^* = 0 \tag{7—12}$$

将上述结果代入独立董事的参与约束得：

$$a^* = \overline{\omega} + \frac{b}{2}(\alpha^*)^2 = \overline{\omega} + \frac{1}{2b}$$

当股东可观测努力水平时的最优契约为：（1）如果股东是风险中性者，独立董事是风险规避者，那么，股东设计的帕累托最优契约应该要求独立董事不承担任何风险（$\beta^* = 0$），股东只要支付给独立董事一个固定报酬，且刚好等于独立董事的保留工资加上其努力成本即可；（2）激励契约中设计的最优努力水平要求独立董事努力的边际期望收益等于努力的边际成本，即 $1 = b\alpha$，即 $\alpha^* = \frac{1}{b}$，因为股东可以观测到独立董事的选择 α，只要股东在观测到独立董事选择了 $\alpha < \frac{1}{b}$ 时就支付 $a < \overline{\omega} < a^*$，独立董事就一定会选择 $\alpha = \frac{1}{b}$，最优风险分担与激励没有矛盾。

B. 独立董事努力水平不可观察时的最优激励契约

如果股东不能观测到独立董事的努力水平 α，对于给定的 (a,β)，独立董事的激励相容约束意味着 $\alpha = \beta/b$，股东的问题是选择 (a,β) 以使：

$$\max_{\alpha,\beta}[-a + (1-\beta)\alpha]$$

$$s.t.\ (IR)\ a + \beta\alpha - \frac{1}{2}\rho\beta^2\delta^2 - \frac{b}{2}\alpha^2 \geqslant \overline{\omega}$$

$$(IC)\ \alpha = \beta/b$$

将参与约束 IR 和激励相容约束 IC 代入目标函数，最优化问题转化为：

$$\max_{\beta}\left[\frac{\beta}{b} - \frac{1}{2}\rho\beta^2\delta^2 - \frac{b}{2}\left(\frac{\beta}{b}\right)^2 - \overline{\omega}\right]$$

其一阶最优条件为：

$$\frac{1}{b} - \rho\beta\delta^2 - \frac{\beta}{b} = 0$$

即

$$\beta = \frac{1}{1 + b\rho\delta^2} > 0 \qquad (7\text{—}13)$$

这一条件表明：在信息不对称的情况下，激励契约中必须让独立董事承担一定的风险。尤其是 β 是 ρ、δ^2 和 b 的递减函数，意味着独立董事越是厌恶风险，契约产出 π 的方差就越大，独立董事越可能偏好选择较低的努力水平，因为越努力工作可能使独立董事承担的风险就越大，所以，如果独立董事是一个风险规避者，为了激励其努力工作应该让其承担较小的风险。如果独立董事是风险中性的（$\rho = 0$），最优激励契约应该要求独立董事承担完全的风险（$\beta = 1$）。这有两个方面的原因：第一，从激励角度看，即使没有信息不对称问题，b 越大，最优的 α 越小（因为 $\alpha^* = \frac{1}{b}$）；第二，从风险分担的角度看，b 越大，股东诱使独立董事选择同样的努力水平所要求的 β 越大（因为 $\alpha = \beta/b$），股东宁愿要求独立董事选择一个较低的努力水平而换取风险成本的节约。

此外，由 $\partial\beta/\partial\rho < 0$ 和 $\partial\beta/\partial\delta^2 < 0$ 我们可以得出一个简单而直观的结论：股东设计的最优激励契约应该是在独立董事激励效用与保留效用之间的一个均衡。对于给定的 β，ρ 越大（或 δ^2 越大），风险成本越高，因此，最优风险分担要求 β 越小。

（三）独立董事声誉激励契约的设计

当股东与独立董事之间的委托—代理关系是单期时，独立董事的效用只包括本期的报酬（物质）激励部分，在采取行动时，他们不会考虑本期行动对未来声誉的影响，进而不考虑声誉对其未来报酬的影响。如果委托—代理关系是多期的，出于对未来声誉的考虑，独立董事与股东之间的代理问题不如单期时那样严重。因为"时间"本身可能会缓解代理问题。下面，将讨论声誉在独立董事激励契约中的作用。

1. 声誉激励的原理

拉德纳和罗宾斯泰英认为，如果股东和独立董事之间代理关系为多期时，且双方都有足够的耐心，那么，帕累托一阶最优风险分担和激励可以实现拉德纳（Radner, 1981）①、罗宾斯泰英（Rubbinstein, 1979）②的研究结论。直观地讲，在多期代理关系中，一方面，根据大数定理，外生的不确定因素的影响可以剔除，股东可以相对准确地从观测到的变量中推断独立董事的努力水平，独立董事不可能用偷懒的办法提高自己的福利；另一方面，通过长期契约向独立董事提供"保险"的办法，股东可以免除独立董事的风险。进一步，即使契约不具法律上的可执行性（Enforceable），出于"声誉效应"的考虑，股东和独立董事双方都会自觉遵守契约。这样声誉模型便成了一种"隐性激励机制"缓解代理问题。

另外，根据法玛（1980）③研究的激励在委托—代理关系中的作用，我们可以认为，独立董事职业市场对独立董事采取的行为具有强约束。在完全竞争的独立董事职业市场上，独立董事的经营业绩决定了其市场价值，进而决定了独立董事的收益，所以，从长期来看，独立董事必须对自己的行为负完全的责任，即使没有显性激励契约，独立董事也会积极努力工作，因为这样做

---

① Radner, R. Repeated principal – agent game with discounting. Econometrica, 1985, (53)：pp. 1173 – 1198.

② 梁媛、冯昊：《委托代理理论综述》，《中国经济评论》2005 年第 7 期。

③ Fama, E., Agency problems and the theory of the firm. Journal of Political Economy, 1980, (88)：pp. 288 – 307.

可以提高自己在职业市场上的声誉，从而提高未来的收益。

下面将分别从两期和多期代理关系分析声誉是如何在激励契约中发挥作用的[①]。

2. 两期委托代理下的声誉模型

如果股东与独立董事之间的委托—代理关系为两期（$t=1$，2），我们假定：

（1）每一期的契约产出函数为：$\pi_t = \alpha_t + \theta + u_t, t = 1, 2$。其中，$\pi_t$代表契约产出，是共同信息；$\alpha_t$代表独立董事选择的努力水平，是独立董事的私人信息；θ是独立董事的经营能力（假定与时间无关），u_t是外生的随机变量。θ和u_t是服从正态分布的两个独立变量，即$\mathrm{cov}(u_1, u_2) = 0$。

（2）独立董事是风险中性者，并且贴现率为0。则独立董事的效用函数如下：$U = w_1 - c(\alpha_1) + w_2 - c(\alpha_2)$。其中，$w_t$是独立董事第$t$期的工资，$c(\alpha_t)$是独立董事选择了努力水平产生的负效用。

（3）$c(\alpha_t)$是严格递增的凸函数，且$c'(\alpha_t) = 0$。

在上述假定下，如果股东可以与独立董事签订一个报酬激励契约$w_t = \pi_t - y_0$，其中，y_0不依赖于π_t，那么，报酬契约的帕累托最优可以实现，其风险成本等于零，独立董事最优努力水平的一阶条件为：

$c'(\alpha_t) = 1, t = 1, 2$

显然，如果委托—代理关系只是单期的，独立董事将不会有任何积极性努力工作，即$c'(\alpha_t) = 0 \Rightarrow \alpha_t = 0$。当股东与独立董事之间的代理关系持续两期时，独立董事在第二期的报酬收益依

---

① Meyer, M., and J. Vickers, . Performance Comparison and Dynamic Incentive. Mimeo, Nuffield College, Oxford University. 1994.

赖于市场（股东）对独立董事经营能力 θ 的预期，而独立董事在第一期的声誉会影响这种预期，即市场能够通过 α_1 对 π_1 的作用推测独立董事的经营能力。所以，独立董事在第一期考虑到声誉对第二期获得报酬的影响，会选择一个较高的努力水平，于是，在 $t = 1$ 期，独立董事的最优努力水平会大于零。然而，在第二期，由于没有第三期的代理关系，独立董事无须考虑声誉所产生的效益，其最优选择是"偷懒"，即独立董事的最优努力水平为 $\alpha_2 = 0$。这一结论可以通过以下的证明更好地理解。

假定独立董事职业市场的竞争具有完全性，独立董事的工资收益等于期望产出，即：

$$w_1 = E(\pi_1) = E(\alpha_1) = \bar{\alpha}_1$$
$$w_2 = E(\pi_2 | \pi_1)$$

其中，$\bar{\alpha}_1$ 是市场对独立董事在时期 1 的努力水平的预期，$E(\pi_2 | \pi_1)$ 是给定时期 1 的实际产出为 π_1 的情况下，市场对时期 2 的产出的预期。在该假设下，因为 $E(\alpha_2 | \pi_1) = E(u_2 | \pi_1) \equiv 0$，便有：

$$E(\pi_2 | \pi_1) = E(\alpha_2 | \pi_1) + E(\theta | \pi_1) + E(u_2 | \pi_1) = E(\theta | \pi_1)$$

如果市场是理性的，那么，市场会对独立董事的努力水平产生一个合理的预期，在均衡时，$\bar{\alpha}_1$ 就等于独立董事实际选择的努力水平。当观测到产出 π_1 时，$\theta + u_1 = \pi_1 - \bar{\alpha}_1$ 就成了市场共同的信息，但是，市场对信息的类型不具有甄别力，不能把 θ 与 u_1 分开。所以，市场需要根据 π_1 来推断 θ。

令 $\tau = \dfrac{\text{var}(\theta)}{\text{var}(\theta) + \text{var}(u_1)} = \dfrac{\delta_\theta^2}{\delta_u^2 + \delta_\theta^2}$，$\tau$ 为 θ 的方差与 π_1 的方差的比率。δ_θ^2 越大，τ 越大。根据理性预期公式 $E(\theta_2 | \pi_1) = (1 - \tau)E(\theta) + \tau(\pi_1 - \bar{\alpha}_1) = \tau(\pi_1 - \bar{\alpha}_1)$

假定 $E\theta = 0$ ，在给定 π_1 的情况下，市场预期的 θ 的期望值是先验期望值 $E\theta$ 和观测值（ $\pi_1 - \bar{\alpha}_1$ ）的加权平均数，市场会根据观测到的信息修正对独立董事经营能力的判断，事前有关其经营能力的不确定性越大，修正越多。因为， τ 反映了 π_1 包含了有关 θ 的信息， τ 越大， π_1 包含的信息量越多。如果没有事前的不确定性（ $\delta_\theta^2 = 0$ ）， $\tau = 0$ ，市场将不修正；另一方面，如果事前的不确定性（ $\delta_\theta^2 \to \infty$ ），或者如果没有外生的不确定性（ $\delta_u^1 = 0$ ）， $\tau = 1$ ，市场将会完全根据观测到的 π_1 修正对 θ 的判断。

给定 $\tau > 0$ ，均衡工资 $w_2 = E(0|\pi_1) - \tau(\pi_1 - \bar{\alpha}_1)$ 意味着时期 1 的产出越高，时期 2 的工资越高。将 w_1 和 w_2 代入独立董事的效用函数为：

$$U = \bar{\alpha}_1 - c(\alpha_1) + \tau(\alpha_1 + \theta + u_1 - \bar{\alpha}_1) - c(\alpha_2)$$

独立董事最优化的一阶条件为：

$$c'(\alpha_1) = \tau > 0 \Rightarrow \alpha_1 > 0$$

就是说，尽管独立董事的最优工作努力水平没有信息对称时的那么大（满足 $c'(\alpha_1) = 1$ ），出于声誉的考虑，独立董事在时期 1 的努力水平也会严格大于 0。 τ 越大，声誉效用越强。

3. 多期委托代理下的声誉模型

两期委托—代理下的声誉模型结果很容易一般化为具有普遍意义的多期委托—代理下的结果。一般地，如果股东与独立董事之间的委托—代理关系为 T 期，那么，独立董事的努力水平 α_T 除最后一期的为零外，所有 $T - 1$ 期之前的努力水平 α_t 均为正，而且独立董事的努力水平将随着其年龄的增长而递减，即 $\alpha_1 > \alpha_2 > \cdots > \alpha_{T-1} > \alpha_T$ ，因为越接近退休年龄，声誉效应越小。时期 1 的努力水平 α_1 影响所有以后（ $T - 1$ ）期的工资，但时期（ $T - 1$ ）的努力水平 α_{T-1} 只影响第 T 期的工资 w_T 。这可能是为什么越是年轻的独立董事工作越卖劲的重要原因之一。进一步可以证明，如果独立董事的工作能力 θ_t 服从随机游走（Random walk）分布，那么，当 $T \to \infty$ 时，稳态的（Stationary）一阶条件满足：

$$c'(\alpha) = \beta = \frac{\delta\tau}{1 - (1 - \tau)\delta}$$

其中，δ 为贴现因子，τ 是长期修正系数。这一模型证明了一个重要的结论：当 $\delta = 1$ 时，$c'(\alpha) = 1$。也就是说，如果独立董事对未来不贴现，尽管并不存在显性的激励契约，帕累托一阶最优也可以实现。在解决代理问题过程中，声誉效应作为一种隐性激励机制具有与显性激励机制相同的效果。

二 防范独立董事合谋契约的设计

（一）合谋的产生

为了解决我国国有企业"一股独大"的股权结构所带来控股股东对中小股东利益的侵害，2001 年 8 月中国证监会发布《关于在上市公司中建立独立董事制度的指导意见》，要求上市公司引入独立董事制度，并将其把独立董事制度纳入了规范化管理的轨道。但是，从已经聘请了独立董事的上市公司的实践情况来看，这一制度的引入远未达到预期目标，独立董事被人们称为"毒董"或"渎董"，出现了独立董事被"内部人"同化的现象，其表现形式之一就是独立董事与被监督者"合谋"，"合谋"削弱了独立董事的作用，加重了被监督人对委托人利益的侵害。

虽然独立董事与被监督者"合谋"有实践中的原因，如法律不完善等。但是，也有其理论依据。当独立董事作为一种监督机制被引入现代公司后，无论股权分散还是股权集中的公司，其委托—代理关系可归结为全体股东（中小股东）—独立董事—

管理层（控股股东），其逻辑关系是，全体股东（中小股东）委托管理层（控股股东）经营公司，并委托独立董事监督管理层（控股股东）。在这一逻辑关系中，独立董事既是监督者，同时与被监督对象一起是委托人的代理人，也同样会存在与委托人之间的代理问题——道德风险。现实中，作为代理人的独立董事也是一个"经济人"，以其利益最大化为采取行为的标准，这使得独立董事的利益目标与委托人的利益目标不一致时，不可能存在完全履行监督职能，放弃自己利益而维护委托人的利益。正如法玛和詹森（1983）的研究认为，在很多情况下，公司的独立董事都没有很好地维护股东的权益。在独立董事与CEO（被监督者）就公司的决策发生冲突的时候，独立董事往往不是采取公开的反对态度。独立董事的这种利益考虑会改变委托人、独立董事和被监督者之间的博弈结果，即会影响引入独立董事制度的公司治理效率。

独立董事的监督对象——管理层（控投股东）是代理人，也是公司中的控制权人，他们很清楚独立董事作为"经济人"的自利特性。被监督者出于自利的考虑，为获得控制权私人收益可能会采取一些与委托人利益不一致，甚至损害委托人利益的行为，而当这些行为被独立董事观察到时，被监督者总是有动力贿赂独立董事，希望独立董事能够将其谎报给委托人。如果独立董事因谎报而产生的损失小于所得贿赂，就有可能与被监督者合谋，共同损害委托人的利益。

所谓合谋①是指具有委托—代理关系的组织或系统内的一些（或全部）代理人除了和初始委托人达成的委托代理契约（即主

---

① Tirole, J. Hierarchies and Bureaucracies: On the Role of Collusion in Organizations. Journal of Law, Economics, & Organization, 1986, (2): pp. 181–214.

契约外），他们之间（包括上下层级代理人之间和同层级代理人之间）为了自身的利益又达成某种私下协议，即子契约。这种子契约一般违反主契约，与初始委托人的意愿不一致，有时甚至相反，其目的是以牺牲委托人的利益为代价来提高合谋者的效用。

委托人是一个理性的经济人，在与独立董事签订契约时，必然将防范独立董事与管理层（股权分散的情况下）合谋因素考虑进去。所以，本部分将讨论委托人如何设计防范独立董事与管理层（或控股股东）合谋的机制。

（二）设计防范合谋契约的原理

防范合谋的机制设计始于梯若尔（Tirole，1986[①]，1992[②]）的一个分析框架，之后，在许多经济学家的努力下形成了一个较为完整的理论体系。在这个理论体系中，虽然都没有完全脱离开梯若尔（1986）的分析框架，但是，形成了几个不同的主要原理。

1. 主契约原理

这一原理源于梯若尔（1986，1992）分析委托人监督代理人模型的框架。他认为，在这样一个委托—代理关系链中，由于监督人和代理人同是委托人的代理人，他们很可能为了实现其利益最大化而形成合谋。对这一点委托人也心知肚明，为了避免合谋给组织效率带来的损失，在组织内部，委托人总可以设计一个主契约，通过转移支付等手段来改变监督人和代理人收益结构，

---

①　Tirole, J. Hierarchies and Bureaucracies: On the Role of Collusion in Organizations. Journal of Law, Economics, & Organization, 1986, (2): pp. 181 – 214.

②　Tirole, J. Collusion and the Theory of Organizations. *Cambridge: Cambridge University Press.* 1992.

从而使他们遵守主契约获得的收益大于合谋而得的收益，从而瓦解其合谋基础。

根据这一原理，全体股东（中小股东）可以设计一个防范合谋的主契约，使独立董事和管理层（控股股东）遵守契约获得的收益大于合谋的收益。这一目标可以通过（1）设计独立董事的激励性报酬（即高薪养廉）契约；（2）通过制定法律或内部契约条款减少独立董事与管理层（控股股东）的合谋收益；（3）增加独立董事与管理层（控股股东）的交易成本等手段来实现。

2. 等价原理

这一原理是拉丰（Laffont）等在梯若尔的研究基础上提出的一个防合谋机制设计的原理。他们认为在一个委托人—监督人—代理人的模型中，在某种条件下，一个分权机制等价于最优的防范合谋的集权机制［拉丰等（Laffont，2001）］[1]。

按照"等价原理"，当股权分散的公司组织中独立董事与管理层的合谋严重损害委托人利益时，委托人可以通过授权给独立董事，使之成为公司剩余索取者，让独立董事设计自己与管理层之间的激励契约，这样，独立董事也同样面临着初始委托人所面临的组织效率问题。此时，独立董事与委托人有了共同利益，在与管理层的利益同盟中，由于独立董事不知道管理层所掌握的私人信息，就会出现共同操纵信息的事后帕累托有效性与独立董事抽取管理层信息租金的欲望之间的两难冲突，这种两难冲突的结果使得在某些状态下的共同操纵结果是事后无效率的。这种事后无效率在一定程度上阻止了合谋的发生，从而使委托人受益。当管理层从主契约中所能获得的保留效用水平增加时，上述的同盟

---

[1] Laffont, J. J. Faure – Grimaud, A. And D. Martimort. Collusion delegation and supervision with soft information. working paper, Toulouse, 2001.

中的两难冲突进一步加剧，并可能造成同盟的破裂，通过这种方式，委托人就实施了一个最优的防范合谋的资源配置。

3. 分散监督权原理

这种原理是由拉丰和马赫蒂摩（Laffont & Martimort，1995）[1] 提出的，他们认为在监督人之间就监督任务分工也是有益的，这种分工可以使监督人与代理人合谋时在监督人之间进行协调，从而使合谋成本增加，防范合谋的成本减少。

根据这一原理，在引入独立董事监督制度时，一方面对独立董事的来源、聘任机制和提名等应采取多元化；另一方面，在引入独立董事监督制度的同时引入其他监督机制，如同时设立监事会。

4. 设计监督者与被监督者利益冲突机制原理

一般认为，如果委托人能够在组织中引入代理人之间的利益冲突机制，从而导致其无法对合谋收益的分配达成一致意见，就可以有效地消除合谋。根据这种原理，在委托人与独立董事和管理层签订契约时，应努力避免独立董事与管理层之间的利益一致性，设计他们之间产生一种利益冲突机制，对于防范独立董事与管理层的合谋将大有裨益。

本书在研究防范合谋机制设计时，主要运用了主契约原理。通过对刘惠萍（2005）[2] 防范合谋模型的进一步分解，研究委托人（全体股东或中小股东）如何设计防范合谋机制。

---

[1] Laffont, J. J. and Martimort, D. Separation of regulators against collusive behavior. Mimeo. *Toulouse*, 1995.

[2] 刘惠萍：《基于委托代理理论的独立董事制度相关运行机制研究》，天津大学博士学位论文，2005 年。

（三）无控股股东公司中防范合谋契约模型的设计

1. 关于防范合谋契约模型设计的一个说明

根据图 7 - 1，我们可以看到，在无控股股东的公司中，引入独立董事制度后，其委托—代理关系为：全体股东委托独立董事监督管理层，并委托管理层经营公司。在这个代理关系中，管理层既是全体股东的代理人，也是公司的实际控制权人，成为公司的"内部控制人"。公司中引入独立董事的意义就是解决"内部人控制"问题，通过观察代理人在公司的经营中有无损害委托人的行为，并如实向委托人报告来监督代理人，独立董事成为公司的监督者。如果将这一委托—代理关系置于公司治理结构之中，独立董事和管理层都是全体股东的代理人，两个代理分别拥有对方所需要寻租的权力，而且在现实条件中独立董事与管理层对公司的经营存在着信息严重不对称。这些特征符合赵文华提出的在组织或机构中可能发生合谋的三个条件①。所以，全体股东必须设计一个防范独立董事与管理层合谋的机制，以提高公司效率。

在研究防范合谋机制之前，我们将问题的研究置于如下的环境中。首先，代理人——管理层是公司的内部控制人，拥有完全私人信息，而委托人（全体股东）了解代理人（独立董事和管理层）的能力是有限的，为信息不完全者；监督者——独立董事也是一个信息不完全者，不可能观察了解被监督者的全部信息，但是，其获得信息能力的技术优于委托人，所以，委托人会委托其监督管理层（控股股东）。其次，委托人在与独立董事和

---

① 赵文华：《从信息论的角度研究代理中控制串谋行为的方法》，《西北纺织工学院学报》2000 年第 3 期。

管理层之间签订契约后，由于契约的不完全性，使得独立董事与管理层之间存在着一个"合谋"契约，可能是正式的也可能是非正式的。最后，委托人对独立董事足够的信任，并授予其充分的监督权。这意味着管理层要想与独立董事合谋，独立董事有完全讨价还价的能力。

为了研究的方便，我们将委托人称为股东（全体股东），监督者为独立董事，被监督者为管理层。

2. 防范合谋契约模型的设计

在上面我们讨论了全体股东如何设计一个激励契约，以激励独立董事积极履行其职责。这个契约是一个主契约，要实现对独立董事具有约束需要满足个人理性约束条件和激励相容约束条件。然而，无论从理论分析还是从现实的实践上看，在独立董事与管理层之间可能存在一个不合"法理"的合谋子契约，该子契约要约束独立董事的行为需满足合谋同盟的集体激励相容约束（coalition incentive compatibility constraints，简称 CIC）且独立董事完全有讨价还价能力。为了设计防范合谋模型提出以下具体假定：

（1）股东收益函数为：$x = e + \theta$。其中，e 代表管理层努力水平且是隐性的，θ 代表对股东收益产生影响的其他公司内部经营信息，存在两种状态：对股东收益不利的坏信息与对股东收益有利的好信息，分别记为 θ_1 与 θ_2，且 $\theta_1 < \theta_2$，$\Delta\theta = \theta_1 - \theta_2$，$\theta_1$ 发生的概率为 $q > 0$。θ_1 发生时，管理层可能隐瞒坏信息，造成股东的不知情或者误认为是好信息从而继续持有公司股票。

（2）管理层付出努力的成本为努力水平 e 的函数 $g(e)$，且 $g'(e) > 0$，$g''(e) > 0$。

（3）管理层从股东那里得到报酬 W。

（4）独立董事的职能是通过了解 θ 状态并向股东报告以监

督管理层，且了解结果具有不确定性，监督成功的概率为 r，$0 \leqslant r \leqslant 1$，监督成本为 c（为简化起见，设为一常数），从股东那里得到报酬 t。

（5）设 $s \in \{\theta_1, \theta_2, \phi\}$ 为独立董事了解到的信息集，$\gamma \in \{\theta_1, \theta_2, \phi\}$ 为其报告的信息集，其中 ϕ 表示"什么也没有观察到"。同时，假定如果独立董事没有了解到 θ 状态时，不能捏造错误的证据，只能披露信息为"什么也没有了解到"，即 $\gamma = \phi$；而如果独立董事了解到 θ 状态时，要么如实披露 $\gamma = \theta$，要么隐瞒实情 $\gamma = \phi$。

（6）契约中，管理层的效用函数为 $U(w - g(e))$，独立董事的效用函数为 $V(t - c)$，二者的保留效用分别为 $U(\overline{w})$，$V(\overline{t})$（$\overline{w}$、$\overline{t}$ 分别是管理层与独立董事的保留收入）。

（7）管理层、独立董事都是风险厌恶者，即 U, V 都是凹函数；股东是风险中性者。

在上述假定下，存在四种状态，每种状态发生的概率为 p_i，$\sum_{i=1}^{4} p_i = 1$，各状态及其概率分布与报酬支付见表 7-1 所示。

表 7-1　　　　　　　　各状态的特征描述

状态	概率	经营者的努力	经营者的报酬	独立董事报酬
① $\theta = \theta_1, s = \theta_1$	$p_1 = qr$	e_1	w_1	t_1
② $\theta = \theta_1, s = \phi$	$p_2 = q(1-r)$	e_2	w_2	t_2
③ $\theta = \theta_2, s = \phi$	$p_3 = (1-q)(1-r)$	e_3	w_3	t_3
④ $\theta = \theta_2, s = \theta_2$	$p_4 = (1-q)r$	e_4	w_4	t_4

股东、独立董事与管理层之间的整个博弈过程如下：

（1）自然选择 θ 的类型和四种状态的概率分布（如表 7-1）。

（2）股东提供契约，并规定了 w_i 与 t_i，$i = 1,2,3,4$。

（3）管理层与独立董事接受或者拒绝契约，只有二者都接受了才执行此契约的条款；如果都接受了此契约，则管理层选择努力水平 e_i，独立董事观察信息 s，$i = 1,2,3,4$。

（4）股东对于管理层的努力水平以及独立董事的观察信息是不可观察的，而管理层对于独立董事所观察到的信息是可观察的。

（5）当不利状态（比如状态①或状态②）发生时，管理层会通过贿赂使独立董事向股东披露有利于管理层的信息。

（6）基于独立董事的披露，股东给予管理层与独立董事报酬 w_i 与 t_i，$i = 1,2,3,4$。

根据梯若尔的防范合谋原理，股东可以通过设计一个防止合谋的契约使得管理层从中得到的收益不少于合谋的收益，因而管理层就没有进行合谋的积极性。我们按此原理建立最优防范合谋契约模型如下：

$$\max_{\{t_i, w_i, e_i\}} \sum_i p_i(e_i + \theta_i - w_i - t_i) \quad i = 1,2,3,4$$

$$s.t. \ (AIR) \ \sum_i p_i U(w_i - g(e_i)) \geqslant U(\overline{w})$$

$$(SIR) \ \sum_i p_i V(t_i - c) \geqslant V(\overline{t})$$

$$(AIC) \ w_2 - g(e_2) \geqslant w_3 - g(e_3 + \Delta\theta)$$

$$(CIC1) \ t_1 + w_1 - g(e_1) \geqslant t_2 + w_2 - g(e_2)$$

$$(CIC2) \ t_4 + w_4 - g(e_4) \geqslant t_3 + w_3 - g(e_3)$$

$$(CIC3) \ t_2 + w_2 - g(e_2) \geqslant t_3 + w_3 - g(e_3 + \Delta\theta)$$

3. 防范合谋模型分析

在防范合谋契约模型中，（AIR）与（SIR）分别是管理层与独立董事的参与约束，保证管理层与独立董事参与该博弈所得收益不低于各自的保留效用，(AIC) 是状态②发生时管理层的激励相容约束，从付出 ($e_3 + \Delta\theta$) 的努力使股东误认为状态③发生时的所得，不超过从状态②的所得，以避免管理层为了隐瞒坏信息而付出 ($e_3 + \Delta\theta$) 的努力，从而使股东误认为状态③发生；(CIC1)、(CIC2)、(CIC3) 是联盟（管理层与独立董事）的激励相容约束，即为了使管理层与独立董事没有激励通过合谋来增加双方的净盈余，股东分别向管理层与独立董事支付高额补偿性报酬所需满足的条件。约束 (CIC1) 表示状态①发生时，管理层与独立董事合谋隐瞒坏信息后的联盟所得，不超过不隐瞒坏信息的联盟所得，目的是防止管理层与独立董事的合谋行为（即报告"状态②发生"）；同理，约束 (CIC2) 表示当状态④发生时，管理层与独立董事如实报告的联盟所得超过二者合谋隐瞒信息的联盟所得，目的是防止管理层与独立董事的合谋行为（即报告"状态发生"），即鼓励真实披露，杜绝隐瞒信息；约束 (CIC3) 则表示当状态②（此时出现坏消息）发生时，管理层与独立董事有合谋行为（即报告"状态③发生"，使得股东误认为出现好消息）的联盟所得低于无合谋行为（即报告"状态②发生"）的联盟所得，目的是避免误导信息。委托人的目标是在以上约束下选择合适的 w_i、t_i 与 e_i（$i = 1, 2, 3, 4$），以最大化其期望效用函数。

对防范合谋契约模型构造拉格朗日函数：

$$L = \sum_i p_i(e_i + \theta_i - w_i - t_i) + \mu\left[\sum_i p_i U(w_i - g(e_i)) - U(\overline{w})\right] +$$

$$\varphi\left[\sum_i p_i V(t_i - c) - V(\overline{t})\right] + \eta[w_2 - g(e_2) - w_3 + g(e_3 + \Delta\theta)] + \lambda[t_1 +$$

$$w_1 - g(e_1) - t_2 - w_2 + g(e_2)] + \varepsilon[t_4 + w_4 - g(e_4) - t_3 - w_3 + g(e_3)] +$$

$$\psi[t_2 + w_2 - g(e_2) - t_3 - w_3 + g(e_3 + \Delta\theta)]$$

其中，$\mu \geqslant 0, \varphi \geqslant 0, \eta \geqslant 0, \lambda \geqslant 0, \varepsilon \geqslant 0, \psi \geqslant 0$

分别对 t_i, w_i, e_i 求偏导，得到以下一阶关系式

$$\varphi V'(t_1 - c) = 1 - \frac{\lambda}{p_1} \tag{7—14}$$

$$\varphi V'(t_2 - c) = 1 + \frac{\lambda - \psi}{p_2} \tag{7—15}$$

$$\varphi V'(t_3 - c) = 1 + \frac{\varepsilon + \psi}{p_3} \tag{7—16}$$

$$\varphi V'(t_4 - c) = 1 - \frac{\varepsilon}{p_4} \tag{7—17}$$

$$\mu U'(w_1 - g(e_1)) = 1 - \frac{\lambda}{p_1} \tag{7—18}$$

$$\mu U'(w_2 - g(e_2)) = 1 - \frac{\eta + \psi - \lambda}{p_2} \tag{7—19}$$

$$\mu U'(w_3 - g(e_3)) = 1 + \frac{\eta + \psi + \varepsilon}{p_3} \tag{7—20}$$

$$\mu U'(w_4 - g(e_4)) = 1 - \frac{\varepsilon}{p_4} \tag{7—21}$$

$$\mu U'(w_1 - g(e_1))g'(e_1) = 1 - \frac{\lambda}{p_1}g'(e_1) \tag{7—22}$$

$$\mu U'(w_2 - g(e_2))g'(e_2) = 1 - \frac{\eta + \psi - \lambda}{p_2}g'(e_2) \tag{7—23}$$

$$[\mu U'(w_3 - g(e_3)) - \frac{\varepsilon}{p_3}]g'(e_3) = 1 + \frac{\eta + \psi}{p_3}g'(e_3 + \Delta\theta) \tag{7—24}$$

$$[\mu U'(w_4 - g(e_4)) + \frac{\varepsilon}{p_4}]g'(e_4) = 1 \tag{7—25}$$

由式（7—14）至式（7—25），经分析防范合谋契约模型可得出命题：不考虑对独立董事的再监督机制和惩罚机制时，股东

最优防合谋契约满足以下条件：

$$\text{I}\quad e_3 > e_1 = e_2 = e_4 \tag{7—26}$$

$$\text{II}\quad t_1 > t_4 > t_3 > t_2 \tag{7—27}$$

$$\text{III}\quad t_1 + w_1 = t_2 + w_2，由（\text{II}）知 w_2 > w_1 \tag{7—28}$$

$$\text{IV}\quad w_2 - g(e_2) > w_1 - g(e_1) > w_4 - g(e_4) > w_3 - g(e_3) \tag{7—29}$$

由命题可知，当满足条件式（7—27）与式（7—29）时，（$CIC2$）是满足的。另外，在模型中，监督成本 c 的大小不影响最优解的排序，只影响独立董事所得报酬的大小。在满足条件式（7—26）至式（7—29）下，契约有效地防止了可能的合谋，激励独立董事披露真实信息：

首先，状态①发生时，如果独立董事如实报告信息，则与管理层分别获得报酬 t_1, w_1；若独立董事隐瞒坏信息而向股东谎报什么也没有观察到，他与管理层分别得到报酬 t_2, w_2，由于 $t_1 > t_2$（条件式（7—27）给出），意味着独立董事得承受（$t_1 - t_2$）的损失，除非管理层对其损失给以补偿；而由于最优情形下约束（$CIC1$）的等式成立，即二者联盟所得在状态①与状态②时无差别，结合条件式（7—29）可知，（$t_1 - t_2$）＝（$w_2 - g(e_2)$）－（$w_1 - g(e_1)$），即管理层给独立董事（$t_1 - t_2$）的补偿后自己从此合谋也没有得到好处，所以二者都无理由合谋隐瞒坏信息。

其次，状态②发生时，由（$CIC3$）、（7—27）及 $e_3 > e_2$ 知，管理层若要通过付出（$e_3 + \Delta\theta$）的努力而让股东误认为状态③发生，则不仅赚不到好处，还得增加（$e_3 + \Delta\theta - e_2$）的努力程度，因而管理层无理由误导信息认知。

最后，状态④发生时，由式（7—29）与式（7—27）知 $t_4 + w_4 - g(e_4) > t_3 + w_3 - g(e_3)$，$t_4 > t_3$，$w_4 - g(e_4) > w_3 - g(e_3)$，无论管理层与独立董事个人还是二者联盟都无诱因隐瞒好信息。

由条件式（7—27）$t_1 > t_4 > t_3 > t_2$ 还知，不管 θ 的真实状态如何，如果独立董事什么也没有观察到则获得最低报酬，如果观察到坏信息的情形（θ_1）并如实披露则获得最高报酬。

（四）有控股股东公司中防范合谋契约模型的设计

在独立董事理论基础部分，我们指出绝大部分上市公司的股权呈集中状态，在这种股权结构中往往存在一个控股股东，形成一个控股股东操纵董事会的治理结构。与无控股股东的公司相比，在有控股股东的公司中，控股股东可能会通过各种方式操纵董事会以及贿赂独立董事形成三方合谋，侵害中小股东的利益。特别是在我国，上市公司股权高度集中，控股股东任命代表自己利益的管理层，掌握企业的经营命脉，侵害中小股东权益，牟取私利。这就要求对独立董事激励机制的研究不仅仅关注一般意义上股东与管理层对独立董事激励的影响，而且要考虑股东中控股股东对管理层进而对独立董事行为的影响。在这种情况下，公司契约中面临的主要问题之一是：中小股东如何防范控股股东通过操纵董事会与独立董事合谋。

1. 防范合谋契约模型的设计

现在我们在无控股股东公司中防范合谋契约模型的基础上，研究在有控股股东的公司中，中小股东如何设计防范合谋契约。除前面的假定之外，又增加了以下假定：

（8）控股股东拥有完全的私人信息，了解状态 θ 和独立董事观察信息 s。因为，控股股东是公司控制权人——"内部控制人"。

（9）当公司经营信息为坏信息并且被独立董事观察到时，控股股东会以贿赂 B_S 让独立董事披露"什么也没有观察到"。

（10）独立董事接受贿赂后最终被中小股东发现的概率为 β_S

（比如由内外部审计发现），$0 < \beta_s < 1$，且发现即被惩罚，设罚金（若是非货币形式则可以转化为货币形式）为 $P_s^{(m)}$。

在这些假定下，独立董事从贿赂中得到的期望收益为 $(1 - \beta_s)B_s + \beta_s(B_s - P_s^{(m)}) = B_s - \beta_s P_s^{(m)}$。按照防范合谋原理，将无控股股东防范合谋契约模型的约束（AIC）、（CIC1）和（CIC3）设计为（AIC）*、（CIC1）* 和（CIC3）*，设计满足新条件的有控股股东的防范合谋契约模型：

$$\max_{\{t_i, w_i, e_i\}} \sum_i p_i(e_i + \theta_i - w_i - t_i)$$

$$s.t. (AIR) \sum_i p_i U(w_i - g(e_i)) \geqslant U(\overline{w})$$

$$(SIR) \sum_i p_i V(t_i - c) \geqslant V(\overline{t})$$

$$(AIC)\, w_2 - g(e_2) \geqslant w_3 - g(e_3 + \Delta\theta) + (B_\alpha - \beta_\alpha P_\alpha^{(m)})$$

$$(CIC1)\, t_1 + w_1 - g(e_1) \geqslant t_2 + w_2 - g(e_2) + (B_s - \beta_s P_s^{(m)})$$

$$(CIC2)\, t_4 + w_4 - g(e_4) \geqslant t_3 + w_3 - g(e_3)$$

$$(CIC3)\, t_2 + w_2 - g(e_2) \geqslant t_3 + w_3 - g(e_3 + \Delta\theta) + (B_\alpha - \beta_\alpha P_\alpha^{(m)})$$

约束条件（CIC1）* 表示状态①发生时，独立董事接受控股股东贿赂并与其联盟合谋隐瞒坏信息后的合谋所得，不超过不隐瞒坏信息的所得，约束（CIC3）* 表示状态②发生时，管理层接受控股股东的贿赂及与独立董事合谋让中小股东误认为是状态③发生的合谋所得，不超过在状态②下取得的合谋所得。在此新条件下构造拉格朗日函数为：

$$L^* = \sum_i p_i(e_i + \theta_i - w_i - t_i) + \mu\left[\sum_i p_i U(w_i - g(e_i)) - U(\overline{w})\right] +$$

$$\varphi\left[\sum_i p_i V(t_i - c) - V(\overline{t})\right] + \eta[w_2 - g(e_2) - w_3 + g(e_3 + \Delta\theta) - (B_\alpha - \beta_\alpha P_\alpha^{(m)})] + \lambda[t_1 + w_1 - g(e_1) - t_2 - w_2 + g(e_2) - (B_s - \beta_s P_s^{(m)})] +$$

$\varepsilon[t_4 + w_4 - g(e_4) - t_3 - w_3 + g(e_3)] + \psi[t_2 + w_2 - g(e_2) - t_3 - w_3 + g(e_3 + \Delta\theta) - (B_\alpha - \beta_\alpha P_\alpha^{(m)})]$

分别对 t_i, w_i, e_i 求偏导，得到一阶关系式，与前述求导结果相同，不再详细列出。

因此在中小股东委托独立董事对控股股东及其利益代理人管理层的防范合谋模型中，考虑控股股东对独立董事的贿赂情形下，最优防范合谋除满足一般模型下的（7—26）和（7—27）条件外，须满足：

当 $B_s - \beta_s P_s^{(m)} \leqslant 0$ 且 $P_s^{(m)}$ 足够大时，

$w_2 - g(e_2) > w_1 - g(e_1) > w_4 - g(e_4) > w_3 - g(e_3)$

当 $B_s - \beta_s P_s^{(m)} > 0$ 但 $P_s^{(m)}$ 足够大时，

$w_1 - g(e_1) > w_4 - g(e_4) > w_3 - g(e_3)$ 以及 $w_2 - g(e_2) > w_4 - g(e_4) > w_3 - g(e_3)$

2. 防范合谋契约模型分析

状态①发生时，存在两种情形。第一种情形：$B_s - \beta_s P_s^{(m)} \leqslant 0$ 且对独立董事接受贿赂的惩罚力度足够大时，若独立董事接受大股东的贿赂隐瞒坏信息而使中小股东误以为状态②发生，会有净损失 $\Delta t = t_1 - t_2 - (B_s - \beta_s P_s^{(m)}) > 0$，即使管理层给予其大于等于 Δt 的补偿，力度大的惩罚也会影响独立董事以后的声誉；而由于 $(CIC)^*$ 中等式成立，可知 $(w_2 - g(e_2)) - (w_1 - g(e_1)) = \Delta t$，即满足了 Δt 的补偿，则控股股东（管理层）无任何好处，因此从理性角度看，二者都无诱因合谋，且独立董事也不会接受大股东的贿赂。但如果 $B_s - \beta_s P_s^{(m)} \leqslant 0$ 同时对独立董事接受贿赂的惩罚力度 $P_s^{(m)}$ 较小时，控股股东给予独立董事的贿赂 B_s 也较小，这一般是指对中小股东而言较为重要，对控股股东而言相对不太重要的公司信息，这时不能绝对阻止合谋与贿赂的发生。

第二种情形：$B_s - \beta_s P_s^{(m)} > 0$，即独立董事只从接受贿赂中获得的期望收益为正，由于 $t_1 - t_2 - (B_s - \beta_s P_s^{(m)}) = (w_2 - g(e_2)) - (w_1 - g(e_1))$，则要么控股股东合谋的净收益正好是独立董事合谋的净损失，要么独立董事合谋的净收益正好是管理层合谋的净损失，此时在控股股东的压力下，管理层可能在不改变努力水平以及得到不次于状态①的报酬的前提下提供合谋补偿；若惩罚力度小，特别是如果仅是少量罚款时，独立董事从状态①与状态②所得等同，则他还有可能同时接受大股东的贿赂和管理层的合谋支付；但若惩罚足够大，比如法律惩罚，独立董事会顾及惩罚的其他效应而拒绝接受贿赂与合谋。

从对命题的分析可以得出如下结论：在有控股股东的公司中，除非加大惩罚力度，一般不可能防止控股股东对独立董事的贿赂及收受贿赂行为。这也符合我国目前独立董事制度的现实操作，法律法规等对独立董事没有什么惩罚措施，即使有也难以与合谋收益相比。

第八章

审计委员会和监事会权责调和

在"单层制"公司治理模式下,公司不设监事会,在董事会设立由独立董事组成的审计委员会通过其履行监控经营管理层的职能,从而确保股东的权益受到有效的保护。审计委员会通常全部或大多数是由独立董事组成。引入独立董事制度后,在"双层制"公司治理模式下,监事会是专司监督公司的机构。这样就带来了在"双层制"公司治理模式下,引入独立董事制度后,审计委员会和监事会的职能重叠,那么,这种职能的重叠是否会形成制度的摩擦降低运行效率呢?两者如何取舍?审计委员会和监事会权责如何调和?是本章要研究的问题。

一 审计委员会的组成及其职责界定

(一)审计委员会的组成

审计委员会制度在英、美国家已有半个世纪的历史,一般认为,审计委员会制度起因于1938年发生的美国迈可森·罗宾逊(Mckesson & Robbins)药材公司倒闭案。针对此案,美国证券交易理事会(SEC的前身)在1940年发布的会计系列文告第19号(Accounting Series Release No. 19)文件中建议上市公司设立由外部董事组成的审计委员会。由于审计委员会制度确实在监督公司财务状况中发挥了积极的作用，现已成为西方企业普遍采用的公司内部监控制度之一。1971 年 Mattel 公司财务报表的销售收入虚夸了 1400 万美元，税前利润虚夸了 10.5 万美元。为此地区法院判 Mattel 建立一个审计委员会，其 4 名成员中必须要有 3 名外部董事；1977 年，经 SEC 批准，纽约交易所要求每家上市公司"在不迟于 1978 年 6 月 30 日以前设立并维持一个全部由独立董事组成的审计委员会，这些独立董事不得与管理层有任何会影响他们作为委员会成员独立判断的关系"；1987 年纳斯达克交易所建议审计委员会应完全由独立董事组成。1999 年 12 月，纽约证交所和纳斯达克证交所修改了其对上市公司审计委员会的要求，规定公司必须建立至少有 3 个独立董事（占审计委员会成员的 2/3）的审计委员会。目前，美国主要的证券交易所均要求上市的公司建立审计委员会。到了 20 世纪 70 年代，审计委员会制度也由它的起源地美国传到了世界其他国家和地区，并得到了迅速的发展。

1999 年 7 月 9 日在法兰克福年会上通过的《国际公司治理网络（ICGN）全球公司治理准则评估》主张："建立积极的、独立的董事会审计委员会，应当全部或主要由独立非执行董事组成。"

英国《凯德伯瑞报告》（*Cadbury Report*）建议："审计委员会是董事会中一个非常重要的委员会，审计委员会至少应由 3 人组成，成员仅限于公司的非执行董事且对于公司具有独立性。"

1988 年加拿大特许会计师协会（CICA）发布了 *Macdonald Report* 报告，建议"所有的上市公司均须设立主要由外部董事组成的审计委员会"。1990 年 10 月，加拿大证券管理局（CSA）发布了一份公告，该公告规定"审计委员会的组成一般不少于 3 人，审计委员会主席应是独立的董事"。

澳大利亚 1995 年在广泛的行业调查的基础上发表的《关于公司治理实践和行为的 *Bosch* 报告》，表明公众股份公司应该成立不同的董事会附属委员会如审计委员会来专门处理特定领域内的公司治理问题，这些委员会中，独立非执行董事应占多数，并能够独立于公司管理层之外，自主处理问题。

韩国《公司治理最佳实务准则》规定，审计委员会最少有 3 名董事会成员，其中最少 2/3（包括委员会主席）应为外部董事，至少 1 人拥有审计专业知识并了解会计准则、财务报告和内部控制系统。我国香港特别行政区也要求公司组建审计委员会，其成员应从非执行董事中产生，且大多数非执行董事应是独立的。

从上述审计委员会的构成可以归纳出一些共性的要件：一是审计委员会的成员至少 3 人；二是审计委员会的成员全部或大部分为独立董事；三是审计委员会主席应是独立董事，不一定是董事长。

我国审计委员会制度才起步。《上市公司治理准则》第 52 条规定："专门委员会成员全部由董事会组成，其中审计委员会、提名委员会、薪酬与考核委员会中独立董事应占多数并担任召集人，审计委员会中至少应有一名独立董事是会计专业人士。"与国外的做法相比，我国的法律法规未规定审计委员会的人数，只强调独立董事应占审计委员会的 1/2 以上，而根据我国国情，《实施细则》中提 7 名又较多，建议 3—5 人为宜。

在进入 21 世纪之后，美国证券市场爆发了安然（Enron）等一系列大公司的财务丑闻，美国也为此于 2002 年颁行了萨班斯—奥克斯利法案（*Sarbanes - Oxley Act*，简称 SOX Act，中文译为《萨班斯法案》），对包括审计委员会制度在内的公司治理制度进行了重新规范，强调和提高了审计委员会在公司治理中的地位，审计委员会借此也升级到了最高版本——公众公司的法定审计监管机构。

　　人们对审计委员会的实际运行效果存在不同的看法，既有肯定的，也有怀疑否定的。审计委员会作为公司内部的独立监督机制参与到董事会重大决策过程中，能够制约董事会中的内部董事，打破内部人控制的局面，平衡大小股东间的利益，进一步改善董事会的运作机制；审计委员会有专门的职责和明确的目标，遇到重大问题，团体内部可以磋商，形成审计委员会的意见，最终能对董事会决策施加较大影响，为独立董事发挥其独特作用提供了广阔的空间。这一监督职能已在美国上市公司的内部监督中显示出优势。同时，审计委员会功能的发挥，尚有赖于股东大会、董事会的制约能力，尤其是股东本身的救济手段、董事诚信义务之传统、经理市场的竞争、股票市场的压力、破产风险的激励、机构投资者的监管以及一系列臻于完备的具体规则。但是，这一制度本身还存在一些尚未解决也难以解决的问题。譬如，审计委员会隶属于董事会，其提案需通过董事会的审查决定才能付诸实施，在监督董事会方面作用有限；独立董事制度在信息来源、时间和精力、专业知识结构、相对独立性、监督动机等方面存在缺陷，等等。总之，对任何制度的评价都不能绝对化和理想化，应持一种演进、发展的立场，更多地着眼于长期的制度演进过程，而不能只看到目前的实施状况。除个别国家外，审计委员会制度在世界的兴起是 20 世纪 90 年代以后的事情，发展的历史并不长，存在缺陷是难免的，还有待于在实践中不断完善。从已实行审计委员会制度的多数国家的情况来看，这一制度在克服"内部人"控制，保护中小股东利益方面，确实发挥了一定的积极作用，已有愈来愈多的国家将其作为改进公司治理的重要手段。

(二) 审计委员会的职责界定

英国内部审计师协会主席拉尔德·温顿教授在20世纪80年代初指出: 在从整个董事会的利益出发的情况下, 审计委员会被作为授权改善以下几方面的手段: (1) 审计 (内部的和外部的); (2) 会计和财务 (尤其是财务报告); (3) 内部控制、系统和程序[①]。审计委员会的这三条职责一直发展到现在。

1. 安然事件后审计委员会职责的新拓展

《萨班斯法案》对审计委员会的定义是: "由发行证券公司的董事会组建的, 并隶属于董事会的一个委员会 (或类似机构)。该委员会的职责是监督该公司的会计及财务报告过程, 及该公司财务报表的审计。"与过去职业界对审计委员会的一般规定相比较, 《萨班斯法案》扩大了审计委员会的职责。《萨班斯法案》第201节和第202节增加了审计委员会的职责: 审计师提供给该公司的所有审计业务和非审计业务须事先获得审计委员会的许可 (最少例外); 注册会计师事务所在执行审计业务的同时提供9项非审计业务属非法行为, 但执行如税务咨询等须事前经审计委员会的许可。

《萨班斯法案》第204节规定: 审计师向审计委员会报告。第301节大大扩大了审计委员会的监管权。SEC规定, 审计委员会不具有下列权力与条件的, 命令全国的证券交易所及全国证券协会禁止该公司上市:

(1) 审计委员会对注册会计师事务所的聘用、酬金以及监督, 包括公司管理者同审计方关于财务报告差异的协调负直接责

[①] 安德鲁·钱伯斯、乔治·M. 赛利姆、杰拉尔德·温顿: 《内部审计》, 陈华译, 中国财政经济出版社1995年版。

任。并且要求注册会计师事务所直接向该委员会报告。

（2）强调了审计委员会的独立性，如由独立董事组成，不能收受任何咨询或其他报酬，亦不能从事公司及其附属机构的关联交易。

（3）审计委员会应设立程序处理有关投诉与雇员的秘密举报。

（4）审计委员会有权聘请独立顾问。

（5）上市公司应确保审计委员会聘请注册会计师和独立顾问的费用。

2003 年 11 月，全美证券交易商协会和纽约证券交易所根据《萨班斯法案》细化其内容发布了新的公司治理最终规则，该规则将审计委员会定位在公司治理的最高层面上，详细规定了审计委员会的职能，具有极强的可操作性。特别重要的是，要求在章程中明确审计委员会的年度绩效评价与考核。

美国会计学家史蒂文·M. 布拉格①最近对审计委员会的职能提得更为明确，更具可操作性。他指出：审计委员会的目标，就是协助董事会，监督财务报告的形成及其相关控制。审计委员会没有决策的权力，通常情况下是向董事会提出建议，然后投票决定。审计委员会职能的范围不是固定的，但通常限制在以下各点：

（1）关于公司的管理。首先，检查管理层的开支。由此可以防止经营者们过度使用公司的资金。其次，检查公司管理者成员之间的交易。这样既可以防止经营者以公司的名义消费，中饱私囊，又能防止经营者将自己的利益凌驾于公司利益之上。

---

① 史蒂文·M. 布拉格：《财务总监领导手册》，刘威译，上海财经大学出版社 2005 年版。

（2）关于外部审计师。首先，提议聘用外部审计师。这样可以保证所聘用的外部审计师完全独立，避免因其与公司有着某种关系而影响对公司财务报表的审计。审计委员会在推荐外部审计师时，也应考虑其在该行业的专业技能、服务质量、可以为公司提供的其他服务以及收费标准等。其次，检查外部审计师建议的执行情况。由此可以确认公司的管理层正确对待外部审计师所提出的控制措施，从而使得控制环境得以加强。再次，处理外部审计师与公司管理层的争议。由此可以发现公司管理层是否企图向外部审计师施加压力，迫使其同意对某些交易采取另外的会计处理方法。最后，检查外部审计人员所提供的其他服务。这样可以发现外部审计师是否因为担心失去其他的业务而不愿发表否定意见，以此来获得被审计公司的其他大额业务。

（3）关于内部审计。首先，审查内部审计部门负责人的更换。以此确定内部审计部门负责人的更换有着合理的理由，而不是财务总监因为个人原因想更换一位比较服从的负责人。其次，审查内部审计人员的工作目标、工作计划、培训情况以及审计计划报告。以此来确认内部审计人员在公司内部控制最容易发生风险的领域已正确定位，并且已接受相当的专业培训来处理这些问题。对年度工作计划进行审查，可以发现内部审计部门的负责人是否给每位审计人员分配了足够的工作任务或者为了完成工作目标，现有的工作人员是否够用。再次，审查内部审计人员在工作过程中所取得的合作。因为被审计者有可能为了隐瞒某些情况而采取不十分合作的态度。对这些领域进行审查，最有可能发现舞弊现象。最后，审查灾害恢复计划，以确认公司已经为最有可能发生灾害制定和论证了充分的灾害恢复计划。

（4）关于财务系统。首先，调查财务方面的舞弊以及其他各种形式的渎职。可以此为依据对可能涉及虚假财务报告或公司

资产滥用的情况进行调查。其次，审查公司各项政策是否与相关
法律及道德标准相符。以此来保证公司所有的政策，无论与财务
系统存在何种关系，都与当地的法规一致，并符合公司所声明的
经营道德标准。再次，确认财务报告已包括了债权人所要求的全
部信息。这样可以保证公司的财务信息在适当的时间，以正确的
形式报告给债权人，从而使得债权人减少由于错失财务信息而在
贷款条款中所承受损失的风险。最后，为了保持信息的一贯性，
审查提供给股东的所有报告，包括一些特殊报告。这样可以确定
提供给投资者的所有有关公司财务状况一贯良好的报告都是真实
的。对那些特殊报告尤其应加以关注。因为这些报告可能使用不
同的评价指标，如用扣除利息、税金、折旧及摊销之前的利润代
替净利润以及管理层的一些过于乐观的声明。而这些与标准的财
务报告所显示的信息往往不相符合。

　　审计委员会在审查各项财务活动时，重点关注的是当事人是
否与公司有着特殊的利益关系。但有一项除外，即审计委员会往
往被授权直接调查有关财务舞弊与渎职的事件，而不是仅仅审查
他人对该事件的调查结果。之所以要审计委员会进行直接调查，
是因为这种舞弊活动往往不仅涉及一般的雇员，还可能牵涉到管
理人员。因此，审计委员会只有通过亲自调查才能得到公正、无
偏见的调查结果。

　　此外，审计委员会除了要调查财务舞弊活动外，还要负责检
查各项审计活动及调查的结果，以确认公司的财务报告系统正确
地报告了公司实际的经营成果。

　　2. 我国对审计委员会职责的规定

　　我国的《公司法》、《审计法》都没有董事会下设审计委员
会的规定，中国证监会《关于在上市公司建立独立董事制度的
指导意见》中只提到一句："如果上市公司董事会下设薪酬、审

计、提名等委员会的，独立董事应当在委员会成员中占有二分之
一的比例。"中国证监会与国家经贸委在 2002 年 1 月发布的
《上市公司治理准则》第五十四条中规定：审计委员会的主要职
责是：（1）提议聘请或更换外部审计机构；（2）监督公司的内
部审计制度及其实施；（3）负责内部审计与外部审计之间的沟
通；（4）审核公司的财务信息及其披露；（5）审核公司的内部
控制制度。我国审计委员会因为负有的是"主要职责"，因此相
关规定比较原则。而 2000 年 11 月《上海证券交易所上市公司治
理指引》（草案）对审计委员会的职责规定比较具体：（1）检查
会计政策、财务状况和财务报告程序；（2）与会计师事务所通
过审计程序进行交流；（3）推荐并聘任会计师事务所；（4）检
查内部控制结构和内部审计功能；（5）检查公司遵守法律和其
他法定义务的状况；（6）检查和监督公司及其下属公司所有形
式的风险，如财务风险（包括物流风险、资金风险、担保风
险、投资风险）、高级管理人员违规风险和电脑系统安全风险；
（7）检查和监督公司行为规则；（8）董事会赋予的其他职能。
上海上市公司董事会秘书协会 2002 年 3 月发布的《董事会审计
委员会实施细则指引》，则是在《上市公司治理准则》基础上增
加了"对重大关联交易进行审计"和"公司董事会授予的其他
事项"两条职责。

（三）审计委员会的运行机理

审计委员会设在董事会下，独立于管理层。因此，对于内部
审计来讲是以外部董事为主的成员，对于外部审计来讲是公司内
部的成员，它的高层次性和权威性是审计委员会有效地进行监督
的保证。一般而言，其运行程序是：（1）制订正式的章程，对
委员会的权责、成员资格作出明确的规定；（2）每年提交一份

书面的工作计划，包括审计委员会开会的次数与内容，与内外部审计的沟通及其他活动内容；（3）每年提交一份书面的报告向董事会汇报。审计委员会通过其职责的履行，在审计委员会和董事会、经营管理层、内部审计人员、外部注册会计师之间建立起通畅、透明的信息流和制衡机制，为实现董事会目标而对公司的财务报告和经营活动进行独立性评价。具体讲其运行机理如下（乔春华，2004）[①]。

1. 审计委员会应当获取和披露的信息

（1）获取的信息

第一，从管理层获得的信息：有关经营活动、企业政策和决策方面的信息；有关年度计划与财务预算；有关财务报告的信息，如月报、季报、中报与年报；有关信息披露的重大内容（如关联方交易等）和会计调整（如会计政策、会计原则、会计估计、会计差错更正等）；属于审计委员会职责范围内的任何重大事件报告（不定期）。

第二，从内审部门获得的信息有：内审计划与内审报告。

第三，从会计师事务所获得的信息有：审计报告与审计意见；与管理层的分歧；任何可能影响独立审计人员发表审计意见的潜在问题（按季度、半年和全年）。

（2）披露的信息

美国证监会还要求审计委员会作出特定的披露，这些披露将揭示它对公司财务报告的形成的参与及监督程度。包括要披露以下事项：首先，审计委员会是否已同管理当局一道审查和讨论过经审计的财务报告；其次，审计委员会是否已同独立的审计师一道讨论过有关规定所要求讨论的事项；再次，审计委员会是否收

---

① 乔春华：《审计委员会运作的探析》，《审计与经济研究》2004 年第 2 期。

到独立审计师按照执业规范的要求出具的书面披露或信件；是否同独立审计师一道讨论过独立审计师的独立性；最后，审计委员会是否在前面三项要求的审查和讨论的基础上，建议董事会在公司年报中附上经审计的财务报告。

2. 审计委员会开会

开会是审计委员会的一项主要工作。审计委员会开会的内容，各国大同小异。但一般都要求定期召开会议。英国 *Cadbury* 报告指出："应当至少每年正式举行两次会议。外部审计人员和公司财务董事应正式出席审计委员会会议。"加拿大 CSA 要求："审计委员会应定期开会，定期召开由内部审计师、高级管理部门、独立会计师共同参加的协商会议。"根据 1993 年加拿大《商业》杂志对加拿大排名前 400 位的公司进行调查的结果表明：由公司审计委员会讨论审计范围的占 99%；讨论内部控制有效性的占 97%；讨论内部审计计划的占 94%；审查公司会计政策的占 93%；审核公司报表附注信息的占 98%；审核中期报告的占 74%，其中公布前复核的占 71%，公布后复核的占 3%；复核盈利数据的占 70%。而安然公司审计委员会的大多数成员不仅所具有的会计、审计知识有限，而且在 2001 年 2 月 12 日审议十分重要又高度复杂的 8 项议题时，仅用了 1 小时 25 分钟。《萨班斯法案》颁发后第一个牺牲品南方保健公司（Health South Corporation），在 2001 年全年，公司审计委员会仅开过一次例会。

我国上海市《董事会审计委员会实施细则指引》对审计委员会开会有过明确的规定，但不够具体。笔者曾对一家上市公司提出过一个工作计划，其中会议安排是：审计委员会例会每季召开一次，建议一般安排在每季中间的月份，即 2 月、5 月、8 月、11 月份。会议内容安排如下。

第一次会议的内容：（1）审议总会计师与外部审计师在上年度财务报告上的分歧意见；（2）审议上年度财务报告与审计报告；（3）审议内外部审计机构的工作报告；（4）审议其他相关的事项。

第二次会议的内容：（1）审议公司的内部审计制度及其实施；（2）审查公司的内控制度；（3）审议公司及其下属公司所有形式的风险，如财务风险，高级管理人员违规风险等；（4）审议其他相关的事项。

第三次会议的内容·（1）审议中期财务报告与审计报告；（2）审议重大的会计调整和审计调整；（3）评价审计委员会的绩效；（4）审议其他相关的事项。

第四次会议的内容：（1）提议聘任或更换外部审计机构；（2）审议外部审计机构的审计合同与下年审计计划等；（3）审议内部审计部门的审计计划等；（4）审议董事会授予的事项。

3. 审计委员会的沟通

审计委员会的成员大部分是独立董事，与内部经营者之间信息不对称，所以要与内外审计师沟通。

（1）审计委员会与外部审计的沟通

与外部审计师进行交流是审计委员会最重要的职责之一，审计委员会是外部审计师与董事会进行沟通的桥梁。1978 年，美国司法人员协会公司法委员会（The Committee on Corporate Law of the American Bar Association）对审计委员会的基本功能描述如下："审计委员会在代表股东的董事会与外部注册会计师之间提供了适当的沟通管道。"该委员会列举的审计委员会四项基本功能均涉及与注册会计师的沟通问题，如与审计人员就审计计划提出咨询，与审计人员及公司的内部审计人员就内部控制的适当性提出咨询等。

审计委员会与外部审计师每年至少单独沟通一次，其内容有：（1）外部审计师的独立性：包括公司所提供顾问咨询等非审计服务及相关费用。（2）外部审计师的责任：审计委员会应提示外部会计师在审计财务报告的真实性与公允性、内部控制的有用性、充分性与完整性等事项上所担当的责任及所负责任的程度。（3）会计调整和审计调整的必要性与正确性。外部会计师应对审计委员会明示：会计调整在本期财务报告中的反映以及审计调整对财务报告的影响。（4）与管理层的分歧意见。外部会计师应同审计委员会讨论与管理层之间的分歧意见及其对信息披露的影响。即使这些分歧已经获得解决，注册会计师仍有义务向委员会报告。（5）审计执业中遇到的干扰、限制或为难之处。（6）双方认为需要沟通的事项。

此外，审计委员会还可邀请外部审计师列席审计委员会的有关会议，在会议上也进行沟通。通过包括沟通在内的考核，对外部审计师的工作作出评价，以便提出是否续聘的意见。

（2）审计委员会与内部审计的沟通

Cadbury 报告指出："内部审计人员与外部审计人员尽管职能不同，但作为外部审计人员，我们认为良好的做法是设立内部审计职能对关键的控制和程序进行定期监督。这一职能是公司内部的监督体系不可分割的组成部分，有助于确保有效性。内部审计职能是代表审计委员会进行调查工作，有权追踪任何欺诈行为，关键时内部审计人员可直接向审计委员会主席报告以确保其独立性。"

目前，我国上市公司内部审计的隶属关系有三种模式：董事会审计委员会、监事会、管理层，而且大都归管理层领导。从监督角度看，归审计委员会领导更具有独立性，不仅有利于审计委员会开展工作，而且有利于内部审计独立发挥作用，更有利于审计委员会与内部审计的沟通，因此也有利于维护股东的权益。但是我国的法规关于沟通方面的规定却存在着相互抵触之处：中国证监会与国家经贸委 2002 年 1 月颁发的《上市公司治理准则》第 54 条规定：审计委员会的职责之一是"负责内部审计与外部审计之间的沟通"；而中国内部审计协会 2003 年 6 月发布的《内部审计具体准则第 10 号——内部审计与外部审计的协调》第 5 条规定："内部审计与外部审计的协调工作，应在组织适当管理层的支持和监督下，由内部审计机构负责人具体组织实施。"第 8 条规定："内部审计与外部审计之间的协调，可以通过定期会议、不定期会面或其他沟通方式进行。"从注册会计师对上市公司审计的现状分析，内部审计的地位无法承担内外审计的沟通工作，如外部审计与管理层的分歧，外部审计在审计执业中遇到的干扰、限制或为难之处等。审计委员会与内部审计沟通的内容有：（1）内部审计的独立性与内部审计组织形式；（2）内部审计作用发挥与内审资源利用的充分性；（3）内部审计的责任与内部审计报告的质量；（4）评价内部审计对内部控制的健全性和有效性以及风险管理评审结果；（5）审查内部审计的目标、计划及其实施情况；（6）双方认为需要沟通的事项。

4. 审计委员会报告

英国 *Cadbury* 报告指出："审计委员会应正式成立，以保证其与董事会关系明确，回答董事会问题并定期汇报，审计委员会应有成文的职责条例，以明确其身份、权利和义务。"

审计委员会应定期向董事会汇报。汇报方式及次数应在审计委员会工作计划中清楚确定。审计委员会通常须向董事会提交一份委员会在所述期间内进行的工作和审核结果的报告。提交此类报告的次数因不同公司的规定而异，但至少应每年提交一次。向董事会报告的内容有：（1）内部控制系统有效性的结论；（2）内审报告有效性的结论；（3）注册会计师审计报告有效性的结论；（4）关于更换注册会计师以及审计收费等的意见；（5）审计委员会会议记录；（6）其他审计委员会认为应报告的事项。

二 监事会的本原及我国现状

（一）监事会的本原

监事会（the Board of Supervisors）是公司的监督、检察机关。监事会制度起源于荷兰的东印度公司，发展和完善于德国。监事会最早出现在荷兰的东印度公司中。因为东印度公司远离荷兰本土，众多股东不可能亲临东印度公司参与公司经营管理、对公司进行监督，于是经众多股东的推选，一些稍大的股东便成了众多小股东的代表远赴东印度公司对公司的经营管理进行监督，这些负有监督职能的股东可谓是最早的监事。其后，这种做法几经演变，特别是吸收了政治制度中的三权分立模式后，公司监事会制度作为股东大会、董事会与监事会三极中的一极，其地位和作用终为各国所承认并最终定型。所谓三权分立也就是在一个公司中，股东大会是由全体股东组成的决定公司一切重大事项的最高权力机构，处于立法地位；董事会经股东大会选举产生，是公司的管理执行机构，处于行政地位，董事会聘任总经理主持日常生产经营管理工作；监事会受股东大会委托，代表股东对董事会、董事和总经理进行监督，向股东大会负责并报告工作，处于司法地位。公司通过股东大会、董事会、监事会三个机构的相互配合和牵制，达到健全发展的目的。监事会属于董事会之外的专门监督，可不受董事会和经营管理层的牵制，履行业务及财务监督职能，代表广大利益相关者对董事会与公司管理层行使监督权。监事会由监事组成，由股东大会选举产生。我国监事会中一般监事人数不低于3人，具体人数可以被3整除，其中2/3是股东监事，1/3是雇员监事。董事、经理及财务负责人不得兼任监事。

实行双层制董事会制度的国家分设监督权和执行权，一般由地位较高的监事会（the Supervisory Board）监管执行董事会或称管理委员会（Board of Managing Directors）。这是社会导向型的董事会模式，也称为欧洲大陆模式，德国、奥地利、荷兰和部分法国公司等均采用该模式。处于较高地位的监事会由股东大会选举和职工推荐代表，监事全部由非经理层成员组成，而董事会成员、经理由监事会任命，监事会具有聘任、监督和在必要时解聘执行董事会成员的权力，并可以决定董事、经理的报酬，但监事会不能干预董事会的经营决策。

从监事会的职能看，其类型一般有两种：一是只有监督检察单一职能；二是兼有监督检察和最高决策双重职能。前者较为普遍，大陆法系大部分国家属于这种类型；后者主要存在于欧洲的个别国家，以德国最为典型。日本和中国台湾等国家和地区只设监事，不设监事会，即监事是个体机关，而非会议机关：监事只起监督作用，它与董事会一起共同向股东大会负责。虽然监事会和董事会都有监控职能，但两者是有区别的。如上所述，监事会的监督工作以违法性监督为主，如公司管理行为是否违反法律法规和企业规章制度。而董事会的监督则以适当性监督为主，如经营计划的管理是否合理，是否符合公司发展战略等。

纵观德、日等国家的规定，监事会的职责可概括如下：

（1）董事会成员任免权。以德国立法为代表。在德国，监事会大权独揽，其中一项权力就是对董事会成员的任免权。在任免机制上，任免决定以简单多数原则通过。日本的监事会没有对董事会成员的任免权。

（2）监督董事会、董事和其他高级管理人员的经营管理活动。监事会可派代表列席董事会会议，对董事会的决议提出异议并可要求复议，定期和不定期要求董事会报告经营情况，自行或委托中介机构进行必要的调查。

（3）检查、稽核公司财务报表与文件。此项权力是一种事后监督权，旨在了解公司的真实财务状况。

（4）公司代表权。尽管各国对由谁代表公司在规定上存在一定差异，但一般情况下，公司业务执行权归董事会所有，监事会作为内部监督机构无权对外代表公司，但是董事与公司之间有诉讼，董事为自己或关联人与公司进行业务交往时由监事会或监事代表公司进行。

（5）召集临时股东大会的权力。监事会在履行其监督职责时，如果发现董事（会）实施公司目的范围以外的行为或有违反其他法律、章程的行为时，若有使公司产生重大损害之处，并且董事会无法或怠于召集股东大会的情况下，便可自行召集股东大会。

（二）我国监事会现状

从制度安排的角度来看，公司治理就是一种对控制权分配和约束的机制。不论是哪一种公司治理模式，经营权和控制权都是在股东大会、董事会和经理层三个层次进行配置（如图8-1虚线框所示）。

股东大会享有最终决策权并将大部分控制权委托董事会来代理，形成第一层委托—代理关系。股东大会保留对董事会的直接监督权并授权其他机构（如监事会或独立董事）对其进行日常监督。而对于股东大会的监督主要来自于资本市场、产品市场、经理人市场和证监会等外部监督机构，公司治理效率的提高离不开外部监管市场的发展和完善。

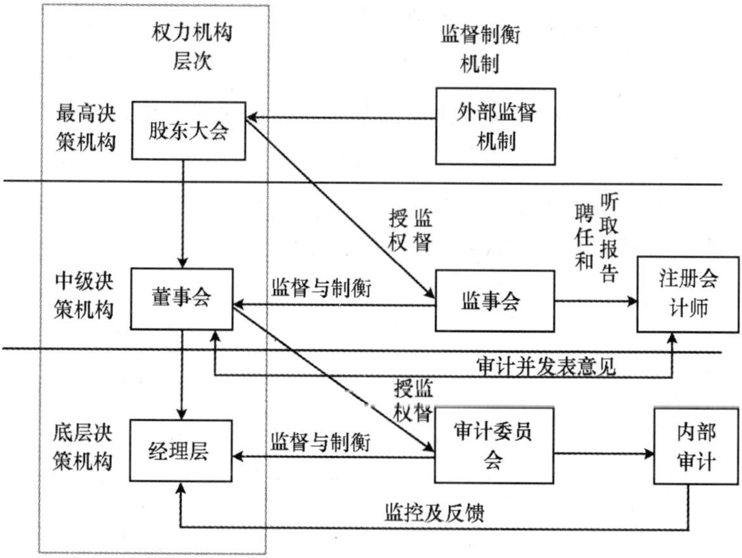

图 8-1　企业经营权的配置与监督机制

　　董事会受股东大会委托负责公司的重大决策，同时，董事会委托经理层执行董事会决策，监督经理层经营和执行的效率，这里董事会与经理层构成了第二层委托—代理关系。在"二元"公司治理模式下监督董事会的法定机关是监事会，监事会在隶属关系上平行于甚至高于董事会，直接受股东大会的委托监督董事会和经理层的经营决策。

　　经理层负责公司日常经营管理决策，对董事会负责。当经理层当前利益与公司利益不一致时，道德风险和逆向选择就可能成为经理层的策略选择。董事会既充当经理层的上层机构也充当监督者的角色。

　　我国的公司治理结构与日本一样，也采取二元制的模式，但与德国又存在较大的差异。日本制定商法时，仿照德国，规定公司应设立三大法定机关,即股东会、董事会和监察人委员会,采取"股东会中心主义",如法律或章程无相反规定,股东会得决定公司一切事项。与德国不同的是,日本的监察人委员会与董事会处于并列地位,皆由股东大会选举产生,并存于股东大会之下,互不隶属。董事会执行公司业务,且其成员往往同时兼任公司高层管理职位。监察人拥有业务和财务监督权,负责监督董事、经理的行为和公司财务的合法性、妥当性。但随着企业规模扩大、股东人数增加,股东会渐渐成为有名无实的机关,而监察人无论在业务监察或会计监察方面均未能发挥其功能。1950 年日本修正了商法,在此次及随后的商法修改中,限制了股东大会和监察人委员会的权力,改采用"董事会中心主义"。但随着董事会权力的扩大,对董事会信誉方面的要求进一步增加。为了对董事会行使的职权加以监督,经 1974 年商法修改后又恢复了监察人的业务监督权。1991 年后,日本更引入外部董事来强化董事会内部的监督机能。总的来看,日本公司治理结构兼具德、美模式,形成了日本的特色。我国上市公司治理模式与日本最为相似。公司设有"三会",股东大会为公司的权力机关,选举产生董事会和监事会,二者相互独立,董事会负责公司业务的执行,监事会行使监督权。我国引入独立董事制度后,目前上市公司中独立董事制度与监事会制度并存。

三 我国审计委员会与监事会的权责调和: 基于公司法的视角

我国公司治理结构是一种"双层制"的结构,采取了与日本相似的董事会和监事会并列的模式。公司在股东大会下设董事会和监事会两个平行的机构。根据《公司法》第 124 条的规定:

"股份有限责任公司设监事会，其成员不少于 3 人。监事会应在其组成人员中推选一名召集人。监事会由股东代表和适当比例的公司职工代表组成，具体比例由公司章程规定。监事会的职工代表由职工民主选举产生。董事、经理及财务负责人不得兼任监事。"经过几年的运行，在我国双层制公司治理结构下，监事会既无法了解实情，又缺乏监督手段，无法起到良好的监督作用，其职能没有得到确实发挥，仅仅流于形式，成为摆设。鉴于我国公司治理结构的这种现状，证券监督机构试图通过引入美国的独立董事制度来解决对公司的监督问题。证监会并为此在 2001 年 8 月 16 日专门发布了《关于在上市公司建立独立董事制度的指导意见》，2002 年证监会又发布《上市公司治理准则》，在上市公司全面推行独立董事制度与审计委员会制度。将"单层制"模式下的独立董事制度与审计委员会制度引入"双层制"模式下的公司治理结构，成为我国"极具特色"的上市公司内部监控制度。而两种监控制度的并存不仅没有带来理想中监督效果的"一加一等于二"或"大于二"，反而带来了监督资源的浪费与监督效率的降低。因此在现有《公司法》下如何调和审计委员会与监事会的权责，使之真正发挥监督实效，是当前必须要思考的问题。

　　首先要明确二者的职权范围。根据《公司法》要求，为了保护投资者的根本利益，需要加强董事会的独立监督，并确保其监督权威性，我国公司普遍设立监事会并直接对股东大会负责，监事会代表股东大会执行监督职能，对董事长和经营管理层实行监督，对董事会执行公司管理事务和会计事务进行监察，与董事会相互独立，互不隶属。监事会行使下列职权：（1）检查公司的财务；（2）对董事、经理执行公司职务时违反法律、法规或者公司章程的行为进行监督；（3）当董事和经理的行为损害公司的利益时，要求董事和经理予以纠正；（4）提议召开临时股东大会；（5）公司章程规定的其他职权。

审计委员会的主要职责在《上市公司治理准则》中规范为：（1）提议聘请或更换外部审计机构；（2）监督公司的内部审计制度及其实施；（3）负责内部审计与外部审计之间的沟通；（4）审核公司的财务信息及其披露；（5）审查公司的内控制度。概括起来，审计委员会主要肩负三大职责：

首先，保证审计质量。（1）主持有关外部审计的事务。选择外部审计机构和人员，确定审计合同内容和费用以及外部审计人员的继任和解聘。（2）领导内部审计。审查内部审计制度和内创审计程序、评价内审人员技能、决定内部审计财务预算。此外，审计委员会还应协调内部审计人员与外部审计人员的关系，并负责内外部审计与公司管理层之间的沟通。

其次，审核财务报告。（1）检查公司所有重要的会计政策，对重大的变动和其他有疑问之处加以报告。（2）先行检查中期财务报告、年度财务报表和董事会报告。

最后，评价内部控制。通过内部审计职能，检查关键的财务风险及经营风险；保证内部控制制度的完善与有效，监督外部审计和内部审计关于内部控制方面建议的执行。

由上述规定可以看出，审计委员会的职责范围涉及了财务报告的产生、审计及其所依赖的内部控制环境的各个方面，而这一全方位的监督机制对于改善公司治理结构、提高会计信息质量以及保护投资者特别是中小投资者利益、维护证券市场秩序无疑具有重要作用。

监事会有检查公司财务、监督和检查董事和经理行为等职责；审计委员会的主要监督对象是管理层。在具体职责上，审计委员会主要负责公司内外部审计和财务信息披露方面的监督职能，可以看出，二者都要向全体股东负责。

审计委员会与监事会都对公司具有监督功能，但二者的侧重点是不同的。审计委员会具有事前监督、内部监督以及与决策过程监督紧密结合的特点，可以直接参与公司决策过程；监事会的监督具有事后监督、外部监督以及与决策过程分离等特点，侧重于合法性监督。审计委员会和监事会可以分别在各自的功能范围内发挥其监督功能，其功能是互补的，二者也是可以调和的。在目标一致的前提下，各行其职、各负其责，相互监督，互相依存。审计委员会与监事会同为保护投资者的利益，审计委员会主要是通过提升公司经营绩效来达到目的，即监督经营决策的合理性——方法是不是科学，能否带来利润，风险有多大，并以此来衡量一项决策是否应该执行；监事会则侧重监督经营者决策的合法性和正当性——决策的制定程序上是否合法，会不会损害利益相关者的正当利益，财务制度是否真实，从而能确保所有股东尤其是中小股东的利益。

总之，在我国公司治理机制中，审计委员会与监事会的关系为，审计委员会隶属于董事会，其中独立董事占多数，其所提交的议案先通过董事会的讨论。监事会则是与董事会保持平行地位的机构，由股东代表和职工代表组成。审计委员会的主要监督对象是管理层。监事会向全体股东负责，检查公司财务、监督和检查董事、经理及其他高级管理人员的行为等；监事会不参与决策过程，侧重于事后监督。审计委员会则要参与决策过程，更侧重于事前监督。要调和审计委员会与监事会，关键要处理好两者的关系，发挥审计委员会和监事会的双重监督作用。审计委员会的职责应当与监事会相辅相成，避免重叠或冲突，否则会降低监督的效率和有效性。审计委员会配合监事会的监事审计活动，在监督公司管理当局的问题上相互合作；审计委员会作为董事会的下设委员会，也是监事会的监督对象。我们将两者具体职责划分如表 8 - 1 所示。

表 8 - 1　　　　　监事会和审计委员会职责的重新配置

	监事会	审计委员会
服务对象	全体利益相关者	董事会
隶属关系	隶属于股东大会	隶属于董事会
功能定位	代表全体利益相关者，监督董事会及经理层，平衡公司各利益相关者之间的关系	代表董事会监督管理层提供真实可靠的信息，评估业务执行情况，制衡内部股东在董事会的力量
具体职责	1. 监督核查公司财务 2. 聘请和更换注册会计师，与外部审计师就财务报表等审计事项进行沟通 3. 有权和会计师事务所协商审计费用事宜，并报告股东大会审批 4. 监督公司董事会和经理层的行为是否违反法律、法规或公司章程，如存在违法、违规行为，有权向股东大会提议解聘或奖惩事宜，必要时有权聘请中介机构参与具体工作 5. 有权向董事会提议召开股东大会，必要时监事会可直接召集临时股东大会 6. 在公司与董事发生诉讼时有权代表公司向董事提起诉讼 7. 年终向股东大会汇报监督董事会的工作现状，给出对董事会工作的分析评估报告，并提出奖惩、任免的建议	1. 监督经理层的行为是否违反法律、法规或公司章程 2. 对董事会的业务决策进行妥当性监督，尤其是对关联交易的监督 3. 定期召开只有审计委员会和内部审计员工的会议，领导并检查内部审计的工作内容和结果，向内部审计人员沟通了解公司经营情况和经理层履职情况 4. 在注册会计师审计财务报告前监督和复核财务信息和财务报告的制作过程 5. 评估和复核公司内部控制制度和风险管理制度 6. 评估内部审计部门的工作情况，决定内部审计员工的聘任、解聘、奖惩

续表

	监事会	审计委员会
消极权力	忠实、勤勉、保密，有权向董事会及审计委员会、内部审计、财务部门索要相关信息，有权列支经费，支付审计费用	忠实、勤勉、保密，有权向管理层、财务部门索要经营相关信息，有权列支经费
议事程序	定期召开监事会会议，设立监事会办公室，设置监事会会议的召集人，明确会议召集次数，也可根据董事会会议次数和内容决定。定期召开只有监事会和注册会计师在场的会议，讨论和沟通审计事宜	积极参与董事会会议，并定期举行审计委员会和内部审计部门的会议，听取报告，评估结果
行权途径	监事会和监事个人发现问题可以直接向股东大会汇报，必要时也可通过法律手段解决	审计委员会通过和内部审计部门、注册会计师、管理层沟通，发现问题直接向董事会汇报

第九章

研究结论、政策性建议、局限性及有待进一步研究的问题

独立董事制度要有效，除了前面章节分析的保障机制外，还必须要与其他制度互补。我国目前尚缺乏与之互补的法律、文化、经济制度。尤其是在经济制度方面，缺乏健全的公司外部治理机制。因此，围绕独立董事制度的研究议题相当丰富。本章简要地总结了全书研究结论和今后需要进一步研究的几个问题。

一 本书研究的结论

本书通过规范研究和实证研究得出以下结论：

（一）独立董事制度是公司董事会治理的衍生制度

独立董事制度是公司董事会治理的衍生制度。所有权与经营权的分离导致了股东会职权与董事会职权的分离。随着经济学制度和法学制度的变迁，公司治理也经历了从"股东中心主义"到"董事会中心主义"再到"经理中心主义"的演化。这种演化的根本原因是信息不对称而导致的公司控制权在公司利益相关者（主要是股东与经营者）之间的重新配置。当公司的控制权为董事会所掌握时，公司的经营目标可能不再是股东利益最大

化,而是经营者利益最大化,董事会的决策也不再沿着最大化公司价值的路径进行,从而降低了公司的效率。为了增强董事会的独立性(独立判断能力),提高董事会的效率,增加公司价值,于是,在董事会内部植入独立董事制度,以对董事会进行治理。所以,从这个意义上来说,独立董事制度是公司董事会治理的衍生制度,其根本目的是解决股东与经营者之间的代理问题。

(二)我国引入独立董事制度的目的是解决大股东对小股东利益的侵占

在美、英等国家,股权分散是其公司股权的基本特征。独立董事制度作为董事会治理的衍生制度,主要解决的是股东与经营者之间的代理问题。在我国独立董事是"舶来品",它是否也主要解决股东与经营者之间的代理问题呢?这需要具体分析我国上市公司股权结构特征。股权结构决定了公司权力的配置框架,也决定了股权结构不同特征的公司其主要代理问题也不同。在股权分散的公司中,公司主要代理问题是经营者对全体股东利益的侵占;在股权集中的公司中,大股东与小股东之间存在着代理关系,其主要代理问题是大股东与小股东之间的利益冲突,即大股东对小股东利益的侵占。这种利益侵占原动力在于"多数决定机制"的制度设计而导致了大股东绝对拥有了公司的控制权。当大股东掌握了公司的控制权之后,其主要目标之一便是追求其控制权私人收益。这也形成了大股东实现其利益最大化的途径之一。其原因主要有两个:一是大股东侵占小股东利益获得的收益与其应承担的成本的非一致性;二是监督成本与其补偿的非对称性。所以,在股权高度集中的公司中,大股东有能力也有动力通过侵占小股东的利益实现其利益最大化。通过对我国上市公司的股权结构特征的分析,发现我国的上市公司以股权高度集中和大股东控制为主要特征。在这一基本特征下，我国上市公司的主要代理问题是大股东对小股东利益的侵占。独立董事制度引入我国上市公司治理结构的意义在于解决大股东与小股东之间的代理问题。

（三）关于独立董事有效性的保障机制

独立董事与股东之间存在着典型的代理关系，其中，独立董事为代理人，他与委托人之间也会存在着代理问题，这会削弱独立董事的有效性。本书认为，独立董事独立性，是主观和客观的结合。独立董事在保持与公司客观独立的前提下，根据自身的知识结构、实践经验及所掌握的企业信息做出独立的判断，是一种特殊独立性，即利益独立性和判断独立性。独立董事要实现其独立性必须做到对象上的独立和内容上的独立。为此，要求独立董事在董事会中占有多数地位，主导整个董事会的决策过程，而不只是依附于执行董事，在董事会决策过程中只担当参谋、咨询和影响角色。对于在股权集中度达50%以上的上市公司提名独立董事时，可限制第一大股东提名独立董事的数量，亦可由第二、三大股东联合其他中小股东提出一定数量的独立董事提名；如果股权较集中于若干大股东，应平均分配独立董事的提名数量，通过股东之间的博弈选出适合的独立董事。在独立董事退出时（除正常任职到期外），要建立正规的罢免程序和披露制度，包括：披露独立董事被罢免的事由，披露独立董事就罢免事由发表的声明；建立相应的赔偿机制，以补偿罢免给独立董事带来的损失。并强制采用累积投票权以抑制大股东对独立董事任命的操控。

必须设计一个合理的独立董事激励与防合谋契约。

（1）独立董事报酬激励契约

在信息对称的情况下，独立董事与其委托人之间只需要签订一个风险分担契约，而不需要签订报酬契约。这是因为，当信息对称时，股东完全可以根据观测到的独立董事的努力水平对其实行奖惩，即股东对独立董事的激励契约完全可以建立在他所观察到的独立董事行动上，在这种情况下，激励相容约束变得多余了。但是，在契约中约定独立董事的努力水平后，契约的产出成为一个简单的随机变量，存在着不确定性，因此，在股东与独立董事之间必须签订一个风险分担契约。

在信息不对称的情况下，股东不能观察独立董事的努力水平（采取的行动）和外生变量，只能观察到契约的产出。在这种情况下，无论股东如何奖惩独立董事，独立董事总是会选择最大化自己效用的努力水平，股东不可能使用"强制合同"（Forcing contract）来迫使独立董事选择股东希望的努力水平，而只能通过激励契约诱使独立董事选择股东希望的努力水平。所以，此时独立董事的激励相容约束（IC）将起作用。

在信息不对称条件下，股东并不能观测到独立董事的努力水平，也无法证实独立董事的努力水平和外生变量对契约产出的贡献份额，同时，对给定最优激励契约产出而言，实现股东效用最大的独立董事的努力水平对独立董事未必最优，因此，独立董事将选择小于最优的努力水平以改进自己的福利水平，并将低产出的原因归咎于不利的外生变量的影响，从而逃避股东的指责。这便出现了契约执行中的"道德风险"问题。在激励契约执行中存在道德风险的情况下，股东设计的契约不能实现帕累托最优，要想使激励契约得到帕累托改进，股东设计的最优激励契约应该要求独立董事承担比对称信息情况下更大的风险。至于契约风险的分配多少与独立董事对待风险的态度相关。如果独立董事是一个风险规避者，应该让其承担较小的风险；如果独立董事是风险中性者，最优激励契约应该要求其承担完全风险。

另外，我们还得出一个简单而直观的结论：股东设计的最优激励契约应该是在独立董事激励效用与保留效用之间的一个均衡。

（2）独立董事声誉激励契约

当独立董事与委托人之间的契约是多期时，声誉将对独立董事的行为产生影响。

如果独立董事与委托人之间的契约是多期的，出于对"声誉效应"的考虑，委托人与独立董事双方都会自觉遵守契约，于是，声誉便成了一种缓解代理问题的"隐性激励机制"。这是因为：首先，从长期来看，外生的不确定因素对契约产出的影响可以剔除，股东能相对准确地从观测到的变量中推断独立董事的努力水平，独立董事不可能用偷懒的办法提高自己的福利；其次，通过长期契约，股东可以向独立董事提供"保险"，以免除独立董事的风险；最后，独立董事职业市场对独立董事采取的行为具有强约束。因为，在完全竞争的独立董事职业市场上，独立董事的经营业绩决定了其市场价值，进而决定了独立董事的收益。所以，从长期来看，独立董事必须对秘书的行为负完全责任，即使没有显性激励契约，独立董事也会积极工作，这样做可以提高自己在职业市场上的声誉，从而提高未来的收益。

（3）防范合谋契约

尽管独立董事制度的目的是解决代理问题，然而，其本身是一种委托—代理关系，也存在着代理问题：独立董事与被监督对象的合谋。合谋的存在会削弱独立董事的作用。委托人也会考虑到这一点，并应该将其纳入到契约中。

独立董事与委托人之间在签订一个主契约之后，在独立董事与被监督对象之间可能存在一个不合"法理"的合谋子契约，该子契约要约束独立董事的行为需满足合谋同盟的集体激励相容约束，且独立董事完全有讨价还价的能力。

在无控股股东公司中，如果不考虑对独立董事的再监督机制和惩罚机制，在满足条件：$e_3 > e_1 = e_2 = e_4$；$t_1 > t_4 > t_3 > t_2$；$w_2 > w_1$；$w_2 - g(e_2) > w_1 - g(e_1) > w_4 - g(e_4) > w_3 - g(e_3)$ 下，最优防范合谋契约模型将起作用[1]。

在有控股股东公司中，除非加大惩罚力度，一般不可能防止控股股东对独立董事的贿赂行为。这是因为：

在委托人与独立董事的博弈过程中，当状态①（$\theta = \theta_1, s = \theta_1$[2]）发生时，存在两种情形。第一种情形：$B_s - \beta_s P_s^m \leqslant 0$[3]，且对独立董事接受贿赂的惩罚力度足够大时，若独立董事接受大股东的贿赂隐瞒坏信息而使中小股东误以为状态②（$\theta = \theta_1, s = \phi$[4]）发生，会有净损失 $\Delta t = t_1 - t_2 - (B_s - \beta_s P_s^{(m)}) > 0$[5]，即使管理层给予其大于或等于 Δt 的补偿，力度大的惩罚也会影响独立董事以后的声誉；而由于 $(CIC)^*$（即合谋同盟的集体激励相容约束的均衡状态）中等式成立，可知 $(w_2 - g(e_2)) - (w_1 - g(e_1)) = \Delta t$[6]，即满足了 Δt 的补偿，则对控股股东（管

---

①　该模型及其满足条件的含义见"无控股股东公司中防范合谋契约模型的设计部分"。

②　θ 代表对股东收益产生影响的除管理层努力之外的其他有利信息；θ_1, θ_2 分别表示对股东收益产生不利影响的坏信息和产生有利影响的好信息。s 表示独立董事的可观察信息。

③　B_s 表示当公司经营信息为坏信息时，使独立董事发布"什么也没有观察到"信息的贿赂额；β_s 表示独立董事接受贿赂后最终被中小股东发现的概率，且发现即被惩罚的罚金为 P_s^m。

④　ϕ 表示独立董事"什么也没观察到"。

⑤　t_i 表示在状态 i 下独立董事的报酬。

⑥　w_i 表示在状态 i 下管理层的报酬；$g(e_i) w_i$ 表示在状态 i 下管理层付出努力的成本函数。

理层）无任何好处，因此从理性角度看，二者都无诱因合谋，且独立董事也不会接受大股东的贿赂。但如果 $B_s - \beta_s P_s^m \leqslant 0$，同时对独立董事接受贿赂的惩罚力度 P_s^m 较小时，控股股东给予独立董事的贿赂 B_s 也较小，这一般是指对中小股东而言较为重要，对控股股东而言相对不太重要的公司信息，这时不能绝对阻止合谋与贿赂的发生。

第二种情形：$B_s - \beta_s P_s^m > 0$，即独立董事只从接受贿赂中获得的期望收益为正，由于 $t_1 - t_2 - (B_s - \beta_s P_s^{(m)}) = (w_2 - g(e_2)) - (w_1 - g(e_1))$，则要么控股股东合谋的净收益正好是独立董事合谋的净损失，要么独立董事合谋的净收益正好是管理层合谋的净损失，此时在控股股东的压力下，管理层可能在不改变努力水平以及得到不次于状态①的报酬的前提下提供合谋补偿；若惩罚力度小，特别是如果仅是少量罚款时，独立董事从状态①与状态②所得等同，则他还有可能同时接受大股东的贿赂和管理层的合谋支付；但若惩罚足够大，比如法律惩罚，独立董事会顾及惩罚的其他效应而拒绝收受贿赂与合谋。

（四）在我国"双层制"公司治理模式下，审计委员会与监事会权责应该调和

在我国上市公司中，由于审计委员会与监事会在职权上存在着重复，或者职权界定不清，或者对应该界定的职权没有界定，导致"双层制"的治理效率低下，所以，需要对审计委员会和监事会的职权进行调和，调和的核心在于两个方面：其一是处理好两者之间的关系。审计委员会的主要监督对象是管理层。监事会向全体股东负责，检查公司财务、监督和检查董事、经理及其他高级管理人员的行为等；监事会不参与决策过程，侧重于事后监督。审计委员会则要参与决策过程，更侧重于事前监督。要调

和审计委员会与监事会，关键要处理好二者的关系，发挥审计委员会和监事会的双重监督作用。审计委员会配合监事会的监事审计活动，在监督公司管理当局的问题上相互合作；审计委员会作为董事会的下设委员会，也是监事会的监督对象。其二是科学界定两者之间的责权，对两者职责的重新配置。本书结合理论分析与实践应用将两者的权责重新配置（参见表 8 - 1）。

（五）关于我国上市公司独立董事制度实践的调查结果

1. 我国上市公司独立董事制度运行情况调查结果

本书基于河北省上市公司数据，分独立董事制度基本情况、独立董事制度的运行机制和独立董事与监事会之间协调现状三部分对我国上市公司独立董事制度的实践进行了调查分析，得出如下结论：

（1）独立董事制度的基本情况

第一，有 86.11% 的上市公司独立董事的配备情况符合《指导意见》的要求，同行业技术类、财会类、经济类人才构成了独立董事的主体，多来源于高校、科研院所和行业协会，具有深厚的理论专业知识，但缺乏实践经验。

第二，总体上来看，我们调查的上市公司的独立董事履职情况还是令人满意的，他们大多数能履行其职责。7% 的独立董事非常好地履行了职责，58% 的按规则要求完全履行了职责，35% 的基本履行了职责。独立董事为履行其职责而亲自出席董事会会议的人次占应到会议人次的 92%。

第三，独立董事对需要发表独立意见的事项行使权力和应尽义务的比例存在巨大差异。31% 的独立董事行使过重大关联交易事前审查权；14% 行使过股东大会召开前的征集投票权；12% 分别行使过提议聘任或解聘会计师事务所、提议和任免董事、提出审议可能损害中小股东权益的事项的权利。

（2）独立董事具体运行情况

第一，在我国，独立董事主要代表全体股东或中小股东行使监督和制衡权力主体的职能。

第二，独立董事主要由熟人推荐（占调查结果的78%），由董事会和控股股东提名（占调查结果的89%），经股东或董事会任命产生。这与人们的期望存在着差距。73%的独立董事表示在任期已满的时候退出公司，说明我国独立董事制度基本上发挥了制度设计的作用。

第三，独立董事激励机制保障了独立董事制度的正常运行。70%的独立董事表示现行的激励机制有一定的合理性，14%对其表示满意，16%认为很不合理。其原因是物质激励与声誉激励发挥了作用。60%的独立董事表示领取的津贴与付出的劳动及承担的风险对等；61%的独立董事珍惜自身的声誉，在上市公司中会表现出应有的独立性和客观性。

（3）独立董事制度与监事会制度

监事会在我国上市公司的治理中远未产生相应的功效，难以发挥制度设计的作用。只有12%的被调查者认为发挥了很大作用，认为发挥作用很小和没有作用的占20%。独立董事制度的引入基本上对监事会没产生影响，其主要原因是两者在很大程度上存在着职能的交叉，而这种交叉还可能削弱监事会的职能。然而，大多数人还赞同两者并存，只是两者应该明确界定其职权。

2. 独立董事制度运行有效性实证检验结果

有独立董事的公司的价值比与无独立董事的公司价值高，有独立董事公司的中小股东比没有独立董事的公司受到更好的保护；公司价值和中小股东保护与独立董事比例呈显著倒"U"形关系；由单独或合并持有 1% 以上非第一大股东提名独立董事的公司比董事会、监事会或第一大股东提名独立董事的公司，对中小股东利益的保护更好；公司价值与独立董事薪酬之间存在显著正相关关系，即独立董事薪酬越高，公司绩效越好，但是，中小股东保护与独立董事薪酬之间并无显著正相关关系。

二　完善独立董事制度建议

独立董事制度对于公司的专业化运作，提高公司治理效率，降低代理成本，以及保护中小投资者的利益都发挥着重要的作用。所以，要充分发挥独立董事的作用，需要一套适合我国上市公司特点的独立董事制度，也需要有一个融洽和谐的宏观环境支持。

（一）完善宏观环境

1. 完善相关法律环境

独立董事制度有效的运行离不开一个强有力的法律体系支持，因此，我国应该充分借鉴独立董事制度较为成熟国家的立法经验，建立和完善与独立董事相关的法律法规。虽然我国在 2005 年 10 月 27 日已经将建立现代企业的独立董事制度正式写入了《公司法》，但未就具体事宜做出规定。从实践上看，即使对独立董事制度有较详细规定的《指导意见》[①]，对独立董事的相关规定也需要做出相关修改，以使其更具可操作性和效率。因此，需进一步建立独立董事制度有效运行的法律保障体系，补充和细化《指导意见》有关独立董事的相关规定，以使其更具可

---

① 《指导意见》对独立董事的含义、应当具备的与其行权相适应的任职条件、独立董事的独立性、提名选举更换以及在上市公司应当发挥的作用等作了详细规定。

操作性。例如，根据我国证券市场公司治理的现状，具体细化独立董事的作用和职责，明确其应承担的责任，给予的权力，评价业绩的标准，并使权责利一致；使独立董事有清晰的工作目标，相应的工作条件及监督机制，促使独立董事发挥更大的作用。

2. 改变"一股独大"的股权结构

要真正完善上市公司法人治理结构、维护中小投资者利益，最根本的是调整股权结构，改变"一股独大"的格局。"一股独大"的股权结构是产生"内部人控制"、损害国家、企业和中小股东利益、导致管理腐败的温床，也是推行独立董事制度的制度性障碍。对于上市公司而言，可寻求战略投资伙伴，逐步增加国有股和法人股流通比例，通过多种方式减少国家和法人持股比例。对于新上市公司，国家应根据其主导产业和行业特点以及产业政策要求，确定国有股份和控股股东的股份上限，从而使上市公司不但做到了股权多元化，而且做到了股权分散化，为独立董事制度充分发挥作用奠定制度性基础。

3. 加强公司治理文化的建设

从总体看，我国尚未形成一种成熟的股东文化和公司治理文化，不存在一套完整的、可相互支持、相互补充的公司治理法规架构，也缺乏一套成熟的、自我实施的公司治理最佳做法或自律机制。我们的上市公司，高管人员对公司治理文化一是不熟悉，二是因为没有这方面的文化底蕴和积累，对这种文化有一种本能的反感和抗拒，形成文化不适症。作为股东的投资者，也没有属于自己的股东文化。加强公司治理文化建设，推动独立董事制度的完善，改善上市公司治理机制，并在此基础上努力培养企业核心竞争力，不断拓展企业的可持续发展空间，这关系企业自身的成败。

4. 加强有关独立董事信息的披露

虽然《公开发行证券的公司信息披露内容与格式准则第2

号〈年度报告的内容与格式〉》（2004 年修订）指出，应披露独立董事的基本情况，如个人情况、履行职责情况等，但现有的披露内容仍不能反映独立董事工作的真实面貌，建议监管机构加强制定相关的披露原则，详细说明独立董事的哪些信息必须详细真实披露，哪些信息可以选择性地披露。具体而言，应向全体股东及社会公众公开有关独立董事的个人信息和工作情况及绩效。包括独立董事参加公司董事会会议情况（亲自出席、委托出席、缺席，若是委托出席或缺席必须详细说明原因）、对重大决策的表态和投票情况（每位独立董事对公司的每一项次议持何种态度，发表了何种言论）、对上市公司披露信息真实性的意见等等，将独立董事的工作绩效真正置于市场的环境之中和社会的监督之下。

（二）完善独立董事运行机制

1. 完善独立董事选聘机制

独立董事的选聘机制是确保独立董事人格独立性与行权独立性的关键性环节。上市公司在聘任独立董事时应重点审查其与上市公司及其主要股东之间是否存在可能妨碍其进行独立、客观判断的关系。

第一，拓宽独立董事的来源渠道。独立董事的来源渠道越宽广、越规范，找到合适人选的可能性就越大，更为重要的是，这可以在独立董事之间形成一种竞争机制，使其更为勤勉，以提高独立董事效率。具体措施可以成立独立董事管理组织，负责独立董事备案录入、培训等。上市公司在此组织建立的独立董事人才库中搜索人选，利用人才市场通行的"双向选择"机制，选拔合适的独立董事。亦可在不泄露商业秘密的情况下，从同行业、其他商业、公共服务领域寻找独立董事的人选，特别是那些既熟悉行业发展又懂管理、有长远眼光的专家。

第二，设立独立董事提名委员会。在公司中设立一个提名委员会作为独立董事的提名主体，向公司推荐独立董事人选。该委员会必须相对于董事会具有独立性，以保证其工作的客观、公正与独立。其成员组成中独立董事必须占多数，并由独立董事担任主席。在这一程序中，提名委员会根据公司现状和公司章程中对公司独立董事的要求，通过招聘或者委托猎头公司物色符合条件的人选，经过对其年龄、资历、知识结构以及其他特征的分析，提出独立董事候选人初选名单。

第三，采用累积投票制度。为限制大股东常常利用其控股权优势控制董事会，并利用后者的业务执行权威谋取私利的操纵行为，建议在独立董事的选举过程中，充分反映中小股东的意见，强制股东大会实行累积投票制度。

第四，建立独立董事退出陈述制度。在目前我国上市公司一股独大的情况下，允许股东大会无故行使对独立董事的罢免权，则控股股东和管理层将很容易罢免"不听话"的独立董事，这将使建立独立董事的功效大打折扣。因此，建议上市公司建立退出陈述制度，公司在股东大会前通知将被罢免的独立董事，独立董事亲自出席并做出书面陈述，只有在做出的书面陈述与上市公司给出的正当理由相吻合情况下，经由股东大会以累积投票方式才可表决通过此罢免议案。

2. 完善独立董事激励机制

独立董事发挥作用的动力主要来源于声誉和报酬激励机制。声誉将有助于激励外部独立董事去监督执行董事和管理层。除了独立董事的声誉机制可以激励他们为上市公司提供更好服务以外，上市公司还应当采取报酬机制促使独立董事更加积极认真地投入工作。具体而言：

第一，逐步建立和形成独立董事声誉激励机制，尽快成立独立董事协会。以现有独立董事和后备人才为基础，成立独立董事协会，建立独立董事的行业自律组织。协会的职能是制定独立董事执业准则和行为规范，进行独立董事的资格认证，组织业内交流，建立独立董事档案和独立董事业绩公示制度，为社会公众和中介机构评价独立董事的业绩提供条件，促进个人信誉及社会评价体系的形成，向上市公司推荐独立董事候选人，培育竞争有序的独立董事市场。协会的作用是协助证券监管部门，对独立董事进行自律管理，提高独立董事的执业水平，维护独立董事行业的信誉和利益，促进独立董事行业的规范发展。在高度市场化的基础上，独立董事接受行业的自律，接受社会的监督，将更加珍视自己的声誉。

第二，广泛实行独立董事变动薪酬制。独立董事虽是上市公司的兼职董事，但承担着完善上市公司治理结构，保护中小股东权益的重任，为了使独立董事从心理认知自己劳动付出与收到的薪酬成正比，建议上市公司加强对独立董事业绩的评价，广泛采用变动薪酬。可考虑将独立董事薪酬与其日常出席会议次数、发表意见的可行性等因素挂钩。

第三，建立独立董事职业责任保险制度。开办独立董事职业责任保险是国外的通常做法，建立和完善独立董事职业责任保险，也是独立董事制度发展的必然结果。独立董事也和其他董事一样承担责任，董事会的决议违反了有关法规，表决时投赞成或弃权票的独立董事也免不掉法律追究。这种权、责、利三者严重失衡的机制不利于形成一支由合格的专业人士组成的独立董事力量，独立董事制度有可能因风险太大、无人愿意受聘而"形同虚设"，甚至造成夭折。因此，建议上市公司为独立董事购买责任保险，使独立董事在履行"诚信和勤勉"义务中能够有效规避和控制随时可能发生的风险。

三 本书研究的局限性

本书在研究独立董事有效性保障机制过程中，可能还存在着一些局限性与不足：

（一）从研究内容上并非面面俱到

本书在研究独立董事有效性保障机制时，只研究了三个主要内容：独立董事的独立性及其保障机制、独立董事激励机制和审计委员会与监事会的调和。而事实上，独立董事作为公司治理的一个重要组成部分，其运行是一个非常复杂的系统，仅仅这三个机制是难以保障的，必须有其他相关机制的配合。而本书对其他保障机制并没有进行研究，这将是作者在以后的研究中致力解决的问题。

（二）实证研究方法单一

实证研究中，只采用了调查问卷的研究方法，如果使用其他方法得到相互印证的结果，可能研究结果更加让人信服。在使用调查问卷研究过程中，调查对象主要以河北省的上市公司中的独立董事为主，虽然能够反映全国上市公司独立董事的一些普遍性问题，但是，以此作出的结论可能会忽视河北省的特殊性，这是否会出现以偏概全，需要我们扩大样本量，进一步深入研究。

（三）假设前提有待拓展

本书是在资本中心主义或资本雇用劳动和独立董事能力胜任

假设前提下，开展研究的，没有考虑独立董事的能力框架和专业胜任能力，更没有从利益相关者视角去构建独立董事的分析框架。

四　有待进一步研究的问题

（一）公司治理基础理论和分析框架亟需突破

公司治理研究已经成为经济学、财务学、管理学共同关注的热点，学者们利用专业工具从不同的角度对公司治理进行了研究。经济学为深入研究公司治理问题准备了理论基础，包括合同理论、交易费用理论、企业与经济组织的理论和现代产权理论等，但到目前为止，公司治理问题的研究既没有形成一般可接受的分析框架，也缺乏用命题形式构建的理论体系。特别是 20 世纪 90 年代以来，理论界对独立董事本质的研究，最终还是遵循了委托—代理理论分析的路径，如果有变化，也只不过是在形式上引入了信息经济学、博弈论等分析方法。因此，芝加哥大学赫穆林教授谈到对独立董事的研究时，认为现有的研究并没有太多的新理论，只是反复强调了代理成本问题，这远远不够。从学科发展的角度看，公司治理的交叉性还比较强，自身的理论完整性还相当差。现已有的一些经验发现，也多是在经济学与公司财务学和会计学的交叉研究中取得的成果。所以亟需从分析框架上突破。

（二）衡量董事会"独立性"的有效替代指标研究需要深化

在董事会的"有效性"研究方面，大多是研究不同公司治理机制与公司业绩之间的关系。在技术方法上，通常以回归方法为主进行计量经济学研究，解释变量通常是衡量公司业绩的变量，而被解释变量则是描述公司治理机制的特征变量，如董事会的规模、董事会的构成或董事会的委员会制度等。并且实证结果往往不一致或相反，究其原因，一是可能没有考虑企业所处生命周期的具体阶段；二是未能设计出一种衡量董事会"独立性"的有效代理措施。特别是以独立董事的数量来表明董事会的"独立性"的缺陷在于没有考虑董事会行动中的人际互动（personal interaction）的重要性，因为对于董事会的独立性所进行的精确评价，不仅仅是建立在董事会的构成的基础之上的，也是建立在对于董事会采取特定行动以及遵循特定时间规则的考虑的基础上的。此外，独立董事对经理层业绩所进行的监督，与大股东以及内部董事所进行的监督，彼此之间是具有替代性的。但如何替代，这些都需要进一步研究。

（三）基于法和经济学视角下制度移植的效应需要进一步研究

由于英、美国家经济制约体制的相对完善和其经济实力的主导，世界范围内公司治理出现趋同。而英、美是判例法国家，作为大陆法系的我国，在制度移植中如何防止冲突和实现调和将有大量的问题需要研究。

参考资料

一　著作部分

1. 安德鲁·钱伯斯、乔治·M.赛利姆、杰拉尔德·温顿：《内部审计》，陈华译，中国财政经济出版社1995年版。

2. 北京连城国际理财顾问有限公司：《2002年上市公司董事会治理蓝皮书》，中国经济出版社2002年版。

3. ［加拿大］布莱恩·R.柴芬斯：《公司法：理论、结构和运作》，林华伟等译，法律出版社2001年版。

4. 樊炳清：《上市公司治理与经营者激励约束》，湖北人民出版社2003年版。

5. 高晋康、汤火箭：《中国移植独立董事制度的若干思考》，《中国商发年刊》（创刊号），上海人民出版社2002年版。

6. 官欣荣：《独立董事制度与公司治理：法理与实践》，中国检察出版社2003年版。

7. 韩志国、段强：《独立董事：管制革命还是装饰革命?》，经济科学出版社2002年版。

8. 何美欢：《公众公司及其股权证券》，北京大学出版社1999年版。

9. ［英］吉尔·所罗门、阿瑞斯·所罗门：《公司治理与问责制》，李维安、周建译，东北财经大学出版社 2006 年版。

10. 孔翔：《独立董事制度研究》，中国金融出版社 2001 年版。

11. 李建伟：《独立董事制度研究》，中国人民大学出版社 2004 年版。

12. 李炯圭：《1997 年经济危机以后韩国公司治理结构的改革》，王保树：《全球竞争体制下的公司法改革》，社会科学文献出版社 2003 年版。

13. 李明辉：《公司治理全球趋同研究》，东北财经大学出版社 2006 年版。

14. 李燕兵：《股份有限公司监事会制度之比较研究》，《国际商法论丛》，法律出版社 2000 年版。

15. 李维安等：《美国的公司治理：马奇诺防线》，中国财政经济出版社 2003 年版。

16. 梁能：《公司治理结构：中国的实践与美国的经验》，人民出版社 2000 年版。

17. 廖理：《公司治理与独立董事最新案例》，中国计划经济出版社 2002 年版。

18. 刘俊海：《股份有限公司股东权的保护》，法律出版社 1997 年版。

19. 刘连煜：《累积投票制与应选董事人数之缩减》，《公司法理论与判决研究》，法律出版社 2002 年版。

20. 罗纳德·科斯：《企业的性质》，《论生产的制度结构》，上海三联书店 1994 年版。

21. 鲁桐：《公司治理及改革：中国与世界》，经济管理出版社 2002 年版。

22. 倪建林：《公司治理结构：法律与实践》，法律出版社

2001 年版。

23. 宁向东:《公司治理理论》,中国发展出版社 2005 年版。

24. 诺思:《制度、制度变迁与经济绩效》,上海三联书店 1995 年版。

25. 任自力:《管理层收购的法律困境与出路》,法律出版社 2005 年版。

26. 史蒂文·M. 布拉格:《财务总监领导手册》,刘威译,上海财经大学出版社 2005 年版。

27. [日] 松本厚治:《企业主义》,程玲珠等译,企业管理出版社 1997 年版。

28. 谭劲松:《独立董事与公司治理——基于我国上市公司的研究》,中国财政经济出版社 2003 年版。

29. 王保树、崔勤之:《中国公司法原理》,社会科学文献出版社 2006 年版。

30. 王建春、张卫东:《沪市上市公司独立董事制度现状分析》,上海证券交易所研究中心、复旦大学出版社 2004 年版。

31. 王天习:《公司治理与独立董事制度研究》,中国法制出版社 2005 年版。

32. 王舜模著:《韩国独立董事及监察委员会制度的考察》,刘星译,载 [日] 滨田道代、顾功耘主编《公司治理:国际借鉴与制度设计》,北京大学出版社 2004 年版。

33. 吴敬琏:《比较》第 16 辑,中信出版社 2005 年版。

34. 伍坚:《完善独立董事制度的若干法律问题研究》,顾功耘:《公司法律评论》,上海人民出版社 2002 年版。

35. 小约翰·科利等:《公司治理》,李维安等译,中国经济出版社 2004 年版。

36. 谢朝斌:《独立董事法律制度研究》,法律出版社 2004

年版。

37. 谢朝斌：《解构与嵌合：社会学语境下独立董事法律制度变迁与创新分析》，法律出版社 2006 年版。

38. 徐向艺：《公司治理制度安排与组织设计》，经济科学出版社 2006 年版。

39. 亚当·斯密：《国民财富的性质和原因的研究》，郭大力、王亚南译，商务印书馆 1974 年版。

40. 严武：《公司股权结构与治理机制》，经济管理出版社 2004 年版。

41. 于东智：《董事会与公司治理》，清华大学出版社 2004 年版。

42. 张富强：《21 世纪经济法学前沿问题研究》，群众出版社 2002 年版。

43. 张开平：《英美公司董事法律制度研究》，法律出版社 1998 年版。

44. 张维迎：《博弈论与信息经济学》，上海人民出版社 2002 年版。

45. 泽维尔·维夫斯（Xavier Vives）：《公司治理：理论与经验研究》，郑江淮、李鹏飞等译，中国人民大学出版社 2006 年版。

46. 周永亮：《中国企业前沿问题报告》，中国社会科学出版社 2001 年版。

47. 周友苏：《公司法通论》，四川人民出版社 2002 年版。

48. 朱羿锟：《公司控制权配置论——制度与效率分析》，经济管理出版社 2001 年版。

二 论文部分

49. 布莱恩·谢芬斯：《2008 年股市崩溃期间公司治理失败了吗?》，《比较》2009 年第 6 期。

50. 陈宏辉、贾生华：《信息获取、效率替代与董事会职能的改进——一个关于独立董事作用的假说性译释及其应用》，《中国工业经济》2002 年第 2 期。

51. 陈辉：《外国独立董事制度比较研究与中国实践》，西南财经大学硕士学位论文，2005 年。

52. 杜胜利、张杰：《独立董事薪酬影响因素的实证分析》，《会计研究》2004 年第 9 期。

53. 董志强：《公司治理中的监督合谋》，重庆大学博士学位论文，2006 年。

54. 董志强：《掏空、合谋与激励合约：对独立董事报酬的一个理论贡献》，http：//www. fed. org. cn/down. asp? Papered =56。

55. 范庆华、杨光：《三英争议"独立董事"——著名经济学家魏杰、钟朋荣、温元凯各执一说》，《中外管理》2001 年第 7 期。

56. 耿利航：《超越管制的"定式"——对上市公司独立董事制度的评价与质疑》，http：//law. cufe. edu. cn，2004 年 12 月 28 日。

57. 何孝星：《关于独立董事制度与监事会制度的优劣比较及其制度安排》，《经济学动态》2001 年第 8 期。

58. 胡建斌：《独立董事制度的障碍》，《资本市场杂志》2001 年第 7 期。

59. 冀县卿：《上市公司经理层行为的激励机制研究》，扬州大学硕士学位论文，2005 年。

60. 李康、叶雅、张明坤：《独立董事退出现象研究》，ht-tp：//www. e521. com/ztjj/duli/600001/0809082937. htm，2003.

2006 年 11 月 18 日。

61. 李增泉、王志伟、孙铮：《掏空与所有权安排——来自我国上市公司大股东资金占用的经验证据》，《会计研究》2004年第 12 期。

62. 李增泉、余谦、王晓坤：《掏空、支持与并购重组——来自中国上市公司的经验证据》，《经济研究》2005 年第 1 期。

63. 李维安、张亚双：《如何构造适合国情的公司治理监督机制》，《财经科学》2002 年第 2 期。

64. 李士连：《独立董事制度的比较与选择》，《广西社会科学》2003 年第 9 期。

65. 梁媛、冯昊：《委托代理理论综述》，《中国经济评论》2005 年第 7 期。

66. 刘峰、贺建刚：《股权结构与大股东利益实现方式的选择——中国资本市场利益输送的初步研究》，《第二届实证会计国际研讨会会议论文集》，2003 年。

67. 刘峰、贺建刚、魏明海：《控制权、业绩与利益输送——基于五粮液的案例研究》，《管理世界》2004 年第 8 期。

68. 刘惠萍：《基于委托代理理论的独立董事制度相关运行机制研究》，天津大学博士学位论文，2005 年。

69. 刘俊海：《独立董事：一群走钢丝的人》，《法律与生活》2001 年第 10 期。

70. 乐伟：《创业板机遇、风险面面观》，《中国证券报》2001 年 8 月 2 日。

71. 廖洪、张娟：《我国独立董事激励机制研究》，《财政监督》2003 年第 9 期。

72. 廖义刚：《国外关于审计委员会的实证研究回顾》，《中国注册会计师》2004 年第 7 期。

73. 娄芳、原红旗：《独立董事制度：西方的研究和中国实践中的问题》，《改革》2002 年第 2 期。

74. 罗培新、毛玲玲：《论独立董事制度》，http：//www. cninfo. com. cn/articles/0004tm，February，2001 - 7。

75. 楼百均：《当前独立董事制度的缺陷分析及其治理对策》，《经济问题》2004 年第 1 期。

76. 陆正飞、叶康涛：《中国上市公司股权融资偏好解析》，《经济研究》2003 年第 4 期。

77. 卢以品：《独立董事选聘制度初探》，《广西社会科学》2002 年第 1 期。

78. 毛立本：《独立董事发挥作用的前提条件》，中宏网，2001 年 5 月 18 日。

79. 毛政发：《独立董事制度研究》，中共中央党校博士学位论文，2003 年。

80. 斐斐：《建立独立董事激励机制的思考》，《经济咨询》2002 年第 1 期。

81. 乔春华：《审计委员会运作的探析》，《审计与经济研究》2004 年第 2 期。

82. 邵少敏：《我国独立董事制度：理论分析与实证研究》，浙江大学博士学位论文，2004 年。

83. 上海证券交易所联合研究计划第五期法制系列课题报告：《独立董事制度研究：以权利、义务和责任为中心》，http：//www. sse. com. cn/sseportal/ps/zhs/home. html。

84. 苏启林等：《家族控制权与家族企业治理的国际比较》，《外国经济与管理》2003 年第 5 期。

85. 孙泽蕤、朱晓妹：《上市公司独立董事薪酬制度的理论研究及现状分析》，《南开管理评论》2005 年第 8 期。

86. 谭劲松：《独立董事"独立性"研究》，《中国工业经济》2003 年第 10 期。

87. 谭劲松、郑国坚、周繁：《独立董事辞职的影响因素：理论框架与实证分析》，中山大学工作论文，2004 年。

88. 唐宗明、蒋位：《中国上市公司大股东侵害度实证分析》，《经济研究》2002 年第 4 期。

89. 唐清泉、罗党论、张学勤：《独立董事职业背景与公司业绩关系的实证研究》，《当代经济管理》2005 年第 1 期。

90. 田陈圣：《管理层收购中资产流失的风险防范机制研究》，天津理工大学硕士学位论文，2006 年。

91. 田根成：《独立董事任免制度比较研究》，华东政法学院硕士学位论文，2005 年。

92. 王立：《2004 年全球公司治理有效性调查》，《中外管理》2005 年第 4 期。

93. 卫志民：《西方的独立董事制度》，《经济管理》2002 年第 8 期。

94. 夏冬林、朱松：《独立董事报酬的决定因素与公司治理特征》，《南开管理评论》2005 年第 4 期。

95. 肖俊涛：《英美独立董事任免机制研究》，《湖北汽车工业学院学报》2004 年第 3 期。

96. 向荣：《上市公司独立董事独立性的界定与公司治理结构的关系——美国、中国香港地区与中国大陆的对比分析》，《南开管理评论》2002 年第 6 期。

97. 谢朝斌：《股份公司独立董事制度》，《中州学刊》2004 年第 4 期。

98. 徐永贵、张力：《论我国上市公司独立董事制度建设》，《经济问题》2005 年第 5 期。

99. 徐冬林：《上市公司独立董事的声誉机制研究》，《中南财经政法大学学报》2005 年第 2 期。

100. 阎海、陈亮：《独立董事制度研究》，《华东政法学院学报》2001 年第 4 期。

101. 杨明佳：《论我国股份有限公司内部监控设计之改造》，国立台北大学法学系研究所硕士学位论文，2002 年。

102. 余明桂、夏新平：《控股股东与盈余管理：来自中国上市公司的经验证据》，中国第二届实证会计国际研讨会会议论文，2003 年。

103. 余明桂、夏新平：《控股股东、代理问题与股利政策：来自中国上市公司的经验证据》，《中国金融学》2004 年第 1 期。

104. 喻猛国：《独立董事制度缺陷分析》，《经济理论与经济管理》2002 年第 9 期。

105. 赵文华：《从信息论的角度研究代理中控制串谋行为的方法》，《西北纺织工学院学报》2000 年第 3 期。

106. 赵西巨：《欧盟法中的商标权权利穷竭原则》，《法学论坛》2003 年第 2 期。

107. 赵毅：《高等学校建立审计委员会制度研究》，《事业财会》2004 年第 6 期。

108. 郑学军：《独立董事制度研究》，厦门大学硕士学位论文，2001 年。

109. 钟伟：《独立董事与外来和尚的选择》，《财经时报》2001 年 6 月 12 日。

110. 卓传阵：《财务治理机制——审计委员会制度研究》，厦门大学博士学位论文，2005 年。

三 外文文献

111. Adolph Berle, Gardiner Means. The Modern Corporation and private property. New York: Harcourt, Brace&World, Inc., 1932: pp. 355 –356.

112. Abbott, L. J., S. Parker. Auditor Selection and Audit Committee Characteristics. Auditing: A Journal of Practice and Theory, 2000, (19): pp. 47 –66.

113. Anderson R C, Reeb M. Founding family ownership end firm pedomiance; Evidence from the S&P 500. Journal of Finance, 2003, (58): pp. 1301 –1328.

114. Anup Agrawal and Charles R. Knoeber. Firm Performance and Mechanisms to Control Agency Problems Between Managers and Shareholder. Journal of Financial and Quantitative Analysis, 1996, (31): pp. 377 –397.

115. Archambeault, D., F. T. DeZoort. Auditor opinion shopping and the audit committee: An analysis of suspicious auditors switches. International Journal of Auditing, 2001, (5): pp. 33 –52.

116. Bahgat and Black. The Non-Correlation between Board Independence and Long term Firm Performance. University of Colorado Working Paper, 2000, (27): pp. 231 –273.

117. Baliga, Moyer and Rao. CEO Duality and Firm performance: What's the Fuss?. Strategic Management Journal, 1996, (1): pp. 41 –53.

118. Bebchuk Lucian, Kraakman Reinier, Triantis. Stockand agency costs of separating control, from cash flow rights, in Randall. Concentrated Corporate Ownership. K MorckPress, 1997.

119. Beekers, W. , P. Pope and S. Young. The link Between Earnings Conservatism and Board Composition: Evidence from UK. Corporate Governance, 2004, 12 (1): pp. 47 – 59.

120. Berteand, Marianne, Paras Mehta, Sendhil Mullainathan. Ferreting out tunneling: An application to Indian business get-ups, Quarterly journal of economics, 2002, (118): pp. 121 – 148

121. C. W. Lee and X. Xiao. Cash Dividends and Large Shareholder Expropriation in China. working paper, Tsinghua University, 2002.

122. Claessens, S. , Djankov, S. , Fan, . J. and Lang, L. Expropriation of minority shareholders in East Asia, Unpublished Working Paper. The World Bank Washington, DC. 1999.

123. Carcello, J. V. , T. L. Neal. Audit Committee Characteristics and Auditor Dismissals Following " NEW " Going Concern Reports. The Accounting Review, 2003a, 78 (1): pp. 95 – 117.

124. Carcello, J. V. , T. L. Neal. Audit Committee Independence and Disclosure: Choice for Financially Distressed Firms. Corporate Governance, 2003b, (11): pp. 289 – 299.

125. Claessens, S. , Djankov S. and Lang, L. H. P. , The Separation of Ownership and Control in East Asian Corporations. Journal of Financial Economics, 2000, (58): pp. 81 – 112、128 – 178.

126. Coopers and Lybrand. R. v. Rodney and Minister of Manpower and Immigration, 1995.

127. Collier, P. and Gregory, A. Audit Committee Effectiveness and the Audit Fee. European Accounting Journal, 1996, 5 (2): pp. 177 – 199.

128. Cronyvisl, Henrik, Nilsson, Manias. Agency Costs of Con-

trolling Minority Shareholders. Journal of Financial&Quantitative Analysis, 2003, (38): pp. 95 – 124.

129. Daniel Wolfenzon. A theory of pyramidal ownership, working papers, 1999.

130. Dechow, P. , R. Sloan, A. Sweeney. Causes and Consequences of Earnings Manipulation: An Analysis of Firms Subject to Enforcement Actions by the SEC. Contemporary Accounting Research, 1996, (13): pp. 1 – 36.

131. DeFond Mark L , Shuhua Li . The impact of improved auditor independence on audit market attentiveness in China. T. J. Wong, 2000, 28.

132. Denis, David J. and Sarin, Atulya. Ownership and Board Structures in Publicly Traded Corporations. Journal of Financial Economies, 1999, (3): pp. 187 – 223.

133. D. V. Rama, Raghunandan K. W. J. Read. Audit Committee Composition, "Gray Directors", and Interaction with Internal Auditing. Accounting Horizons, 2001, 15 (2): pp. 105 – 118.

134. Fama, E. , Agency problems and the theory of the firm. Journal of Political Economy, 1980, (88): pp. 288 – 307.

135. Fama . E and Jensen . M. Separation of Ownership and Control. Journal of Law and Economics, 1983, (26): pp. 301 – 325.

136. Fan, J. , T. J. Wong. Corporate ownership structure and the informative-ness of accounting earnings in East Asia. Journal of Accounting and Economics, 2001, (33): pp. 401 – 426

137. Faccio. Mara Lang. Lany H. P and Young, Leslie. Dividends and expropriation, American economy review, 2001, (91): pp. 54 – 78.

138. Felo, A. J. , S. Krishnamurphy, S. A. Solieiri. Audit Committee Characteristics and the Perceived Quality of Financial Reporting: An Empirical Analysis. Available at http: //papers. ssrn. com.

139. Franks Julian, Mayer Colin. Ownership and Control of German Coroorations. Review of Financial Studies, 2001, (14): pp. 943 –975.

140. Claessens, S. , Djankov, S. , Fan, . J. and Lang, L. Expropriation of minority shareholders in East Asia, Unpublished Working Paper. The World Bank Washington, DC. 1999.

141. Grant Kilpatrick, The Corporate Governance Lessons from the Financial Crisis, (2009) FIN. MKT. TRENDS, issue#1, 1, 2.

142. Grossman, Sanford J. , Hart, Oliver D. Takeover Bids, The Free Rider Problem, and the Theory of the Corporation, Bell Journal of Economics, 1980, (11): pp. 253 –270.

143. Grossman, S. , and O. Hart. An Analysis of the Principal-agent Problem. Econometrics, 1983, (51): pp. 7 –45.

144. Harris Milton, Raviv Artur. Corporate Governance: Voting Rights and Majority Rules. Journal of Financial Economics, 1998, (20): pp. 203 –235.

145. Hambrick, D. C. , T. Cho, and M. Chen. The influence of top management team heterogeneity erogeneityon firms' competitive moves. Administrative Science Quarterly, 1996, (41): pp. 659 –684.

146. Hermalin, B. E. , and M. S. Weisbach. The Determinants of Board Composition. The Rand Journal of Economics. 1988, 19 (4): pp. 589 –606.

147. Hermalin, B. E. and M. S. Weisbach. Boards of Directors as an Endogenously Determined Institution: A Survey of the Economic Lit-

erature. National of Bureau of Economic Research, 2001: pp. 7 – 26.

148. Holmstrom, B. , Moral hazard and observability. Bell Journal of Economics, 1979, 10: pp. 74 – 91.

149. Holmstrom, B. Managerial incentive problems: A dynamic perspective. Review of Economic Studies, 1999, (66): pp. 169 – 182.

150. Jensen M. and Meckling W. Theory of the firm: Managerial behavior, agency cost, and ownership structure. Journal of Financial and Economics, 1976, (3): pp. 305 – 360.

151. Johnson, Simon, Rafael La Porta, Florencio Lopez-De-Silanes and Andrei Shleifer. Tunneling. The American Economic Review, 2000, 90 (2): pp. 22 – 27.

152. Johnson, Simon, Peter Boone, Alasdair Breach and Eric Friedman. Corporate governance in the Asian financial crisis, 1997 – 1998. Journal of Financial Economics, 2000, (8): pp. 141 – 186.

153. Kaplan, Steven N. , and Bernadette A. Minton. Appointments of Outsiders to Japanese se Boarders: Determinants and Implications for Managers. Journal of Financial Economics, 1994, (36): pp. 225 – 258.

154. King, Robert G. , Levine, Ross. Finance, Entrepreneurship, and Growth: Theory and Evidence. Journal of Monetary Economics, 1993, (32): pp. 513 – 536.

155. Kole, Stacey R. , Kenneth Lehn. Deregulation, the Evolution of Corporate Governance Structure, and Survival. American Economic Review Papers and Proceedings, 1997, 87 (2): pp. 421 – 425.

156. K. V. Peasnell . Asset Revaluation and Current Cost: UK Corporate Disclosure Decisions in 1983. British Accounting Review, 2000, 32 (2): pp. 161 – 187.

157. Laffont, J. J. and Martimort, D. Separation of regulators against collusive behavior. Mimeo. Toulouse, 1995.

158. Laffont, J. J. Faure-Grimaud, A. And D. Martimort. Collusion delegation and supervision with soft information. working paper, Toulousc, 2001.

159. La porta, Lopez-de-Silanes, Andrei Shleifer. Corporate ownership around the world. Journal of Finance, 1999, 54 (2): pp. 471 – 517.

160. La Poria, R. , Lopcz-dc-Silanes, F. , A. Shleifer and R. Vishny. Investor protection and corporate valuation. NBER working paper, Yale School of Management. 1999b.

161. La Porta, R. , F. Lopez-de-Silanes, A. Shleifer, and R. Vishny, Legal Determinants of External Finance, The Journal of Finance. 1997, (52): pp. 1131 – 1150.

162. La Porta, R. , F. Lopez-de-Silanes, A. Shleifer, and R. Vishny, Investor protection and corporate governance. The Journal of Financial Economics, 2000, (58): pp. 3 – 27.

163. La Poria, R. , Lopez-de-Silanes, F. , A. Shleifer and R. Vishny. Investor protection and corporate valuation. The Journal of Finance, 2002, (57): pp. 1147 – 1171.

164. Lee, Y. S. , Rosenstein, S. , Wyatt, J. G. . The value of financial outside directors on corporate boards International Review of Economic and Finance, 1999, (8): pp. 421 – 431.

165. Lins K, Servaes H. Is corporate diversification beneficial in emerging markets, Financial Management, 2002, (31): pp. 5 – 31.

166. Louis Brachard, Jichard S. Hickok, John C. Biegler. The Audit Committee Handbook (3rd edition) . 1999: pp. 114 – 115.

167. Mara Faccio, Larry H. P. Lang. The ultimate ownership of Western European corporations. Journal of Financial Economics, 2002, (65): pp. 365 – 395.

168. Marrian. Audit committees. Institute of Chartered Accountants in Scotland, 1988.

169. Mautz, R. K. , and F. L. Neumannn. Corporate Audit Committees. University of Illinois, 1970.

170. McMullen, D. A. , K. Raghunandan. Enhancing Auditing Committee Effectiveness. Journal of Accounting, 1996, (182): pp. 79 – 81.

171. Meyer, M. , and J. Vickers, . Performance Comparison and Dynamic Incentive. Mimeo, Nuffield College, Oxford University. 1994.

172. Ming, Jian and T. J. , Wong. Earnings Management and Tunneling through Related Party Transactions: Evidence from Chinese Corporate Groups. EFA 2003 Annual Conference Paper, 2003, (6).

173. Mirrlees, J. The optimal structure of authority and incentives within an organization. Bell Journal of Economics, 1976, 7: pp. 105 – 131.

174. Morck, Shleifer, Vishny. Management Ownership and Market Valuation. Journal of Financial Economics, 1988, (20): pp. 292 – 315.

175. Morck, Randall, David Stangeland, and Bernard Yeung. Inherited wealth, corporate control and economic growth: The Canadian disease. Concentrated Corporate Ownership. University of Chicago Press, 2000.

176. Neumann. Corporate Audit Committees: Policies and Practices, 1977. Ernst & Ernst. McMullen, D. A. . Audit Committee Structure and Performance: An Emperical Investigation of the Consequences

and Attributes of Audit Committees, Dfrexel University. 1996.

177. Peggy Teoh, Lim Hiong Li. Global and local interactions in tourism. Annals of Tourism Research, 2003, 30 (2): pp. 287 - 306.

178. Pincus, K. , M. Rubarsky, J. W. ong. Voluntary Formation of Corporate Auditing Committees among NASDAQ Firms. Journal of Accounting and Public Policy, 1989, 8 (4): pp. 239 - 265.

179. Porter, B. A. and P. J. Gendall. An International Comparison of the Development and Role of Audit Committees in the Private Corporate Sector. Paper presented at European Accounting Association Conference, Tyrku, Finland. 1998.

180. Radner, R. Repeated principal-agent game with discounting. Econometrica, 1985, (53): pp. 1173 - 1198.

181. Rakan, Raglruram, Zingales, Luigi. Financial dependence and growth. American Economic Review, 1998, (88): pp. 258 - 286.

182. Richard Smerdon. A Practical Guide to Corporate Governance. 1998: pp. 60.

183. Rogerson, W. , The first-order approach to principal-agent problems. Econometrica, 1985, (53): pp. 1357 - 1388.

184. Ronald, David and Toppei, Heidi J. , Heidi. , Using Stock in Corporate Director's Deferral Plans Benefits Quarterly, 1998, 14 (3): pp. 18 - 24.

185. Ross S. The Economic Theory of Agency: The Principal's Problem. The American Ecnomic Review, 1973, (63): pp. 134 - 139.

186. Scarborough, P. D. D. V. Rama, K. Raghunandan. Audit Committee Composition and Interaction with Internal Auditing: Canadian Evidence. Accounting Horizons, 1998, 12 (1): pp. 51 - 62.

187. Schilling, F. Corporate Governance in Germany: The Move

to Shareholder Value. Corporate Governance, 2001, 9 (3): pp. 148 – 151.

188. Securities Exchange Act of 1934, 17 CFR sec. 240. 16b – 3.

189. Shleifer, Vishny. A Survey of Corporate Governance. Journal of Finance, 1997, (52): pp. 737 – 783.

190. Shivdasani, Anil. Board Composition Ownership Structure and Hostile Takeover. Journal of Accounting and Economics, 1993, 1 (16): pp. 167 – 198.

191. Spangler, Braiotta. Leadership and Corporate Audit Committee Effectiveness. Group and Organization Studies, 1990, 15 (2): pp. 134 – 157.

192. Spence, A. M. and Richard Zeckhauser. Insurance, information, and individual action. American Economic Review, 1971, (61): pp. 380 – 387.

193. The Cadbury Report. The Financial Aspects of Corporate Conveyance, 1992: pp. 2 – 3.

194. The committee on the Financial Aspects of Corporate (Cadbury Code), December 1992, Gee and Co., Ltd. Form: // www. ecgn. ulb. ac. be/codes. htm.

195. Tirole, J. Hierarchies and Bureaucracies: On the Role of Collusion in Organizations. Journal of Law, Economics, & Organization, 1986, (2): pp. 181 – 214.

196. Tirole, J. Collusion and the Theory of Organizations. Cambridge: Cambridge University Press. 1992.

197. Tod Perry, Incentive Compensation for Outside Directors and CEO Turnover, from http: //papers. ssrn. com/sol3/results /. cfm, 2000.

198. Udell, J. G. Compensating outside Directors: A Rational Approach. Compensation and Benefits Review. 1988, 10: pp. 21.

199. Vicknair D. B. The Effective Annual Rate on Cash Discounts: A Clarification. Journal of Accounting Education, 2000, 18 (1): pp. 55 – 62.

200. Wilson R. The Structure of Incentives for Decentralization under Uncertainty//Guilbaud. La Decision: Agregation et Dynamique des Ordres de Preference. Paris: Centre National de la Recherche Scientifique, 1969: pp. 287 – 307.

201. Wild. J. J. . . The Audit Committee and Earnings Quality, Journal of Accountancy. 1977, (144): pp. 71 – 74.

202. William, O. , Brown, Jr. Exit, Voice, and the Role of Corporate Directors: Evidence from Acquisition Performance. Working paper in economics, Claremont collages. 1996: pp. 26 – 27.

203. Williamson. The Economics of Governance: Framework and Implications. ? Journal of Institutional and Theoretical Economics, 1984 (140): pp. 195 – 223.

204. Yermack, D. Higher market valuation of companies with a small board of directors. Journal of Financial Economics, 1996, (40): pp. 185 – 212.

205. Zingales L. The Value of the Voting Right: A Study of the Milan Stock Exchange Experience. Review of Financial Studies, 1994, (7): pp. 125 – 148.

206. Zwiebel, J. , Dynamic capital structure under managerial entrenchment. American Economic Review. 1996, (86): pp. 1197 – 1215.

附录：

河北省上市公司独立董事制度执行效果调查问卷（独立董事问卷）

填写说明：

（1）问题分为选择题和问答题。

（2）选择题中如未标多项选择要求的均为单项选择题。由若干小标题组成的选择题按第一标题所做回答选择相应标题作答。

（3）问答题分条简要说明看法。

第一部分 选择题

一、独立董事履职情况

1. 您担任该公司独立董事考虑的因素主要有（　　）。[多项选择]

　　A　加深对企业的了解，获得相关经验

　　B　增加和丰富人生经历，为社会／企业做贡献

　　C　能够得到一定的物质报酬

　　D　获得社会交往平台，提高个人的声望

　　E　完成别人的托付

　　F　其他

2. 您认为，担任独立董事应当着重发挥哪方面的作用？（　　）

　　A　监督执行董事和管理层

B　提供专业知识或技术支持

C　协助公司经营管理

D　维护中小股东的利益

E　处理公共关系

F　提高公司声誉

G　其他

3. 您认为，担任独立董事应当着重代表谁的利益？（　）

A　提名方

B　全体股东

C　中小股东

D　公司高管

E　公司员工

F　其他利益相关者

4. 您认为目前法律法规赋予独立董事的职权（　）

A　太多

B　正好

C　太少

5. 您是否有效地履行了法律法规赋予您的职责？（　）

A　非常好地履行了职责

B　按规则要求完全履行了职责

C　基本履行了职责

D　部分履行了职责

E　基本没有履行职责

6. 您认为其他独立董事是否履行了法律法规赋予的职责？（　）

A　非常好地履行了职责

B　按规则要求完全履行了职责

C　基本履行了职责

D 部分履行了职责

E 基本没有履行职责

7. 您认为独立董事发表的"独立意见"是否影响公众的投资决策？（ ）

A 影响程度很大

B 影响较大

C 有些影响

D 几乎不影响

E 无影响

8. 独立董事行使特别职权情况

（1）您在公司是否行使过被赋予的特别职权？（ ）

A 是

B 否

（2）如果行使过特别职权，具体包括哪些？（ ）［多项选择］

A 对重大关联交易进行事前审查权

B 向董事会提议聘用或解聘会计师事务所

C 向董事会提请召开临时股东大会

D 提议召开董事会

E 独立聘请外部审计机构和咨询机构

F 在股东大会召开前公开向股东征集投票权

H 提名、任免董事

I 提议聘任或解聘高管

J 提出审议可能损害中小股东权益的事项

K 联名书面向董事会提出延期召开董事会会议或延期审议重大事项

（3）如果这些职权您都没有行使过，主要原因是（ ）［多项选择］

A 相关的专业知识和经验不足

B 相关的信息不足

C 没有足够的时间和精力行使

D 风险太大，不愿意行使这些职权

E 本人想行使其中某些职权，但其他独立董事不同意

F 公司运作规范，没有必要行使这些职权

G 其他

9. 目前法律法规赋予独立董事的以下职权中，您认为难以行使的是？（ ）[多项选择]

A 独立聘请外部审计机构和咨询机构

B 向董事会提议聘用或解聘会计师事务所

C 提名、任免董事

D 提议聘任或解聘高管

E 提出审议可能损害中小股东权益的事项

F 提议召开董事会

G 向董事会提请召开临时股东大会

H 联名书面向董事会提出延期召开董事会会议或延期审议重大事项

I 对重大关联交易进行事前审查

J 在股东大会召开前公开向股东征集投票权

K 提出审议可能损害中小股东权益的事项

L 没有

10. 您认为影响独立董事难以行使法律赋予的职权的主要因素有（ ）[多项选择]

A 与公司相关的专业知识和经验不足

B 时间和精力投入不足

C 与公司的信息沟通不足

D 法律法规赋予独立董事的职权不足

11. 您认为独立董事每年至少应为上市公司工作多少个工作日？
（ ）

A 15—25 个工作日

B 25—35 个工作日

C 35—45 个工作日

D 45—55 个工作日

12. 专门委员会的建设情况

（1）您任职公司是否在董事会下设专门委员会？（ ）

A 是

B 否

（2）如果设立，您是否曾参加专门委员会的活动，并通过专门
委员会来履行职责？（ ）

A 是

B 否

13. 您认为独立董事制度是否发挥了作用？（ ）

A 没作用

B 作用很小

C 一般

D 比较有作用

E 很大作用

14. 在目前情况下，您在公司提名和任命新的董事会成员过程中
起到多大作用？（ ）

A 没作用

B 作用很小

C 一般

D 比较有作用

E 很大作用

15. 在目前情况下，您在提名和任命新的独立董事过程中的作用如何？（ ）

A 没作用

B 作用很小

C 一般

D 比较有作用

E 很大作用

16. 在目前情况下，您在提名和聘用总经理过程中能够发挥多大的影响力？（ ）

A 没作用

B 作用很小

C 一般

D 比较有作用

E 很大作用

17. 在公司管理层制定的重大投资决策、战略规划或一些关联交易过程中，如果您认为这些决策和交易有损于投资者利益，您抵制和阻止这些决议发挥作用的程度如何？（ ）

A 没作用

B 作用很小

C 一般

D 比较有作用

E 很大作用

18. 您认为独立董事的作用主要表现在哪些方面？请根据所给答案重要性进行排序：

A 提高公司董事会决策水平和公司绩效

B 改善公司治理结构

C 维护中小股东权益

D 监督大股东合法运营

E 避免上市公司虚假行为，促进信息披露

19. 您认为目前国内上市公司独立董事制度存在的主要问题是（　　）［多项选择］

A 独立董事"不独立"

B 独立董事与监事会的职能划分不清

C 独立董事的激励不足

D 法律法规对独立董事的约束不够，独立董事责任太少

E 法律法规赋予独立董事的职权不足

F 其他

二、独立董事激励与约束机制

20. 您认为现行的独立董事激励机制是否合理？（　　）

A 很不合理

B 有一定合理性

C 很合理

21. 您对自己担任独立董事的声誉的关注程度如何？（　　）

A 无所谓

B 基本不关心

C 一般

D 比较关心

E 珍惜

22. 在目前情况下，您认为是否有必要设立专门机构收取上市公司缴纳的独立董事津贴，再由该机构根据对独立董事工作情况的评估结果确定津贴发放数量，而不由上市公司直接向独立董事发放津贴？（　　）

A 必要

B 不必要

C 在条件成熟时有必要

23. 您对独立董事津贴的看法：

（1）独立董事的津贴应该与公司绩效挂钩吗？（ ）

A 应该

B 不应该

C 视具体情况而定

（2）独立董事的津贴应该与其工作绩效挂钩吗？（ ）

A 应该

B 不应该

C 视具体情况而定

24. 您的津贴中：

（1）有没有与该公司绩效挂钩的部分？（ ）

A 有

B 没有

（2）有没有与您的工作绩效挂钩的部分？（ ）

A 有

B 没有

25. 您所在公司支付的津贴是否与您担任其独立董事付出的劳动及承担的风险相称？（ ）

A 完全足够

B 基本足够

C 不太足够

D 根本不够

26. 若您认为公司支付的津贴不够，当公司向您支付更多的报酬

（1）您会更勤勉地在独立董事这个职位上工作吗？（ ）

A 会

B 不会

（2）是否会对您的独立性有影响？（　　）

A 会

B 不会

27.《上市公司股权激励规范意见（试行）》规定，股权激励计划中不包括独立董事，您认为是否合理？（　　）

A 合理

B 不合理

28. 您认为独立董事薪酬支付方式应如何设计？（　　）

A 现金报酬（固定年薪＋会议费）

B 非现金报酬（股票期权、限制性股票、退休金计划、责任保险）

C 现金报酬＋非现金报酬

29. 除去担任独立董事取得薪酬，您的年均收入所在区间是（　　）

A 6万—10万元

B 10万—14万元

C 14万—18万元

D 18万—22万元

E 22万元以上

30. 您认为目前是否应建立独立董事赔偿、保险机制？（　　）

A 是

B 否

C 以后条件成熟时建立

31. 您所在公司是否已经为您购买了独立董事责任保险？（　　）

A 是

B 否

32. 您认为目前责任保险的金额足够吗？（　）

A　不够

B　正好

C　超出所需

33. 您认为独立董事过失赔偿应由谁支付？（　）

A　由保险公司承担

B　由保险公司和独立董事本人共同承担

34. 您认为，如果公司发生违规行为，独立董事是否应当承担与非独立董事相同的责任？（　）

A　是

B　否

C　视具体情况而定

35. 您认为，当公司董事会会议决议因违规受到处罚时，独立董事在如下哪些情况下可以免责？（　）

A　独立董事出席董事会会议，并投了反对票

B　独立董事未出席董事会会议，但委托其他董事出席会议，并在委托书中明确表示了反对意见

C　独立董事未出席董事会会议，也未委托其他董事出席会议，但在该决议公告后的 10 个工作日内将反对意见提交公司董事会或证券交易所等监管机构

D　其他

36. 如果公司个别董事或高级管理人员擅自决策、蓄意隐瞒，导致公司因违规受到处罚的，您认为独立董事是否可以免责？（　）

A　独立董事确实不知情的，可以免责

B　独立董事在获悉后进行了尽职调查，并采取了适当措施的，可以免责

C　不应当免责

D 其他

37. 如果独立董事由于依赖公司执行董事、高级管理人员或员工、外部专门机构（比如会计师事务所）提供的虚假或错误报告、信息或陈述，对公司某一事项发表了同意意见，而事后公司在该事项上因违规受到处罚的，您认为独立董事是否可以免责？（ ）

A 可以免责，独立董事在以上情况下难以做出正确的判断

B 不可以免责，独立董事应承担较少责任

C 不可以免责，根据勤勉尽职原则，独立董事有义务查清真相再发表独立意见，应与其他董事承担相同责任

三、独立董事信息获取情况

38. 您认为上市公司是否应当设立为独立董事提供服务的专门机构，如独立董事办公室？（ ）

A 是

B 否

39. 您认为上市公司是否应当为您配备专门助手？（ ）

A 是

B 否

40. 您获取该公司信息的主要渠道有哪些？（ ）［多项选择］

A 公司定期发送的书面材料

B 参加董事会会议

C 与董事长、总经理谈话

D 与公司副总经理等管理人员谈话

E 与董事会秘书的定期联系

F 公开媒体上与公司有关的信息

G 中国证监会及其派出机构、证券交易所提供的信息

H 为公司服务的会计师事务所和律师事务所等中介机构

I 其他

41. 您认为，该公司给您提供的信息是否足以支持您做好独立董事的工作？（ ）

A 信息提供很充分，足以支持我做好工作

B 信息提供比较充分，基本上可以支持我做好工作

C 信息提供不够充分，我常常需要补充资料

D 信息提供很不充分，我曾经对此表示不满

42. 如果您曾经要求公司提供补充资料，这些资料主要涉及哪方面？（ ）［多项选择］

A 公司所在行业的背景资料和发展动态

B 公司主要财务数据

C 公司重大事项涉及的业务细节

D 公司重大事项涉及人员的背景资料

E 其他

四、独立董事与监事会的关系

43. 您认为独立董事和监事会双重结构设置保护投资者利益的效用如何？（ ）

A 没有效果

B 效果很差

C 一般

D 比较有效

E 效果较好

44. 您认为现行独立董事制度和监事会制度的职责安排是否合理？（ ）

A 不合理

B 有一定合理性

C 很合理

45. 您认为，独立董事与监事会是否存在职能交叉？（　　）

A 存在严重交叉

B 存在一定的交叉

C 存在很少的交叉

D 不存在交叉

46. 如果该公司的独立董事与监事会存在职能交叉，交叉的职能主要是（　　）［多项选择］

A 财务监督

B 财务以外的其他业务监督

C 董事会及高管监督

D 信息披露监督

E 其他

47. 在监督职能方面，您认为监事会与独立董事有何区别？（　　）［多项选择］

A 独立董事是外部监督力量，而监事会是内部监督力量

B 独立董事倾向于业务监督，而监事会倾向于财务监督

C 独立董事倾向于事前和事中监督，而监事会倾向于事后监督

D 两者之间的关系不清

E 其他

48. 您认为，监事会监督公司管理层和公司大股东所能发挥的作用的程度如何？（　　）

A 没作用

B 作用很小

C 一般

D　比较有作用

E　很大作用

49. 您认为，引入独立董事后监事会的作用（　）

A　削弱了

B　不变

C　加强了

50. 您认为，应该如何重构公司内部监督机制？（　）

A　取消监事会，实行独立董事制度

B　取消独立董事，强化监事会制度

C　取消独立董事，在监事会中设置独立监事

D　二者并存，合理划分监事会和独立董事职责

五、独立董事选拔和退出机制

51. 您认为上市公司第一届独立董事人选应该从哪些渠道产生？（　）［多项选择］

A　由熟人引荐

B　从独立董事人才库中搜索

C　向市场公开招聘

D　由中国证监会委派

E　成立独立董事中介机构，由中介机构推荐

F　其他

52. 您是否兼任两家或两家以上上市公司独立董事？（　）

A　是

B　否

53. 您所在上市公司第一届独立董事人选的产生

（1）若您只担任一家上市公司的独立董事，则该上市公司是在2003 年以前上市的吗？（　）

    A　是

    B　否

①若是，则第一届独立董事人选的来源是（　）［多项选择］

    A　由熟人引荐

    B　向市场公开招聘

    C　由中国证监会委派

    D　其他

②若否，则第一届独立董事人选的来源是（　）［多项选择］

    A　由熟人引荐

    B　从独立董事人才库中搜索

    C　向市场公开招聘

    D　由中国证监会委派

    E　其他

（2）若您同时担任两家或两家以上上市公司的独立董事，则这
　　　些上市公司中有无在2003年以前上市的？（　）

    A　有

    B　无

①若有，则第一届独立董事人选的来源是（　）［多项选择］

    A　由熟人引荐

    B　向市场公开招聘

    C　由中国证监会委派

    D　其他

②若无，则第一届独立董事人选的来源是（　）［多项选择］

    A　由熟人引荐

    B　从独立董事人才库中搜索

    C　向市场公开招聘

    D　由中国证监会委派

E　其他

54. 您认为独立董事换届人选应该从哪些渠道产生？（　）

A　原有独立董事继任

B　向市场公开招聘

C　由中国证监会委派

D　成立独立董事中介机构，由中介机构推荐

E　由独立董事彼此推荐

F　在同行业上市公司间互换独立董事

G　在不同行业上市公司间互换独立董事

H　从独立董事人才库中搜索

I　其他

55. 您所在上市公司独立董事换届人选的产生

（1）若您只担任一家上市公司的独立董事，则该上市公司是在
　　2003 年以前进行独立董事换届选举的吗？（　）

A　是

B　否

①若是，则独立董事换届人选的来源是（　）［多项选择］

A　原有独立董事继任

B　向市场公开招聘

C　由中国证监会委派

D　由独立董事彼此推荐

E　在同行业上市公司间互换独立董事

F　在不同行业上市公司间互换独立董事

G　其他

②若否，则独立董事换届人选的来源是（　）［多项选择］

A　原有独立董事继任

B　向市场公开招聘

C 由中国证监会委派

D 成立独立董事中介机构，由中介机构推荐

E 由独立董事彼此推荐

F 在同行业上市公司间互换独立董事

G 在不同行业上市公司间互换独立董事

H 从独立董事人才库中搜索

I 其他

（2）若您同时担任两家或两家以上上市公司的独立董事，则这些上市公司有无在 2003 年以前进行独立董事换届选举的？

（　　）

A 有

B 无

①若有，则独立董事换届人选的来源是（　　）［多项选择］

A 原有独立董事继任

B 向市场公开招聘

C 由中国证监会委派

D 由独立董事彼此推荐

E 在同行业上市公司间互换独立董事

F 在不同行业上市公司间互换独立董事

G 其他

②若无，则独立董事换届人选的来源是（　　）［多项选择］

A 原有独立董事继任

B 向市场公开招聘

C 由中国证监会委派

D 成立独立董事中介机构，由中介机构推荐

E 由独立董事彼此推荐

F 在同行业上市公司间互换独立董事

G　在不同行业上市公司间互换独立董事

H　从独立董事人才库中搜索

I　其他

56. 您所在公司独立董事，是由谁提名？（　　）

A　董事会

B　监事会

C　控股股东

D　其他非控制性大股东

E　中小股东

F　监事会

57. 您认为独立董事应该由谁提名？（　　）

A　大股东特别是控股股东

B　中小股东

C　董事会

D　提名委员会

E　高级管理层

F　监事会

G　成立的独立董事协会或独立董事中介机构

58. 您认为独立董事应由谁任命？（　　）

A　股东大会

B　提名委员会

C　高级管理层

D　董事会

59. 您担任独立董事实际最终由谁任命？（　　）

A　股东大会

B　提名委员会

C　高级经理层

D　董事会

60. 在目前情况下，您认为总经理在提名独立董事过程中的作用如何？（　　）

A　没有作用

B　作用很小

C　一般

D　比较有作用

E　很大作用

61. 在目前情况下，您认为大股东特别是控股股东在提名和任命独立董事过程中的作用如何？（　　）

A　不起作用

B　作用很小

C　一般

D　比较有作用

E　很大作用

62. 您认为，独立董事任职资格的管理应当由谁负责？（　　）

A　中国证监会

B　公司所在地中国证监会派出机构

C　公司股票挂牌交易的证券交易所

D　负责独立董事事务的组织，例如独立董事协会或上市公司协会

E　其他

63. 您认为，独立董事任职资格的管理应当采取哪种方式？（　　）

A　登记制（管理机构只对独立董事任职资格进行登记）

B　备案制（管理机构除对独立董事任职资格进行登记外，还可以对提名人发表异议）

C　审核制（管理机构对独立董事任职资格进行实质性审核）

64.《关于在上市公司建立独立董事制度的指导意见》规定，上市公司董事会成员中应当至少包括三分之一的独立董事，您认为这一比例下限是（ ）。

  A 合适

  B 太低了，独立董事比例下限应该高于三分之一

  C 太高了，独立董事比例下限应该低于三分之一

65. 您认为独立董事在董事会应占多大的比例才能较好发挥作用？（ ）

  A 三分之一

  B 三分之一至二分之一

  C 二分之一

  D 二分之一以上

66.《关于在上市公司建立独立董事制度的指导意见》规定独立董事原则上最多在 5 家上市公司兼任独立董事，您认为是否合理？（ ）

  A 合理

  B 不合理，太多了

  C 不合理，还可以再多兼任

67. 您认为，一名独立董事原则上最多只宜在 （ ） 家公司（含上市公司、非上市公司和在境外上市的公司）兼任独立董事。

  A 1

  B 2

  C 3

  D 4

  E 5

68. 您目前担任 （ ） 家公司的独立董事（含上市公司、非上市公司和在境外上市的公司）；您最多时一共在 （ ） 家公

司担任独立董事，其中上市公司有（　）家。

A　1

B　2

C　3

D　4

E　5

69. 就您所了解，独立董事退出任职公司的原因是什么呢？（　）

A　任期已满

B　主动辞职

C　被动离职

70. 您认为，独立董事选择主动辞职的可能原因有（　）［多项选择］

A　当与公司管理层的沟通困难或出现严重的冲突时

B　当意识到公司会出现潜在的高风险时

C　当发生重大关联交易、诉讼、投资和担保等重大事项次数多、金额大时

D　审计报告显示有风险，如遇到非标准的审计报告时

E　当独立董事的薪酬一般，但可能承担的风险太高时

F　当原有控股股东发生更替或董事会换届时

G　当没有时间或健康状况不佳时

H　其他

71. 您认为被迫离职的主要原因是（　）［多项选择］

A　连续3次未亲自出席董事会会议

B　《公司法》中规定的不得担任董事的情形

C　独立性丧失

D　其他

72. 您认为独立董事辞职是否代表该上市公司存在较大风险？

（ ）

A 是

B 否

73. 您认为担任独立董事的最大风险可能是（ ）。

A 损害声誉

B 影响本职工作

C 承担法律风险

D 其他

74. 独立董事的任期

（1）独立董事在同一公司是否可以连任？（ ）

A 是

B 否

（2）若可连任，您认为独立董事连任几期不影响其独立性？（ ）

A 0 期

B 1 期

C 2 期

D 无限连任

75. 您认为独立董事的选举应采用哪种投票方式？（ ）

A 一股一票制

B 累计投票制

C 关联股东表决回避制

76. 在目前情况下，您认为独立董事在公司治理中扮演了何种角色？（ ）

A 制衡角色

B 战略角色

C 裁判角色

D 监督角色

77. 您认为更好的促进独立董事人才市场形成的方式是（　）
　　［多项选择］
　　A　证监会设立独立董事人才库
　　B　中介机构设立独立董事人才库
　　C　成立全国性的独立董事协会
　　D　形成发达的经理人市场

78. 您认为是否有必要建立独立董事协会作为独立董事沟通交流的平台？（　）
　　A　必要
　　B　不必要

79. 您认为是否有必要仿照会计师事务所、律师事务所的模式建立独立董事事务所，为上市公司提供专门的独立董事服务？（　）
　　A　必要
　　B　不必要

第二部分　问答题

1. 请结合实际，说明您在履行独立董事职责过程中遇到什么障碍？其中最主要的障碍是什么？

_____
_____
_____
_____
_____
_____

2. 请结合实际，谈谈如何才能进一步发挥独立董事的职能？

_____

_____

_____

_____

_____

_____

3. 若上市公司协会拟设立独立董事专业委员会，您认为是否必
   要？如设立，您希望该委会能起到什么具体作用？

_____

_____

_____

_____

_____

_____

_____

后　记

本书是在我博士论文基础上修改而成的。在书稿行将付梓之际，回顾曾经挑灯夜读的那些日子，感叹于王国维先生所描述的学术三境界，由"昨夜西风凋碧树，独上高楼望尽天涯路"，经历"衣带渐宽终不悔，为伊消得人憔悴"，达到"众里寻她千百度，蓦然回首，那人却在灯火阑珊处"。

我的博士论文从选题到完成，无不凝聚着导师张玉柯先生的智慧和心血。我由衷地感谢先生和师母张淑君教授。他们不仅仅在学习和生活方面给予了我很多关心和帮助，更重要的是先生那渊博的学识，高屋建瓴的思路，严谨的治学态度，宽厚坦荡的人格魅力和师母兢兢业业、殚精竭虑的敬业精神使我终身受益。师恩如山，终生难忘！感谢我的硕士生导师，清华大学经济管理学院的于增彪教授。是他传授给我宝贵的治学方法，将我引入学术研究的大门。

感谢裴桂芬教授、顾六宝教授、孙健夫教授、康书生教授、于刃刚教授、李赶顺教授、张双才教授、王金营教授、成新轩教授，他们在论文开题和定稿时曾给予我很多有价值的意见和建议。

感谢论文评阅人中国社会科学院谈世中教授、中国人民大学杜厚文教授、南开大学薛敬孝教授、南开大学马连福教授、北京师范大学赵春明教授、中共中央党校韩保江教授对本论文提出的颇有价值的意见和建议。

感谢中国注册会计师协会杨志国博士、美国 Frostburg State University 包琰博士和中国证监会河北证监局张文鑫副局长，他们对论文部分内容给予了建设性评论或意见，并为我推荐和提供了相关研究文献。

感谢我的领导和同事们，他们为我提供了宽松的学习环境和必要的物质经济条件。

感谢父母，勤劳善良的父母是我人生的第一任老师，他们的殷殷期盼是我前进的动力。愿他们晚年幸福。感谢我的妻子和女儿，若没有她们对我的支持和照顾，我就不会有今天的成绩。

本书的出版得到了河北省重点学科会计学学科建设基金和河北经贸大学学术著作出版基金的资助。在此一并表示诚挚的感谢。

中国社会科学出版社冯斌主任和编辑的厚爱和支持使我的博士论文能够成书付梓，他们对书稿的仔细审阅，使本书增色不少，一并表示真诚的感谢。

本书是在前人及同时代学者大量有关研究成果的基础上写成的，所有引证之处均尽力注明出处，在此一并向这些学者致以敬意。

需要说明的是，由于受自己知识储备、能力、时间等方面的制约，本书的缺点是不可避免的，我诚挚地期盼各位专家、学者、同行批评指正。我的联系方式：shenfp@ heuet. edu. cn。

申富平

2010 年 10 月